Mujer, voz y representación: fotografía y materiales alternativos en el mundo hispanohablante

Edurne Beltrán de Heredia Carmona
(Ed.)

Mujer, voz y representación: fotografía y materiales alternativos en el mundo hispanohablante

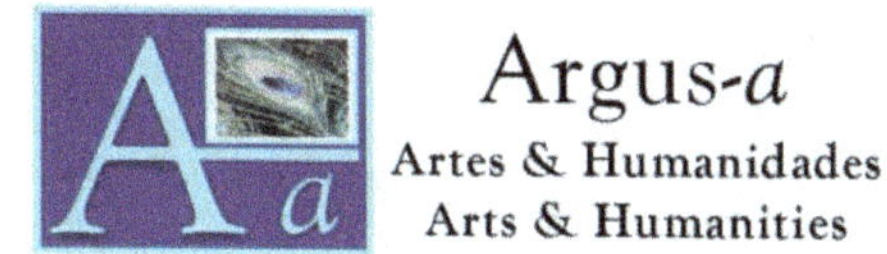

Buenos Aires, Argentina - Los Ángeles, USA
2025

Mujer, voz y representación: fotografía y materiales alternativos en el mundo hispanohablante

ISBN 978-1-944508-39-5

Ilustración de tapa: Gentileza de Ana Alesanco Moncayo.
Diseño de tapa: Argus-*a*.

Editorial Argus-*a*
1414 Countrywood Ave. # 90
Hacienda Heights, California 91745
U.S.A.
argus.a.org@gmail.com

ÍNDICE

III. Visibilidad en materiales y espacios alternativos

Presentación

El volumen *Mujer, voz y representación: fotografía y materiales alternativos en el mundo hispanohablante* reúne doce ensayos de investigadores y estudiantes de programas de doctorado en español, cine, arte y estudios culturales en universidades de Estados Unidos. Este manuscrito ha sido sometido a una rigurosa evaluación por pares en el campo de los estudios críticos, lo que garantiza la calidad académica de los trabajos que contiene. La obra tiene como objetivo principal ofrecer un espacio académico para los trabajos de mujeres cuya voz ha sido expresada a través de materiales alternativos que rara vez reciben la atención que merecen en los diálogos académicos tradicionales. En este sentido, el volumen se presenta como una plataforma que visibiliza y valida las formas de expresión menos convencionales, pero igualmente significativas de la mujer.

El tema central de estos trabajos es el análisis de la perspectiva de la mujer como agente activo en las acciones que se examinan. Cada uno de los ensayos busca resaltar cómo las mujeres, a través de medios alternativos, no solo representan su realidad, sino que también cuestionan las estructuras de poder que las han silenciado históricamente. En particular, los estudios incluidos en esta obra se enfocan en los roles y la participación activa de la mujer en la creación y representación cultural, abordando temas como el trauma, la memoria, la maternidad, la ceguera y las identidades diaspóricas, entre otros.

Este volumen cuestiona abiertamente la exclusión de materiales alternativos del diálogo académico, proponiendo que, además de los medios más tradicionalmente estudiados, como la literatura o el cine, es fundamental reconocer el impacto de expresiones visuales realizadas por mujeres en disciplinas como la fotografía, el grafiti y otras formas de arte urbano. Estas expresiones no solo reflejan las preocupaciones y vivencias de las mujeres en el mundo hispanohablante actual, sino que también actúan como una forma de resistencia y de reivindicación de sus derechos, identidades y experiencias. Los ensayos reunidos en este volumen subrayan el valor indiscutible de atender e incluir estas manifestaciones, que ofrecen una visión más compleja y diversa de la realidad de las mujeres en la sociedad contemporánea.

El volumen está dividido en tres apartados principales. El primero, titulado *Representaciones del trauma y la memoria*, aborda las diversas representaciones de la mujer en materiales televisivos como documentales, cine y series de televisión proyectadas en plataformas como Netflix. Este capítulo se centra en cómo se representan los traumas históricos y personales de las mujeres y cómo estos relatos se interrelacionan con las luchas actuales por la memoria y la justicia. El segundo capítulo, *Lente fotográfica: testimonio y ausencia*, se dedica al análisis de la representación fotográfica de temas como la maternidad, la ceguera y los cronotipos diaspóricos, es decir, los modos de tiempo y espacio vividos por las mujeres en contextos de migración y desplazamiento. Aquí, la fotografía se utiliza como un medio para contar historias de ausencia, presencia y resistencia. Finalmente, el capítulo que cierra este volumen, *Visibilidad en materiales alternativos*, incluye trabajos que representan la voz, la expresión y la identidad de la mujer a través de formas como el arte urbano, el cómic, el teatro y el compostaje literario. Este apartado pone en evidencia cómo estos materiales alternativos han sido fundamentales en la creación de un espacio en el que las mujeres pueden redefinir su presencia y visibilidad en la cultura contemporánea.

En su conjunto, el volumen no solo amplía el alcance de las investigaciones en el ámbito de los estudios de género, sino que también ofrece una perspectiva fresca y necesaria sobre el papel de las mujeres como creadoras y como sujetos activos en la construcción de significados culturales, desafiando las limitaciones de los enfoques tradicionales.

Si bien este volumen recoge las valiosas investigaciones de doce académicos, sepa también el lector que el apoyo, la generosidad y la confianza de dos mujeres ha sido clave en el desarrollo del mismo, desde que comenzó como una ambiciosa inquietud intelectual hasta convertirse en cuerpo presente. A ellas, las Doctoras Sofia Karatza y Audra Merfeld, compañeras y primeramente amigas, se les dedica este libro.

Edurne Beltrán de Heredia Carmona, Ph.D.

Coastal Carolina University

I
Representaciones del trauma y la memoria

Feminismos *Glitch*: Ruidos, *loops* y cibersexualidades en el cine latinoamericano contemporáneo

Andrea Adhara Gaytán Cuesta
University of North Florida

El *glitch,* error, ruido, descomposición, fue un término acuñado por el astronauta John Glenn, quien lo caracterizó en el libro *Into Orbit* en 1960 como "un fallo… un cambio de voltaje tan minúsculo que ningún fusible podría protegerlo" (Ríos 2022). El experimentar con la luz, con la descomposición de la obra, los *loops*, pixelados, barridos, sonidos estruendosos, silencios incómodos o rayos neón en la pantalla, crearon un arte rebelde que de la era análoga se fusionó con su heredero digital. Permitiendo una agencia a la máquina en la obra de arte, el *glitch* violenta, creando amorfas visiones y voces (aparentemente) incomprensibles. Como artefacto postmoderno de artistas y creadores latinoamericanos del siglo XXI, el *glitch* es una práctica estética que se enfoca en el rompimiento radical de preceptos coloniales urbanos, económicos y sociales, promoviendo un diálogo intergeneracional y una discusión de temas políticos, ecológicos y sociales. Adicionalmente, las representaciones del género, en particular en el uso de los cuerpos femeninos poco convencionales o que no entran en una estética femenina arquetípica, hacen del *glitch* una herramienta para reflexionar sobre las inequidades, desigualdades y la violencia sobre los cuerpos femeninos y queer. En este artículo evidencio el uso del cine *glitch* en la corriente que se ha denominado como "Nuevo cine latinoamericano" del siglo XXI, con protagonistas mujeres y queer jóvenes en tres películas de América Latina: Albertina Carri (*Los Rubios*, 2003), Juan Daniel Molero (*Videofilia y otros síndromes virales*, 2015) y Natalia Beristáin (*Ruido*, 2022). Inicio con una breve introducción al cine *glitch* y el feminismo *glitch* de Legacy Russell, para después enfocarme en los tres casos de estudio de feminismos *glitch* en estos tres filmes representativos diferentes décadas y regiones de Latinoamérica (Argentina, Perú y México).

Rosa Menkman, nacida en 1983 en Países Bajos, es una teórica, creadora y curadora de *glitch*. Es especialista en el arte de la compresión de videos, *feedback* y *glitches*, esos errores y descomposiciones en los productos audiovisuales. En 2011 publica el Manifiesto *Glitch*, que surge como un texto académico posmoderno, mezclando arte digital, visual y teoría. El texto intenta replicar una escritura sagrada, criticando al dogma y promoviendo una práctica desestabilizadora de la imagen, del texto, y del contenido. El ruido como fuente de la rebelión, incita a los creadores a vivir en la paradoja del ruido, aceptando su fuerza generativa y comunicadora. Su texto juega con la creación de imágenes, los espacios y las fuentes, provocando en sí misma "cortes" en la comunicación que fuerzan al lector a prestar atención a los espacios vacíos, las pausas improbables en el texto:

```
Noise thus exists as a paradox; while it is often
negatively defined, it is  also a positive, generative
quality (that is present in  any communication medium). The
voids generated by a break  are not only a lack of meaning,
but also powers that  force the reader to move away
from the traditional  discourse around the technology.
```

Figura 1. (Menkman 2011)

El "ruido" que es el *glitch* para Menkman, rompe el flujo de las expectativas del sistema tecnológico, convirtiéndose en una experiencia "efímera y personal". El glitch también permite que la máquina se manifieste en la obra de arte, borrando así las fronteras del *high and low art* y una dependencia confiable en la tecnología. Llamado asimismo "arte de la destrucción", el *glitch art* además permite a la máquina interferir en nuestra comunicación, haciendo un arte performativo, revelando los propios defectos de la tecnología. Iman Moradi (2004) clasifica al *glitch* en dos categorías: el *glitch* "puro" o "no intencionado" (*wild glitch*) y el "*pseudo-glitch*" que es un ruido intencionado, un acto violento contra el archivo, causado por la máquina.

A pesar de que el *glitch* empezó a teorizarse como arte estético en los países del norte global (Países Bajos, Inglaterra, Estados Unidos), ha sido retomado por los países del sur global, particularmente Latinoamérica, India y algunos países árabes, como un arte "descolonial". A decir de

Sean Cubitt, el *glitch* se acerca como una pequeña venganza, una revuelta táctica de lo material contra la organización de la modernidad, de la materialidad contra la intención. Así, mientras que el control pertenece al ideal de la perfección y la magistralidad de la modernidad, el *glitch* pertenece a lo descolonial (20). Para Cubitt, el sujeto neoliberal que ha reemplazado al sujeto colonial y anticolonial se forjó bajo los principios de libertad y razón, traídos por la modernidad, herencia de una tradición idealista alemana. Pero hay un problema en este "sujeto universal moderno" creado por la colonialidad. Este sujeto no permite la contradicción, ni mucho menos la ruptura y el fracaso, o si lo encuentra, produce una profunda inconformidad. En el caso de Latinoamérica, la estética *glitch* es una reacción subversiva para forzarnos a aceptar el error, para vivir en él, para ofrecer la posibilidad de una contradicción interna, esa ruptura y fracaso que la modernidad no permite. Vivir en Latinoamérica es vivir en la contradicción internalizada del error, de la estética que permite el fallo, la escasez, la falta de nitidez en la imagen, pues la perfección de la imagen de los filmes originales solo está permitida en los países con abundancia de recursos, donde el cine no fue un lujo.

En el caso del "Feminismo Glitch", el manifiesto creado por Legacy Russell plantea que el *glitch* permite un acercamiento a los cuerpos desde la causalidad del "error" para reconocer la corrección de la máquina ante un sistema social ya dañado por un sistema estratificado racial, sexual, cultural y económicamente, y violento hacia todos los cuerpos. Eliminando binarios arcaicos e irrumpiendo el lenguaje estratificado, el *glitch* permite una recuperación de los cuerpos ausentes, lo negado y permite hablar desde las fisuras y los errores, germinando las bases de un feminismo decolonial. Así, los cuerpos femeninos y no binarios elaboran, mediante el *glitch,* una estrategia de rechazo, de no-performance, buscando hacer abstracto otra vez lo que ha sido forzado hacia una materia incómoda y malamente definida: el cuerpo. En el feminismo *glitch*, buscamos la noción de *glitch-como-error* en su génesis en el campo de la máquina y lo digital. Estos errores digitales pueden ser replicados, para transformar la manera como "otros cuerpos" no masculinos ni heteronormativos participan en el mundo "real" (fuera del teclado). El *glitch* reconoce que los cuerpos marcados por el género están lejos de lo absoluto, y son imaginados, manufacturados y mercantilizados por el capital. El feminismo *glitch* busca que consideremos lo que existe "en-medio" (*in-between*) como una manera base para la supervivencia, una teoría que se nutre de los estudios culturales latinoamericanos y chicanos: la teoría de la frontera, que marca a los cuerpos no masculinos como un lugar extraño, dividido, un lugar "entre mundos", un lugar frontera, observable, manipulable y susceptible a su fragmentación y desaparición.

En el caso de América Latina, la generación X, *millenial* y Z crece con un cine ya *glitcheado*, heredero de copias piratas, VHS fallidos, tomas ilegales y pausas incómodas en descargas ilegales de películas (Scann 2012). La presencia de estos recursos en casi todas las escuelas de cine de Latinoamérica de finales del siglo XX y XXI hacen que los creadores contemporáneos latinoamericanos o de ascendencia latina tengan una perspectiva más positiva del error y comprendan los fallos en la imagen, incluso, utilizándolos con fines comunicativos. Por otro lado, la piratería y el cine clonado como medio democratizador llena un espacio no satisfecho por el cine *mainstream* y el cine de Hollywood, en donde las copias fallidas nutren a una generación de directores que usan la estética del *glitch* con un objetivo social y político, para causar incomodidad en el espectador, pausar las memorias y evidenciar los efectos de los traumas intergeneracionales mediante una manera lúdica. La denominada cultura del glitch por Mónica Delgado, es una "cultura involuntaria", lo que hacía del visionado "una experiencia inusual, debido a la imagen de calidad pobre pero que cubría la esperanza de ver un film al cual no se podría acceder de otra manera" (2016). Esa misma caracterización del film inacabado, promovió también el desarrollo de un mercado informal de producción y consumo, comenzando por los videos Betamax y VHS, los discos compactos, los DVDs clonados, las memorias USB, el *streaming* o la reproducción ilegal de películas por internet.

El hablar desde los márgenes se inscribe en las técnicas de creadores que manipulan el cine y las imágenes, para crear tintes fantasmales y demostrar la desilusión con los proyectos de modernidad inacabados mediante el *glitch*. Este dispositivo violento contra el film, subvierte nuestras expectativas al señalar que la modernidad ha fallado en proveer la emancipación que prometió, y evidencia que la inexistencia del control completo por parte de la modernidad. Su carácter es imprevisible y nostálgico. El *glitch,* mediante rayones, *scratches*, fundidos en gris, nieve en la pantalla o pixelados, nos recuerda los errores de la tecnología que ahora se encuentra como obsoleta: la televisión en blanco y negro, los bulbos, los casettes vhs y beta. El cine que utiliza *glitch* funciona en el cine contemporáneo como parodia al subdesarrollo, herencia de la pornomiseria[1] y la experimentación como respuesta antitética al cine de Hollywood. Este cine se contrapone también a la presencia de los creadores latinoamericanos en los Óscares, o en *Cannes*, apoyados por las grandes industrias de Hollywood. El carácter lúdico y experimental de estos filmes reinterpreta la edición y recupera la pobreza de producción como una esencia del film distópico.

Buscar en el *glitch* una estética del rechazo, fragmentación y paralización del cuerpo, y particularmente de los cuerpos femeninos, se presenta entonces como obsesión de los creadores latinoamericanos pertenecientes a las generaciones que crecieron en las últimas décadas del siglo XX y primeras del siglo XXI. El glitch no es extrañeza, sino una seguridad, un recurso cómodo que permite realizar acentos estéticos para superar la escasez de producción o tecnología avanzada. Mediante el glitch, el cuerpo femenino puede duplicarse sin fin y ser catártico con *loops*, fragmentarse, dividirse y recrearse como un cuerpo no-heteronormativo, *cibersexualizarse,* o puede afectar el cuerpo del espectador mediante quiebres, rompimientos, sonidos o errores.

[1] El manifiesto de la pornomiseria, realizado por Carlos Mayolo y Luis Ospina de 1978, declaraba que existían deformaciones que estaban conduciendo al cine colombiano por una vía peligrosa, en la que la miseria y la pobreza era un espectáculo más, con el que el público privilegiado podía regocijarse y "lavar su conciencia", conmoviéndose ante las imágenes presentadas. La miseria latinoamericana se presentaba como un producto de consumo, un show mercantilizado del cine independiente que triunfaba a nivel internacional. La película *Agarrando pueblo,* de Luis Ospina y Carlos Mayolo presentaba a los vampiros de la cámara tratando de absorber las imágenes de pobreza en los contextos urbanos.

Los Rubios: el loop como repetición de los cuerpos ausentes

Los Rubios es una película clave del testimonio y los hijos de desaparecidos en Argentina. Dirigida por Albertina Carri[2] y escrita por Carri y Alan Pauls, la película fue puesta en exhibición en 2003 y giró en ciclos de festivales de Latinoamérica. Es caracterizada como un drama/documental, pero su carácter experimental la hace un producto original que evidencia la tortura y asesinatos de los padres de la directora en 1977 durante la dictadura militar en Argentina.

Albertina Carri ha sido llamada como "una figura seminal del Nuevo Cine Argentino que explotó en los noventa [...] una voz punk y conciencia anti-establecimiento, una artista rebelde que continuamente cuestiona el estatus quo" (Ibarra 2018). Mediante su narrativa en *Los Rubios,* se conecta en primera persona con el público para representar la historia silenciada, contradictoria a la "historia oficial", es entonces, un cine de resistencia y un diálogo activo con la memoria fragmentada y lo que significan estas "falsas memorias" en los hijos de la guerra sucia. Carri investiga con sus vecinos el paradero de sus padres Roberto Carri y Ana María Caruso, apodados "los rubios", esa familia que un día salió del barrio y nunca regresó. El film sigue algunos de los cánones clásicos del documental: tomas de archivo, cámara en movimiento, voz en off, entrevistas, cambios en las definiciones de las tomas, empalmes de la imagen. Para Dursi, *Los rubios* es un "documental reflexivo" en el que hay una "autoconciencia en la cual la representación se pone al servicio de sí misma" (3). La conciencia de Carri se manifiesta a través del diálogo, el lenguaje, la reflexión, pero también los errores de la máquina. Siguiendo los conceptos de Bill Nichols, Dursi caracteriza la obra como un documental "performativo" en el que

2 Albertina Carri (1973) guionista, productora, directora de cine y artista audiovisual, estudió en la Fundación Universidad del Cine de Buenos Aires. Ha trabajado como directora en cortometrajes, documentales, ficción y animación. Su obra es amplia y ecléctica e incluye: No quiero volver a casa (2000), Los Rubios (2003), Géminis (2005), Urgente (2007), La rabia (2008), Cuatreros (2017) y Las hijas del fuego (2018).

hay un giro en la comunicación del fin del documental clásico, que es representar una "realidad". En el documental performativo "el *yo* del discurso se presenta como un punto de vista entre otros posibles" (Dursi 3). En el caso de *Los Rubios*, los personajes duales también demuestran la ambigüedad de los roles en la memoria histórica, en la creación de la historia del film, y en el mismo producto fílmico. La categoría de Albertina Carri como escritora, directora, testigo, investigadora y persona afectada por la historia, se desdobla en un performance introyectado, donde una actriz, Analía Couceyro interpreta el personaje de Albertina. Se le ve en muchas ocasiones dirigida por Carri, ya sea tomando muestras de ADN, repitiendo sus palabras como si fueran suyas, practicando con diversas entonaciones, moviéndose en el espacio, apareciendo y desapareciendo en la pantalla, con la voz en off de la directora. En el filme, la cámara también es protagonista, pues no se oculta, sino se lleva a primeros planos para evidenciar el carácter ficcional de la obra, en un contexto real e histórico. Tenemos entonces, una actuación consciente, en la que la obra aparece y es creada al momento de su ejecución y es un acto performativo, efímero, original e irrepetible (Bruzzi). Hay un desdoblamiento del rol de Albertina y su "yo" reflejado en Analía, una dualidad, pero al mismo tiempo, una fragmentación de la persona.

La dualidad performática en *Los Rubios* requiere de *glitches* para jugar con el pasado y el presente, los contextos "reales" y ficticios, el papel de directora, pero también participante de la memoria traumática (por parte de Albertina Carri), y la representación de su actriz y personaje (por parte de Analía). Para Legacy Russell, "el *glitch* es un acto de atravesar las fronteras y superar estos límites, esos que ocupamos y empujamos en nuestro viaje para definirnos"(2020) y Albertina Carri, utiliza los errores de edición, las fragmentaciones, las detenciones inesperadas en la película y desenfoques para demandar un "derecho a la complejidad, al rango, dentro y fuera de los márgenes" (Russell 2020), para confundir al espectador, que no se explica quién es o quiénes son la verdadera protagonista/los protagonistas de la historia.

El *glitch* más importante dentro del film es sin duda el *loop*, que es llamado también bucle, ciclo o circuito en español. En este ensayo me refiero al *loop* como "ese proceso cinemático en el que existe una secuencia rápida y repetida de la misma imagen, de manera continua y cíclica". Los *loops* están relacionados con la nostalgia de los "discos rayados", cuando un Long Play (disco LP, propio de los años ochenta y noventa) se encontraba dañado, y la misma parte de una canción o frase se repetía, hasta que se cambiaba el "ciclo" o canción. Aún en la actualidad podemos encontrar evidencia de *loops* en partidos de futbol, que recrean una jugada o un "gol", un esfuerzo por "clarificar" la memoria, o dar oportunidad a mirar un evento pasado con mayor detalle.

El primer caso de *loop* lo encontramos en el minuto 07:18 del film. Minutos antes en el minuto 07:04, estamos escuchando una voz extradiegética que narra el conflicto de hacer entrevistas. El evento traumático aparece escrito en letras minúsculas, con un fondo blanco: "El 24 de febrero de 1977 Ana María Caruso y Roberto Carri fueron secuestrados. Ese mismo año asesinados. Tuvieron tres hijas: Andrea, Paula y Albertina" (Carri 2003). Después de esta declaración, Analía se presenta: "Mi nombre es Analía Couceyro, soy actriz, y en esta película represento a Albertina Carri" (Carri 2003). Con esta presentación, la directora nos dirige hacia el reconocimiento de su personaje doble, que actuará como ella (Figura 1). Pero el *glitch-loop,* al minuto 07:21, inmediatamente nos refleja el corte de la persona/personaje y el conflicto entre directora/participante/testigo del evento traumático. A continuación, la cámara toma a Analía sobre una calle de terracería. Analía aparece estática en dos diferentes tomas —como en fotografía— mientras la cámara se mueve. Un sonido de piano en suspenso y una voz discutiendo se oyen como fondo. Ambas tomas se repiten dieciocho veces en secuencia. El acto de desaparición es un acto que nunca termina, y mediante la identificación del espectador con el ciclo sin fin de la búsqueda del desaparecido, Albertina Carri cuestiona y pone al espectador en una situación incómoda, semejante a la de la persona que busca a sus padres, sin encontrar una respuesta.

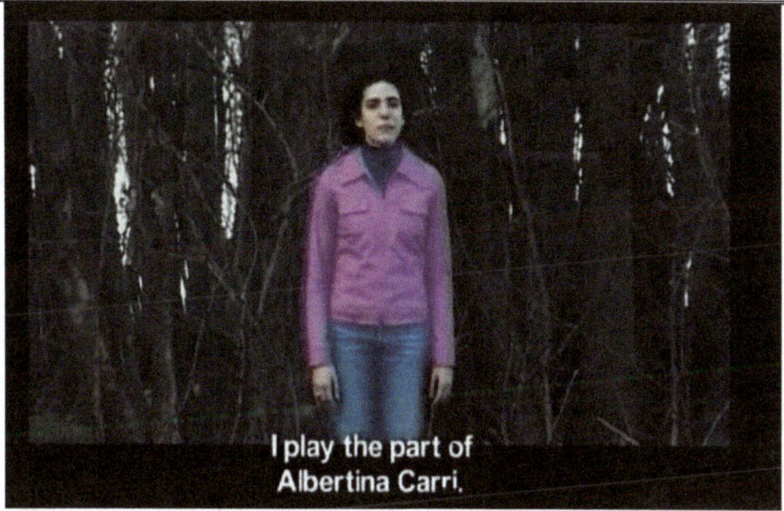

Figura 2. Presentación de Analía Couceyro
Los Rubios (Albertina Carri 2003 Minuto 07:18)

Para Legacy Russell, en el *glitch* el "*remix*" es re-acomodar, añadir a lo grabado. El espíritu de remix es para identificar e innovar sobre lo que se ha dado, creando un objeto nuevo sobre el existente. El hacer remix es un acto de autodeterminación; es una tecnología de supervivencia (2020). Al fracasar en el cuerpo convencional, Carri diseña un nuevo cuerpo que subvierte al diseño del mundo, el cuerpo "normal", ilegible a la percepción de la persona, pero legible para la máquina fílmica. Albertina Carri busca otros cuerpos humanos (como Analía), y no-humanos. En el minuto 01:02:29 dos figuras de *playmovil* se acercan a la cámara, en una especie de *stop-motion* primitivo, más parecido al juego de niños. Los cortes de luz en una gasolinería presentarán entonces otra imagen, con una familia viajando en un auto amarillo, sonidos de auto, detención por parte de soldados de juguete, y finalmente, un ovni que abduce a dos personas del auto (los padres). Tres figuras de playmovil, niñas con el cabello rubio presencian la escena.

La elaboración del trauma mediante el juego presenta, como lo menciona Joanna Page, a "una generación que ha sido huérfana en más de un sentido, debido a las memorias incompletas y los entierros clandestinos que no guardan un espacio de la memoria" (51). Para Albertina Carri, su película explora la ausencia como el proceso inacabado, irresuelto, y hay una búsqueda de otros cuerpos, de un "remix de la historia" mediante sus fallos. *Los Rubios* es una práctica paralela a la de otros hijos de desaparecidos, pero para Carri no es solamente una película sobre el evento. No es una experiencia de catarsis o un producto cultural paliativo, sino un espacio de cuestionamiento del pasado, un film incómodo que pausa, que se equivoca, que repite y hace evidente los errores y repeticiones hasta un extremo. La estética antigua, los grises, el ruido en la pantalla, la repetición, los cortes abrumadores, contribuyen aún más a estos cuerpos desaparecidos.

Casi al final del film, los desenfoques y desfases dan lugar a otro *loop*. En la escena, las tomas desenfocan tres personas, y una de ellas es Albertina Carri cargando cámara y micrófono. La escena se rompe con una cámara en movimiento, tomando el paisaje de árboles como guardianes, un grito de Analía desesperado y la voz en off de Albertina Carri:

> Me cuesta entender la elección de mamá. ¿Por qué no se fue del país? Me pregunto una y otra vez. O a veces me pregunto: ¿por qué me dejó aquí, en el mundo de los vivos? Y cuando llego a esta pregunta me revuelve la ira y recuerdo—o eso creo—a Roberto, mi padre, y su ira o su labor incansable hasta la muerte. ¿Dónde están las almas de los muertos? ¿Comparten sitio todos los muertos o los asesinados transitan otros lugares? ¿Las almas de los muertos están en los que venimos después? ¿En aquellos que intentamos recordarlos? ¿Y ese recuerdo, cuánto tiene de preservación y cuánto de capricho? (Carri 1:04:11)

La escena termina con la visión abierta de Analía gritando, con boca abierta, mientras la cámara recorre un camino de árboles al borde de la carretera. Albertina Carri cuestiona también la ausencia de los cuerpos, pero su propia fijación con la memoria circular y traumática "¿Y ese recuerdo, cuánto tiene de preservación y cuánto de capricho?" La cineasta lucha con ese *feminismo glitch*, que obtiene del *loop* un extraño placer. Pero cada repetición perfecciona el dominio del objeto (la desaparición). En lugar de reprimir o solo mencionar la desaparición de los cuerpos, Carri promueve el exceso de apariciones, de repetición del cuerpo de Analía, de su visión y grito, para provocar nuevas interpretaciones y versiones del mismo objeto.

El final del film muestra una imagen de los miembros de la producción usando pelucas rubias caminando hacia el fondo del campo y una cámara a plano detalle. Producción y espectadores nos hemos convertido en "rubios". Al fondo toca la canción "Influencia" de Charly García, una balada pop rock con elementos propios del movimiento del rock en tu idioma, popular desde los años 80 y la *generación X/Millenial* en Argentina. Al igual que en la exploración performática de Carri y la búsqueda sus padres desaparecidos en la película, la canción explora el conflicto de la introspección de la cineasta, que se encuentra buscando una respuesta que es difícil de encontrar, pues está bajo la "influencia" de la memoria traumática. En la canción, como en la película, se ve poco a poco la pérdida de agencia de la persona ante el evento traumático de la desaparición: "Yo no voy a correr ni escapar/ de mi destino/yo no pienso en el peligro/si fue hecho para mí/Lo tengo que saber/pero es muy difícil ver/si algo controla mi ser" (García 2002). Así como en la canción, Albertina Carri no huye del pasado, no puede escapar de él por más doloroso, desconocido, incierto o peligroso que pueda ser. Por el contrario, tiene que "confiar en el destino". Antes de llegar al coro, la canción habla acerca de los miedos e incertidumbres, pero la confianza en las intuiciones, que permiten conectar con la "verdad" que se presenta "con una fascinación nueva". De la misma forma que se utilizan los *loops* como símbolos de la repetición y reestructuración de la memoria, el espectador y quien escucha la canción "duerme la mente" en un hipnótico "La-ra-la, la-la-la, la-ra-la" y los sonidos repetitivos en el puente de la canción "Tú-tú-tú, la-la-la". De la misma manera que la canción pierde significado en las letras, las repeticiones de imágenes en *loops*, esos círculos sin fin, hipnotizan la memoria, la pausan, y en el caso de *Los Rubios,* nos hacen participantes, re-intérpretes y testigos del evento traumático. Así como Analía presta su cuerpo y transmite la experiencia como propia, los espectadores de *Los Rubios* prestamos nuestros cuerpos para convivir con la memoria, experimentar la repetición y luchar contra la *influencia* de la "Historia oficial" para re-escribir una "Historia de la(s) memoria(s)" recontextualizadas.

Videofilia (y otros síndromes virales): Cibersexualidades y pixelados pornográficos

Videofilia (y otros síndromes virales) (2015) es un largometraje experimental realizado en el año 2015 por el peruano Juan Daniel Molero. [3] La película fue galardonada en el mismo año con el *Tigers Award* en Rotterdam, y fue la película candidata para la edición de los Óscares por parte de Perú. A decir de su director, Juan Daniel Molero, *Videofilia...* es una película de "guerrilla", de bajos recursos, hecho con cámaras como la Rebel XTi y cámaras de *iPhone 4*, lo que permite que la imagen tenga una alta textura. Es un film que juega con diferentes medios de grabación, desde interfaces de *messenger* hasta planos desenfocados, para crear, en sus propias palabras, una película basada en "el desorden, un poco de anarquía.... como en el internet, diferentes texturas, diferentes pantallas" (Videofilia booklet 2015). En *Videofilia,* Molero lleva el simulacro de la pantalla a un significado catastrófico que se podría reconocer como una distopía, a pesar de la familiaridad de los escenarios y los personajes con los paisajes comunes: la ciudad, el mercado, el negocio de películas piratas, el cibercafé, las ruinas incas en medio de la ciudad, las raves, *Sailor Moon* y el bebé bailarín de *Ally McBeal.* Molero busca continuar con la influencia del *cyberpunk* en Perú para recrear la búsqueda por parte de los jóvenes de un lenguaje más moderno que no solo retrate el paisaje indígena, sino un ambiente más urbano. Ha sido también llamada una "tragicomedia psicodélica" (Ruiz Arreola s.p.), debido a la presencia de efectos especiales digitales que evocan un viaje de drogas. Molero no sólo se suscribe a un nuevo cyberpunk y *cultura del glitch*, sino que refleja la historia del Perú, el retorno a la democracia en 1980, la amenaza terrorista por los grupos de Sendero Luminoso

[3] Juan Daniel F. Molero (1987) Cineasta, editor, productor y gestor cultural educado en la Universidad de Cine de Buenos Aires y fue alumno del Trainee Project for Young Film Critics del Festival de Rotterdam en Buenos Aires (2010) y de la Berlinale (2011). Algunas de sus obras incluyen *Reminiscencias* (2010), Los abducidos (2011), *El obedecedario* (2012) y el reciente *Re_making* (2016).

y el Movimiento Revolucionario Tupac Amaru, así como el fin del Fujimorismo en el año 2000. La desaparición forzada de personas se convierte en un tema fundamental para la transición democrática, que, junto con las oportunidades políticas también se convirtió en un lugar propicio para las protestas de políticas neoliberales como la privatización y venta de compañías estatales de luz, agua y consecuentemente, el aumento en el desempleo. La conversión de la juventud en una generación sin futuro, subsumida a empleos temporales y habitando los espacios públicos, se refleja en la narrativa que combina ficción y obra experimental, en donde los jóvenes se sienten confundidos, desolados, huérfanos de comunidades o de familias tradicionales. Hay un abandono inherente que solo la pantalla y el internet pueden llenar, convirtiéndose en cibercomunidades que permiten acoger a esa población joven, que ha crecido abandonada y resentida ante las promesas que hizo la modernidad.

En el film, los dos personajes principales, Luz y Junior, se acercan a la sexualidad mediante la virtualidad, un proceso de *cibersexualización*. Luz se empieza a relacionar con Junior mostrándole sus pechos a través del sitio pornográfico *chaturbate*, mientras éste se masturba. Junior ve la pornografía como un lugar esencial para conectar el deseo con su cuerpo, mientras que Luz la ve como una fuente de exploración, de conocimiento y de conexión afectiva con Junior. Lo que en un principio para Luz es un acto de transgresión (masturbarse frente a la pantalla), paulatinamente se convierte en un acto de afiliación e incorporación de la tecnología en sí misma[4]. La simple propuesta de tener una relación sexual "cuerpo a cuerpo" es un factor que abruma a Luz quien dice: "Ayer le vi la pinga en la

[4] La explosión de internet en la primera década del siglo XXI permitió este acercamiento más libre hacia la pornografía, pero también como un lugar que facilita la formación de nuevas prácticas y géneros de pornografía en la que la intimidad y la exposición están continuamente negociadas, identidades de género e identidades sexuales. La computadora que permite fragmentar el cuerpo, haciendo planos cada vez más a detalle, provoca que éste se convierta en el medio de comunicación más importante, y la excitación sexual a través de la visión, el motivo más recurrente. Nishant Shah dice que si observamos la arquitectura digital de internet podemos darnos cuenta de que está hecha casi toda para observar directamente a las personas, para observar a personas observando a otras, y para observar a las personas viéndose a ellas mismas (539). Así, la autosatisfacción es al mismo tiempo producto del exhibicionismo y el voyeurismo, y la transformación del cuerpo en fetiche.

computadora, y ahora está caminando hacia mí. ¡Es tan extraño verlo en persona!" (*Videofilia [y otros síndromes virales]* 29:52).

El encuentro sexual se da, a pesar de la incertidumbre de Luz. Junior graba un video pornográfico de Luz a través de sus *google glasses*. El *male gaze* proyecta la escena masturbatoria de Luz en una toma amplia que hace un paneo sobre su cuerpo y después lo fragmenta: sus ojos, sus pies, sus pechos, su boca. Al intentar vender el video resulta que el archivo está dañado o *glitcheado*. Junior busca capturar el placer, el deseo, pero este placer pasa por un *glitch*: está infectado, diluido y transformado por un virus digital. Junior desea convertirse en un pornógrafo profesional. Pero para el vendedor que tiene un puesto en el mercado de películas XXX, esta película no es suficiente. Le pide grabar un nuevo video de "Sexo vivo, duro en forma, sin compasión", para que pueda también ser consumido en "otras partes del mundo".

Para Junior, la imagen ya no es Luz, es su simulacro, es su fetiche. Para Luz, el darse cuenta de la conversión de su cuerpo en fetiche le causa un gran conflicto. Este concepto se puede discernir a través de la lectura de Allucquere Rosanne Stone, quien establece que, en la pornografía virtual, el cuerpo siempre está presente, incluso en los sujetos "digitales" o "virtuales"

> No matter how virtual the subject may become, a body is always attached. It may be off somewhere else—and that "somewhere else" may be a privileged point of view—but consciousness remains firmly rooted in the physical. Historically, body, technology and community constitute each other (93).

El cuerpo de Luz es un "cuerpo culturalmente inteligible" (Butler) comparativo con el cuerpo ilegible de Gloria Anzaldúa, el cuerpo de la *mestiza*, aquel cuerpo que vive en las fronteras y solamente está reconocido por su sociedad adyacente. El cuerpo de Luz se ve escrito o modificado por medio del *glitch*, para así poder participar de una comunidad virtual. Para Russell, el cuerpo glitcheado de Luz es "un cuerpo borroso, pegajoso, lleno de costuras, es un cuerpo que absorbe y refracta, convirtiéndose así en un todos los cuerpos y ningún cuerpo al mismo tiempo"[5] (2020). Luz deambula entre un estado de fetichización y de creación afectiva virtual, la cual cree que solo puede lograr mediante su exposición. El desánimo de Junior, y posterior desencanto de Luz recrea las instancias de las comunidades virtuales del ciberespacio, que se encuentran continuamente en las fronteras de la cultura física y virtual. Estas fronteras, sin embargo, no se encuentran solamente divididas por la tecnología, sino por los errores de ésta, sus *glitches*. En el caso de la película de Molero, el *glitch híbrido*, se traslada a como *sujetos glitch híbridos y digitales* por las pantallas. Las pantallas son el espacio de la pulsión sexual, de la comunicación y la construcción de la identidad. Las imágenes creadas son visualmente hápticas, granulosas, sensuales, que evocan la memoria de los sentidos, la expresión de los personajes haciendo actividades de orden sensorial, como tocarse, oler o gustar, a veces provocadas por una cámara cercana al cuerpo, o por el empleo de los cambios de foco y la sobreexposición (Marks). Estas técnicas estimulan los efectos del espectador, y pueden crear nuevos sujetos cinestésicos que poseen una inteligencia corporalizada.

En *Videofilia (y otros síndromes virales* un punto clave es el minuto 39:41, cuando un Furby (una mascota electrónica de los años 90) confronta a Luz mientras ella se masturba. En la escena siguiente, con efectos de sombras, movimientos rápidos y un plano detalle a sus ojos, la visión del horror y posteriormente el *glitch*, Luz siente repulsión a hacia su cuerpo. Acto seguido, se cubre los pechos en la obscuridad, mientras que mira al juguete de la infancia y decide cubrir la cámara de su computadora con cinta adhesiva color negra. La viralidad, el contagio y el síndrome empieza a invadir la pantalla, provocando también en el espectador una repulsa por las imágenes rotas y descompuestas. La decisión de cubrir la pantalla, también será, posteriormente, la decisión por parte de Luz de desaparecer (física pero jamás virtualmente). El Furby le dice "Tu cuerpo

[5] Tomado de Russell, Legacy. *Glitch Feminism: A manifesto.* Verso Books, 2020 "a body that is gooey, blurry, full of seams, or simply glitched is one that both absorbs and refracts, becoming every-body and no-body simultaneously" (2020).

me pertenece", mientras Luz empieza a perderse en un sueño ciberpornográfico, a través de la pantalla de la computadora.

Luz se confronta y trata de re-apoderarse de su cuerpo, al tomar conciencia de que está "capturada" por la lente de Junior, y posteriormente, al enterarse que la grabación iba a ser vendida y convertida en fetiche. Rechaza su cuerpo sexualizado, que se ve interrumpido por los *glitches* en el film: glitches en los que aparece un bebé bailando, rayos neón psicodélicos y detenciones de la película con fundidos en negro y ruidos como tinitis. Involuntariamente envuelta en el mundo de la pornografía por el juicio público, Luz planea su desaparición: un "asesinato "falso" y una escena sexual necrofílica. Ella misma publica este video en un sitio web, y en la última puesta en escena, intercambia música y drogas en una rave. En el viaje psicodélico ni los personajes, ni los espectadores, nos podemos dar cuenta en el momento en que desaparece Luz. Junior, es perseguido, al ser el autor del violento video sexual y el supuesto culpable la desaparición de Luz. Luz se suicida en la imagen y de manera performática, mediante el acto sexual en un *glitch*: tomas continuas que se combinan con desenfoques, escenas borrosas y voces con ecos a lo lejos. Las figuras se extienden, se derriten como plastilina y se pixelean. La cara de Luz se pierde en el paisaje urbano. La superficie del cuerpo muerto de Luz se convierte en el escenario simbólico de la venganza de la mercantilación de su cuerpo sexual. Como el cuerpo muerto de Luz en video desestabiliza el orden social, el cuerpo ausente de Luz causa una búsqueda de la responsabilidad. Para Sherry Turkle en *Life on the Screen* la observación de los espectadores de la pornografía provoca un borramiento entre lo virtual y lo real. Esta exposición, para Turkle, más que una transgresión, es una condición de crisis que cuestiona nuestro entendimiento de la relación humano-tecnología y refuerza las prácticas digitales como prácticas del cuerpo (Shah 545). En el caso de Luz y Junior, los personajes no sólo hacen performance mediante la tecnología, sino que también son *cyborgs-sexuales.*

La experiencia fílmica en *Videofilia (y otros síndromes virales)* está enriquecida por una serie de renegociaciones entre la experiencia corporalizada de nosotros como espectadores y las personas involucradas en la filmación, haciendo una conexión entre nuestros sentidos y conocimientos, así como los de ellos. La película suple el diálogo con los largos silencios y sonidos estridentes, reemplazando la narrativa fílmica por el rompimiento de la misma por un medio digital. La estética *glitch* es efectiva como un dispositivo que altera la comunicación, provocando nuevas interpretaciones y sacudiendo las emociones de los espectadores. El *glitch*, al ser impredecible e incontrolable, hasta cierto punto, permite el performance de la tecnología, que es nostálgico y novedoso a la vez.

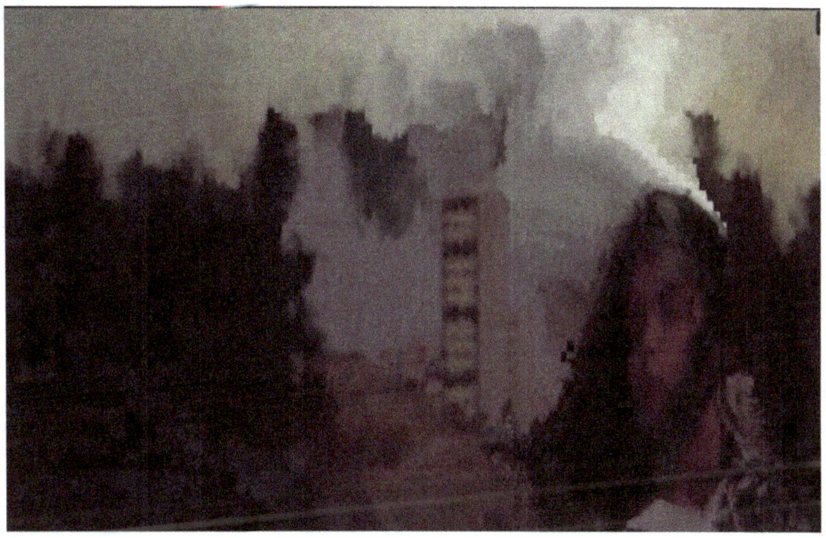

Figura 3. El glitch de Luz
(*Videofilia [y otros síndromes virales]* 00:45:30)

El conflicto cubierto por el *glitch* nos conduce también a la búsqueda de Luz de su cuerpo, su (re)posesión, materialidad e identidad, y del permanente conflicto sexual que surge de la sobreexposición de su cuerpo, así como del estado alterado de conciencia. En su búsqueda, encuentra la ayuda de una curandera en un mercado, que hace las veces de chamán. La curandera toma un cuy, recorriendo todo el cuerpo de Luz. Luz lo pone en su vientre, a lo que la curandera dice: "cuando se mueve, se está llevando las malas vibras. Es un susto que tienes que sacar" (1:23:57). De acuerdo con Eliade, en los rituales de curación cuando se presume que otro espíritu o fantasma ha entrado en el cuerpo de una persona se hace una limpieza, que se combina con un *tecno-chamanismo*, una combinación entre las drogas psicodélicas, la comunicación mediante la computadora y la curación andina. Luz rompe la cuarta pared cuando mira directamente a la cámara. Al confrontar la cámara, observa también a los espectadores, poniéndolos en un nivel de igualdad, intentando controlarnos, o haciéndonos testigos participantes de la historia. Es en este momento, que *Videofilia (y otros síndromes virales)* nos hace cuestionarnos lo que hemos visto, y tomar decisiones acerca del juicio de los personajes. Los espectadores han tratado recuperar, juo con Luz, su cuerpo, pero este se ha perdido: ella decidirá perderlo, perderse, para descontento del espectador.

El acto de suicidio sexual y digital por parte de Luz constituye también un acto de transgresión, un acto que rechaza las actitudes públicas y la intervención del estado (Sheper-Hughes 172). La superficie del cuerpo muerto de Luz se convierte en el escenario simbólico de la venganza de la cibersexualización. El mensaje que acompaña al "no cuerpo" es también un signo discursivo de la lucha del poder y la manipulación. Como el cuerpo muerto de Luz en video desestabiliza el orden social, el cuerpo ausente de Luz causa una búsqueda de un responsable. La desaparición de Luz y su cuerpo rechaza las normas sociales y culturales que idealizan un cuerpo completo, que establecen el mausoleo o el lugar de sepultura como pertenencia a la comunidad y a la necesidad de las personas (familiares y seres queridos) de preocuparse de su estatus social, el cuerpo que no se separa de la persona, la subjetividad corporalizada (Sheper Hughes 175-80).

Videofilia (y otros síndromes virales) (2015) expone una nueva escritura del cuerpo *glitcheado* femenino, fragmentado, desmembrado y pixeleado. Subdesarrollado, con errores y alucinatorio, el film revela la violencia de la cotidianidad en América Latina, en el que la cultura *glitch* refleja una convivencia con los errores, con los defectos. El tecnochamanismo es un intento de fusionar y plasmar los trastornos tecnológicos, y revitalizar las relaciones vitales con la memoria y los arquetipos indígenas femeninos, en particular, la Pachamama. El *glitch* funciona como una especie de rompimiento, un enlace entre los planos visible y otro etéreo, utilizando mecanismos de magia o manipulación de fenómenos. *Videofilia (y otros síndromes virales)* la tecnología se ha apropiado lentamente de nuestra "logística de la percepción", y así ha llegado a mediar en todo entendimiento que tenemos de la realidad" (Otero-Pailos 104), para desestabilizarnos y hacernos tomar conciencia de nuestros propios "cuerpos *glitcheados*".

Ruido (Natalia Beristáin, 2022): De zumbidos y silencios para "acuerpar" a las desaparecidas

Un último ejemplo de feminismo *glitch* mediante una narrativa aural, lo encontramos en la película de Natalia Beristáin, *Ruido*, de 2022. Este es el tercer largometraje de la directora, caracterizado por el retrato de un cine feminista.[6] Considerado un largometraje, la película también tiene tintes de un documental, cámaras en movimiento, espacios abiertos y verdaderos testigos de los feminicidios, en un país en el que más de diez mujeres son asesinadas al día (INEGI 2022). Beristáin se suma a la crítica artística y política de las violencias contra las mujeres que buscan a otras desaparecidas o que cuestionan las búsquedas de cuerpos de mujeres, en la lucha entre los grupos de narcotráfico y gobierno.

Protagonizado por la madre de la directora, la premiada actriz Julieta Egurrola, la película evidencia la búsqueda incansable de Ger, una joven desaparecida en un viaje de vacaciones al sur de México, víctima del feminicidio en México. El activismo comunitario y la terapia de bordado promueven una comunidad de mujeres en lucha. Julia viaja junto con Abril Escobedo, una periodista describe los feminicidios y los grupos de madres que buscan cuerpos.

---

[6] Natalia Beristáin (1981) directora mexicana de cine y documentalista, graduada del Centro de Capacitación Cinematográfica en México. Sus filmes incluyen *No quiero dormir sola*, el cual ganó el premio a la mejor película mexicana en el Festival de Cine de Morelia, *Los adioses* (2017), una película ficcionada sobre Rosario Castellanos, *Nosotras*, un corto documental de 2019. *Ruido* (2022) fue filmado en circunstancias de pandemia en San Luis Potosí y se puede acceder por medio de la plataforma de NETFLIX.

La narrativa fílmica es también una película de viaje (roadtrip movie) a través de México, desde la ciudad de México hasta el estado de San Luis Potosí y evidencia la corrupción de sus instituciones y gobierno en la recuperación de mujeres desaparecidas o sus cuerpos. Las tomas de lugares remotos, propios de redes de trata de personas también coadyuva a un espacio de angustia, ambigüedad y desesperación, entre autobuses, campos abandonados, casas de seguridad, edificios de gobierno y plazas públicas.

El sonido y sus silencios, en masa o en soledad, permiten al espectador aislarse e identificarse con el personaje principal. Siguiendo el viaje de Julia, encontramos diferentes usos del *glitch* auditivo en momentos de desesperación en la búsqueda. La soledad y la ansiedad que tiene Julia se transmite al espectador a través de escenas en donde las imágenes se funden, se muestra a la imagen de la protagonista desvaneciendo en el centro de plazas, campo o espacios abiertos. Aunado a la proyección visual, existe una narrativa de sonido paralela a la de las imágenes. La película abre explorando los diversos rangos auditivos, de un sonido alejado, bajo y vacío hasta un sonido muy alto, semejante a la "tinitis"[7] (un pitido o zumbido constante). Este "ruido", "disrupción" o "glitch auditivo" es muy representativo para el viaje que realiza la protagonista en la búsqueda de su hija. En la desesperación, la tinitis es un sonido fantasma de desesperación, aislante y trastornadora, que no permite establecer una comunicación: escuchar ni ser escuchada. El enfado, desequilibrio (emocional y físico) que causa el "ruido", también disturba a los espectadores, que pueden incluso sobresaltarse con el sonido o encontrarlo "molesto". En este caso, el sonido, más que acompañar las escenas se convierte en un recurso inesperado y relacionado comúnmente con el error, el detenimiento de la película o un problema técnico. Al ser un sonido no diegético, los zumbidos también tienen la intención de llamar la atención del espectador, revelar

[7] La tinitis, o zumbido en el oído, también llamado como "acúfeno" es la percepción de un sonido que no tiene una fuente externa, es un sonido fantasma, interior y común. La tinitis la sufren personas que han tenido exposición a ruidos fuertes o de alto volumen (los bateristas o después de un concierto), situaciones de estrés, infección en el oído, el consumo de ciertos medicamentos o pérdida de la audición (NIH 2023).

los rasgos de angustia de la protagonista y no acentuar tanto el plano visual, sino el plano psicológico.

Un segundo zumbido después de la primera escena lo tenemos en el minuto 03:38, con un plano detalle de Julia, quien se cubre el oído hasta aparecer en escena. Julia se mira al espejo y sale de casa, rumbo a la oficina policiaca para identificar el cuerpo de su hija. Al llegar, discuten con el nuevo fiscal, quien menciona que se han equivocado y no está el cuerpo de su hija. Al minuto 9:45 tenemos un nuevo *glitch auditivo*, combinado con la imagen de Julia en medio de un campo verde con montañas, alejada y en soledad, que va seguido de un "ensordecimiento", el ruido de las palabras como si estuvieran debajo del agua, un performance de silencios y ruidos ensordecedores. En el *glitch* del silencio, los gritos, el bullicio o el tormento, el cuerpo desaparecido de Ger contrasta con la repetición del último video que envió a su mamá. En la cámara del celular de Julia que invita a su madre a relajarse y confiar en su trabajo, porque es "una chingona".

Julia recorre albergues, terrenos descampados y llega a la ciudad de San Luis Potosí, acompañada de la periodista Abril Escobedo. Una policía, a la que pagan una fuerte suma de dinero, las lleva a un de autobús lleno de cuerpos de mujeres jóvenes y desnudos, colocados uno encima del otro, el horror y el asco se confunden en la figura de Julia y el zumbido va in crescendo, confundido entre ruidos del campo, la estridulación de los grillos y cigarras. La tinitis aumenta al cubrir el brazo de una mujer asesinada. Después de realizar el "pago" a los policías que los han enviado, y de buscar en un edificio abandonado a Ger, sin ningún resultado, en el minuto 55:38 se da otro momento de glitch auditivo, combinado con otras disrupciones en el film: *loops*, desenfoques y una toma amplia con desvanecido en alto contraste, con la imagen de Julia gritando. El sonido del grito, sin embargo, no se oye, pero la película pausa y repite la toma por varios segundos, para hacernos reflexionar en la distorsión del problema y la falta de ayuda por parte de las instituciones.

La película incluye, en la búsqueda de cuerpos desaparecidos, la presencia amplia de diferentes asociaciones reales de madres de hijos de desaparecidos. En particular, diferentes miembros de la *Colectiva de Voz y Dignidad por los Nuestros de San Luis Potosí* hace diversas apariciones en la película, bordando mensajes con nombres de las víctimas o las exploraciones activas de terrenos en los que posiblemente se encuentran restos de personas. Una de las escenas más conmovedoras incluye la presentación de un grupo que explora, con bastones un terreno abandonado. Usando camisetas de color rojo de la asociación las mujeres cargan al pecho fotos de sus hijos, hijas, hermanos, tíos, padres y madres y manejan drones. En un acto performático "llevan en el cuerpo" las imágenes y los cuerpos de los desaparecidos, y a falta de apoyo institucional, ellas son las que dirigen la pesquisa. La organización comunitaria representa en varias escenas de la película, la manera en que otras personas "acuerpan", la protesta, toman el lugar de quienes no están y utilizan los aparentes errores de la filmación, los movimientos de cámara o los ruidos en la pantalla, para transmitir la angustia, y la desesperación de los feminicidios en México.

La película concluye con la reunión de Julia con un miembro de un cártel, quien le dice que no busque más a su hija, pues no la encontrará viva. A continuación, Julia sale del elegante edificio con una respiración agitada, para encontrarse con una manifestación feminista, como la que ha existido en todas las plazas de México con mayor fuerza desde el 8 de Marzo de 2020[8]. La filmación de la protesta que incluye un largo plano secuencia fue en su origen, filmada durante cinco días e incluía más de 30 minutos que fueron recortados. El último zumbido sufrido por Julia, mientras cruza la protesta, termina con un silencio, el colgar el bordado de la foto de Ger entre los desaparecidos y un discurso:

No tendríamos que estar aquí.
No tendríamos porqué buscar a las nuestras y a los nuestros
Ni preguntarnos ¿dónde están? ¿quién se los llevó?
....
Porque ya nos han quitado todo

[8] El movimiento sigue las siglas de #8M y han sido marchas fundamentadas en las protestas contra los feminicidios, en pro de la despenalización del aborto e igualdad de derechos de género.

A las nuestras les arrebatan hasta el cuerpo.
Les quitan el nombre. Las vuelven un expediente.
¡Estamos aquí para no dejarlos dormir!
Para que los ojos de las nuestras se les claven como dagas en la memoria.
Para que se aprendan su nombre completo, la forma de su cara, su estatura y el lugar dónde desaparecieron.
Estamos aquí para volver a decir, que en México,
asesinan y desaparecen mujeres todos los días.
Que el poder es cómplice.
Que los que callan son cómplices.
Pero nosotras no.
¡Nosotras estamos dispuestas a ponerlo todo!
Porque cada persona desaparecida es una parte de nuestro cuerpo.
(Beristáin min 1:32:46)

Ante el silenciamiento por las desapariciones de los cuerpos, el utilizar el *glitch* de sonido como dispositivo violento es una manera de confrontar de manera afectiva y cuestionar a los espectadores y sus propios silenciamientos ante las desapariciones. El silencio previo al discurso y la multitud de personas convocadas en la película anima a unirse en atención a solidarizarse en el silencio por la protesta. Cuerpo, voz y presencia se reúnen en el discurso que llama a hablar, a "no callar" y es altamente afectivo. La búsqueda de los desaparecidos vivos también se suma a la búsqueda de los restos, "los cuerpos" y la película que toca un tema "del que no se habla" llama a gritar, a hablar, a nombrar "porque cada persona desaparecida es una parte de nuestro cuerpo.

La utilización en *Ruido* de un dispositivo violentamente afectivo como el "zumbido", es un medio diferente que el pixelado y la desaparición, pues relaciona directamente con las palabras, la escritura de la memoria y la presencia de cuerpos en su creación. Los feminicidios, las desapariciones, la sociedad civil, los colectivos, las instituciones, el crimen organizado son parte de un mismo sistema en el que el discurso a menudo es unidireccional, no hay respuestas, y hay silencios y silenciados. La apuesta de Beristáin de un *glitch* auditivo permanece en la memoria, no sólo como imagen, sino como un zumbido de un insecto que "no deja dormir".

Cine glitch latinoamericano: Protesta, cuerpo y narrativas descoloniales feministas

En estas tres narrativas de *glitch* cinematográfico latinoamericano, hemos encontrado que los cuerpos femeninos o feminizados en *loops*, pixelados, o sonidos perturbadores, forman parte de una narrativa descolonial que critica y hace uso, al mismo tiempo del simulacro, la copia y la obsolescencia de los movimientos de arte que llegan tarde a Latinoamérica. En contra de la nitidez y la limpieza, el *glitch* promueve una "narrativa del ruido" en el que el poder y la memoria son incapaces de reproducirse. Los *glitches* son paradójicos, como la creación colonial. Por un lado, hay una repetición del imaginario de la metrópoli, el deseo de lograr el estatus modernizador, que no se alcanza, y, por el contrario, se desarrolla un *glitch híbrido,* una forma de comunicación inconclusa, defectuosa, con errores.

En los cuerpos latinoamericanos, el *glitch* existe como una nueva estética del subdesarrollo, que está basado en el arte lúdico de la creación de errores, para comunicar, desvelar la historia no-oficial e irrumpir en una modernidad inconforme con la violencia hacia los cuerpos de las mujeres, esos cuerpos *glitcheados*, intervenidos y manipulados.

Encontramos que, mediante el *glitch*, la destrucción digital permite realizar procesos diferentes a la "materialidad" tangible de los cuerpos femeninos o feminizados. Los zumbidos y silencios incómodos, las imágenes repetidas, los contornos curbeados y derretidos, los pixeles que se expanden, la superficie granulosa o polvo en la imagen, son más que evidencia de una memoria insoportable, mezclada, híbrida, rota desde un principio. En los espacios intervenidos por el *glitch* la obra artística toma como base el error como origen y como comunicación y protesta. El *glitch* como herramienta al film, también incomoda su espectador, para hacerlo vivir temporalmente la violencia económica, sexual o política y quizás, inconscientemente borrar lo real y lo virtual, creando una comunidad (posiblemente) más solidaria.

Bibliografía

Arce, Moisés. "La repolitización de la acción colectiva tras el neoliberalismo en el Perú". *Debates en Sociología,* No. 36, 2011, pp. 56-83.

Ártica Centro Cultural Online "Entrevista a Joe Karaganis : La piratería llena el espacio no satisfecho por el mercado legal de cultura #encirc13" *Arte y cultura en circulación* 26 octubre 2013 https://www.articaonline.com/2013/10/entrevista-a-joe-karaganis-la-pirateria-llena-el-espacio-no-satisfecho-por-el-mercado-legal-de-cultura-encirc13/

Beristáin, Natalia. (dir.) *Ruido/Noise.* NETFLIX, Mexico, 2022.

Baudrillard, Jean. *Simulacra and Simulation.* The University of Michigan, 1994.

Brown, J. Andrew. *Cyborgs in Latin America.* Palgrave MacMillan, 2010.

Bukatman, Scott. "The Cybernetic (City) State: Terminal Space Becomes Phenomenal". *Journal of the Fantastic in the Arts 2,*1989, pp.46-63.

Carri, Albertina. (dir.) *Los Rubios.* Primer Plano Film. Argentina-Estados Unidos, 2003.

Caruth, Cathy. *Trauma: Explorations in Memory.* Johns Hopkins Univ. Press, 1995.

Chun, Wendy Hui Kyong, et al. *New Media, Old Media: A History and Theory Reader.* 2nd ed., Routledge, 2016.

Cubbitt, Sean. "Glitch". *Cultural Politics,* Volume 13, Issue 1, Duke University Press, 2017. www.vice.com/es/article/vd8ay9/paul-virilio-506-v4n9

Delgado, Mónica. "Glitch y pixelado en cuatro experiencias latinoamericanas" *Desist Film* 1 Mayo 2016 https://desistfilm.com/glitch-y-pixeleado-en-cuatro-experiencias-latinoamericanas/

Duran, Javier. "Virtual Borders, Data Aliens, and Bare Bodies: Culture, Securitization, and the Biometric State." *Journal of Borderlands Studies,* Routledge, 21 Nov. 2011, journals.uvic.ca/index.php/borderlands/article/view/5988.

Eliade, Mircea, and Willard R. Trask. *Shamanism: Archaic Techniques of Ecstasy.* Pantheon Books, 1964.

García, Charly. "Influencia" Youtube. https://www.youtube.com/watch?v=JfMhHi8Jf0A 2020.

González, Roque. "Una de piratas. Cine digital en América Latina". *XXVII Congreso de la Asociación Latinoamericana de Sociología. VIII Jornadas de Sociología de la Universidad de Buenos Aires*, Asociación Latinoamericana de Sociología, 2009.

Grosz, Elizabeth. "Bodies-Cities." *Sexuality and Space*, Princeton Architectural Press, 1996, pp. 241–255.

---. *Space, Time, and Perversion. Essays on the Politics of Bodies.* Routledge, 1995.

Haraway, Donna. *A Cyborg Manifesto. Science, Technology, and Socialist-Feminism in the Late Twentieth Century.* University of Minnesota Press, 2016,ebookcentral.proquest.com/lib/warw/detail.action?docID=4392065

Ibarra Deschamps, Paola and Mario Siskind. "Personal Truths. The Cinema of Albertina Carri". *Harvard Film Archive.* October 14-21, 2018. https://harvardfilmarchive.org/programs/personal-truths-the-cinema-of-albertina-carri

Hollinger, Veronica. "Cybernetic Deconstructions: Cyberpunk and Postmodernism" in Wolmark, Jenny, editor. *Cybersexualities: A Reader on Feminist Theory, Cyborgs, and Cyberspace.* Edinburgh University Press, 2011.

INEGI. "Violencia contra las mujeres en México". Encuesta Nacional sobre la Dinámica de las Relaciones en los Hogares. Consultado el 15 de enero de 2024. https://www.inegi.org.mx/tablerosestadisticos/vcmm/

Johansson, Christer y Sonya Petersson. "Introduction." in *The Power of the In-Between: Intermediality as a Tool for Aesthetic Analysis and Critical Reflection,* edited by Sonya Petersson, Christer Johansson, Magdalena Holdar, and Sara Callahan, Stockholm University Press, 2018. pp. 1-21.

Kane, Carolyn L. "GIFS that glitch: eyeball aesthetics for the attention economy" *Communication Design.* Routledge, 2016.

Marks, Laura U. *The Skin of the Film: Intercultural Cinema, Embodiment, and the Senses*. Duke University Press, 2000.

McLuhan, Marshall. *Comprender los medios de comunicación: las extensiones del ser humano*. Trad. Patrick Ducher. Paidós, 1996.

Menkman, Rosa. "Glitch Studies Manifesto". *Digital Manifesto Archive*, 2010, amodern.net/wp-content/uploads/2016/05/2010_Original_Rosa-Menkman-Glitch-Studies-Manifesto.pdf.

Merleau-Ponty, M. "The body as a sexed being". *Phenomenology of Perception*, Routledge. pp. 156-178, 2012.

Merriam-Webster Dictionary "Glitch" https://www.merriam-webster.com/dictionary/glitch

Metz, Christian. "The Imaginary Signifier", *Screen 16:3*, Summer,1972.

Meza Pavis, Jorge Orlando. "Hacia Un Estudio De Géneros Cinematográficos: Cine De Terror e Identidad En Chile." *Academia.edu*, 2009.

Molero, Juan Daniel. (Dir.) *Videofilia y otros síndromes virales*. Perú, 2015.

---. Q&A y entrevista con el director. "Uchronias and Dystopian Futures: Latin American Science Fiction Cinema of the 21st Century Series". *The Museum of the Moving Image*, 9 de Jun. de 2019.

Moradi, Iman *Gtlch Aesthetics*. Dissertation. School of Design Technology, University of Huddersfield, UK, 2004. https://organised.info/wp-content/uploads/2016/08/Moradi-Iman-2004-Glitch-Aesthetics.pdf

NIH, "Tinnitus". *National Institute on Deafness and Other Communication Disorders*. 1 Mayo 2023. https://www.nidcd.nih.gov/es/espanol/tinnitus#1

Page, Joanna. "Memoria y experimentación en el cine argentino contemporáneo" *Cuadernos del Centro de Estudios en Diseño y Comunicación*. Universidad de Palermo. No. 18, 2005. p.p. 47-57

Podalsky, Laura. *Politics of Affect and Emotion in Contemporary Latin American Cinema: Argentina, Brazil, Cuba, and Mexico*. Palgrave Macmillan, 2016.

Richards, Keith John. *Themes in Latin American Cinema: A Critical Survey*. McFarland, 2020.

Ruiz Arreola, Israel. "Videofilia (y otros síndromes virales)" *Revista Icónica. Pensamiento Crítico.* http://revistaiconica.com/videofilia-y-otros-sindromes-virales/

Ruétalo Victoria, and Dolores Tierney. *Latsploitation, Exploitation Cinemas, and Latin America.* Routledge, 2011.

Russell, Legacy. *Glitch Feminism. A Manifesto.* Penguin Random House, 2020.

Shah, Nishant. "Exposed Net Porn: Penetrating Regulation, Bodies and Sexuality in the Age of Internet" Chun, Wendy Hui Kyong, et al. *New Media, Old Media: A History and Theory Reader.* 2nd ed., Routledge, 2016. 539-51

Shiel, Mark and Tony Fitzmaurice. *Cinema and the City: Film and Urban Societies in a Global Context.* Blackwell, 2004.

Sobchack, Vivian Carol. *Carnal Thoughts: Embodiment and Moving Image Culture.* Berkeley, University of California Press, 2004.

Soja, Edward W. "14. Postscript: Critical Reflections on the Postmetropolis." *Postmetropolis: Critical Studies of Cities and Regions*, Lightning Source UK, 2015, pp. 397–417.

Sterling, Bruce. Preface. *Mirrorshades: The Cyberpunk Anthology.* Ed. Bruce Sterling, Arbor House, 1986.

Stone, Allucquere Rosanne. "Will the Real Body Please Stand Up?" in Wolmark, Jenny, editor. *Cybersexualities: A Reader on Feminist Theory, Cyborgs, and Cyberspace.* Edinburgh University Press, 2011. p.p. 68-98

Walsh, Catherine E. "The Decolonial *For.* Resurgences, Shifts and Movements" *on* Mignolo, Walter and Catherine Walsh. *On Decoloniality. Concepts Analytics Praxis.* Duke University Press, 2018.

Wolmark, Jenny, editor. *Cybersexualities: A Reader on Feminist Theory, Cyborgs, and Cyberspace.* Edinburgh University Press, 2011.

¿Quedarse o salir de España? Los efectos y los no lugares de la crisis económica de 2008 en *Ayer no termina nunca* (2013) de Isabel Coixet

Abraham Prades
Georgetown College

Con el comienzo de la crisis económica de 2008 en España, surge la necesidad de mostrar cuáles son las consecuencias que ésta ha tenido en la sociedad española. Esta crisis está caracterizada por una tumultuosa desaceleración de la actividad económica, tasas de desempleo vertiginosas y una inestabilidad financiera generalizada. Así pues, el cine de ficción cobra una gran importancia ya que, al igual que la literatura y el cine documental, trata esta problemática económica y social y sirve como medio para capturar y transmitir el impacto de la crisis en la sociedad española. Debido a esto, la producción cinematográfica que aborda la crisis ha sido notablemente abundante y a menudo profundiza en temas recurrentes centrados en las dificultades que soportan varios personajes. La exploración cinematográfica de la crisis abarca múltiples géneros, incluidos el drama, el suspense, la comedia e incluso los musicales. En 2010, *Biutiful* de Alejandro González Iñárritu retrata un drama familiar de un padre que lucha contra el cáncer y la explotación de inmigrantes ilegales. De ese mismo año es, *Vidas pequeñas* de Enrique Gabriel, que describie las consecuencias de la mala gestión en el negocio de una diseñadora. El año siguiente, *5 metros cuadrados* de Max Lemcke aborda el tema de la construcción masiva de viviendas en áreas protegidas, mientras que *La chispa de la vida*, de Álex de la Iglesia, relata las luchas de un publicista desempleado que quiere asegurar el futuro de su familia. En 2012, Alfonso Sánchez dirigió *El mundo es nuestro*, una comedia sobre un atraco a un banco llevado a cabo por dos personas afectadas por la crisis. A su vez, *Carmina o revienta* de Paco León sigue las aventuras de una mujer que regenta una tienda para mantener a su familia, con la secuela, *Carmina y amén*, estrenada en 2014. *Ilusión* (2013), de Daniel Castro describe la búsqueda de un director de cine para reavivar la esperanza perdida en medio de la crisis. *Hermosa juventud* (2014), de Jaime Rosales destaca las luchas de los jóvenes desempleados.

Continuando con el repaso de obras que tratan el tema de la crisis tenemos *Techo y comida* (2015), de Juan Miguel Castillo, en la que retrata el relato de una madre soltera para encontrar empleo y mantener a su hija. *B, la película* (2015) dirigida por David Ilundain, ahonda en la corrupción y el pago de sobresueldos dentro del Partido Popular. *El desconocido* (2015), de Dani de la Torre, arroja luz sobre los engaños de los fondos buitres, mientras que *Perdiendo el norte* (2015), de Nacho G. Velilla, retrata de manera cómica la vida de los migrantes en Alemania a causa de la crisis. En 2016, *La punta del iceberg*, de David Cánovas desvela la precariedad que afrontan los empleados de una corporación multinacional, mientras que *Cerca de tu casa*, de Eduard Cortés ofrece una perspectiva musical sobre el drama de los desahucios. A estas cintas hay que añadir, *El olivo* (2016), de Icíar Bollaín, que aborda cuestiones ecológicas derivadas de la globalización. *Selfie* (2017), de Víctor García León, en la que se exponen a través del humor, casos de corrupción, mientras que *El reino* (2018) de Rodrigo Sorogoyen relata los tratos turbios dentro de un partido político corrupto. Cabe destacar que estas cintas quieren dar voz a los personajes que aparecen en los largometrajes e intentar hacer que el espectador se sienta identificado con los problemas sociales que se muestran en estas cintas. Algunos de estos problemas son la precariedad, la falta de ingresos económicos, los contratos temporales y los recortes sanitarios.

A este listado hay que añadir *Ayer no termina nunca* (2013), de Isabel Coixet, en la que la directora denuncia la desolación interior que sufre una madre por causa la muerte de su hijo debido a los recortes sanitarios implementados por el gobierno. Esta desolación interior queda reflejada a su vez en la desolación exterior que está causada por los excesos del neoliberalismo. En esta cinta, Coixet nos presenta la situación de los afectados por la crisis desde dos puntos de vista muy distintos, el de los que se quedan en España y el de los que se van al extranjero. Los dos sectores afectados por la crisis que más están representados en el filme son el sanitario y el de la vivienda. En este ensayo se analizan los lugares en los que trascurre la película ya que muestran la angustia que sufren los personajes, en particular la mujer. Defiendo que los lugares que aparecen tanto en los títulos de crédito como en el cementerio muestran la angustia interior que viven los personajes. Esta desolación estaría representada por lo que Marc Augé denomina como los no lugares. Éstos se caracterizan por el movimiento acelerado de unos ciudadanos que usan ciertos espacios como lugar de paso hacia alguna parte. Y es este paso hacia alguna parte lo que diferencia a los que se quedan en España durante la crisis económica de 2008 y los que deciden marcharse.

Asimismo, examino cómo Coixet ha lidiado con las complejidades de la crisis y ha tratado de iluminar la experiencia humana en medio de la adversidad. El personaje de C encarna vívidamente el concepto de precariado, tal como lo articulan académicos como Guy Standing. Los miembros del precariado, en especial las mujeres, navegan por un mundo de incertidumbre económica e inestabilidad social, donde las estructuras de empleo y apoyo social se han erosionado, dejándolos vulnerables a los caprichos del capitalismo global. La noción de precariado de Standing abarca a aquellos atrapados en acuerdos laborales precarios, sin seguridad laboral ni ingresos estables, una realidad claramente representada en *Ayer no termina nunca*. A través de la lente del concepto de Standing, la película ilumina los profundos desafíos que enfrenta el precariado, particularmente las mujeres, al navegar en un panorama plagado de volatilidad económica y desigualdades de género arraigadas. Al analizar la representación cinematográfica de la precariedad, el desempleo, las medidas de austeridad y las fracturas sociales, podemos obtener una visión más profunda de los trastornos socioeconómicos que han dado forma a la España contemporánea.

Isabel Coixet es conocida por hacer un cine de ficción y un cine documental cargados de crítica social. Entre sus obras se encuentran *Viaje al corazón de la tortura* (2003), un documental que presenta dos centros de rehabilitación para personas que han sido víctimas de torturas. *My Life Without Me* (2003) cuenta el drama familiar de una mujer con cáncer terminal. *The Secret Life of Words* (2005) es un drama que trata sobre los fantasmas del pasado que persiguen a una mujer parcialmente sorda y a un hombre que ha quedado temporalmente ciego. El documental *Invisibles* (2007) trata sobre la enfermedad de Chagas y la inmigración del Tercer Mundo. Otro documental, *Marea blanca* (2012), trata sobre los voluntarios que limpiaron las costas gallegas tras la catástrofe del petrolero Prestige. *Ayer no termina nunca* (2013) narra el drama familiar causado por los recortes sanitarios durante la crisis económica de 2008 en España. Por último, *Elisa y Marcela* (2019) presenta la historia del primer matrimonio homosexual registrado en España. *Ayer no termina nunca*, a pesar de tener 13 nominaciones para los premios Goya, no recibe ninguno. Pese a ello, esta película recibe cuatro premios en el Festival de Málaga, incluyendo el de mejor actriz (Candela Peña), y también recibe una nominación a mejor actriz en los premios Feroz, y dos nominaciones a mejor actor y actriz en los premios Gaudí, todos ellos en el año 2013.

La historia de *Ayer no termina nunca*, que se desarrolla en la ciudad de Barcelona en el año 2017, está basada en la pieza teatral *Gif* (2009), de la dramaturga holandesa Lot Vekemans. La sociedad española sigue sumida en una crisis que parece irremediable, el país está hundido y la población ya ha tomado una decisión: unos se quedan luchando y otros se marchan al extranjero para sobrevivir. Este es el contexto pesimista que envuelve a los dos protagonistas, C (Candela Peña) y J (Javier Cámara). Ambos personajes, que se reencuentran después de cinco años sin verse, se citan en el cementerio de Igualada, y es en ese escenario en el que discurre gran parte de la película. Se reencuentran en el cementerio, ya que es allí donde su hijo Dani está enterrado. La muerte de éste se produce por una meningitis no tratada a tiempo, debido a que no le atienden en el hospital a consecuencia de los recortes de personal que se experimentan por la crisis.

Para el estudio de esta cinta divido el análisis en cuatro secciones: los títulos de crédito, la sala de espera, el sótano abierto y el descampado/aparcamiento del cementerio. Arguyo que los lugares que aparecen tanto en los títulos de crédito como en el cementerio muestran la angustia interior que viven los personajes. Es decir, la aflicción interior que sienten

C y J se ve reflejada en la desolación de los lugares donde transcurre la película. Esta desolación estaría representada por lo que Marc Augé denomina como los no lugares. Éstos se caracterizan por el movimiento acelerado de unos ciudadanos que usan ciertos espacios como lugar de paso hacia alguna parte. Para Augé, los no lugares son las autopistas, los aeropuertos, las áreas de descanso, las salas de espera, etc. Los no lugares son también espacios no antropológicos, es decir, aquellos en los que no se hace historia, no se crean relaciones sociales con otras personas, no se echan raíces y no se crece como individuo (Augé 84-85), que es precisamente lo que les ocurre a los dos protagonistas del largometraje. Teniendo en cuenta estas definiciones, podemos pensar que en *Ayer no termina nunca* estos no lugares serían el aeropuerto y los diferentes espacios del cementerio, como son la sala de espera y el aparcamiento. A pesar de que C y J aparecen completamente solos durante casi toda la cinta, los lugares donde transcurre la historia deberían presentar un tránsito constante de personas. Esta ausencia de personas serviría como metáfora de la transitoriedad de los no lugares, en los que los que las personas pasan como individuos anónimos y solitarios, frente a los lugares antropológicos que, según Augé, son lugares sociales (Augé 98).

Los títulos de crédito

La secuencia de los títulos de crédito nos presenta un intercambio de primeros planos, primerísimos planos y planos detalle en los que no podemos averiguar quiénes son los personajes que aparecen en ellos. Coixet quiere reflejar que cualquier persona afectada por la crisis podría ser uno de los dos protagonistas. Mediante un plano en contrapicado, vemos el rótulo con el título Ciutat de l'aire y a través de un plano en picado observamos un coche en un solar. Las ventanas del coche están tapadas con hojas de periódico en las que se pueden apreciar las noticias deportivas: "Messi, balón de oro por décima vez" y políticas, "Siria, tumba de la información" (0:00:06). Estos planos, de gran crítica social, nos muestran el carácter desolador que pretende proyectar la película, contraponiendo problemas tan graves como la guerra de Siria a la importancia social que se le da al fútbol. También vemos las escaleras mecánicas de un aeropuerto, lo que muestra la primera diferencia entre los dos personajes (0:00:40). Si el coche en el solar es un símbolo desolador de quien se ha quedado en España y sufre las consecuencias de la crisis, el aeropuerto representa a quien ha decidido emigrar para labrarse un futuro mejor fuera de España. C sale del coche, dándonos a entender que está durmiendo allí, aunque tan solo se nos enseñan sus pies a través de un primer plano. El colectivo Precarias a la Deriva critica que, en el contexto de la crisis, la sociedad se ve privada del "conjunto de condiciones, materiales y simbólicas, que determinan una incertidumbre acerca del acceso sostenido a los recursos esenciales para el pleno desarrollo de la vida de un sujeto" (Sales Gelabert 54), que es justo lo que le ocurre a C: la crisis le ha dejado sin trabajo, sin casa, sin hijo y sin pareja. Mientras tanto, cuando J va a recoger un coche de alquiler de la compañía SIXT a su llegada a Barcelona, se encuentra desorientado y no sabe qué hacer; han pasado 5 años desde que ha estado en España y parece no reconocerla. Es irónico que la compañía de alquiler de coches sea alemana, ya que Coixet, muy sutilmente, nos hace entender que es a Alemania donde miles de españoles emigran para escapar de la crisis económica y labrarse un futuro mejor. Como señala González Ferrer en su estudio sobre la migración española durante la crisis económica, desde el año 2008 al 2012 se producen cerca de 30.000 entradas de españoles en Alemania, según los datos oficiales del Registro de Población Alemán (González Ferrer 18).

En la siguiente escena, C está en un bar desayunando y escuchamos por medio de la televisión que se ha producido una explosión en la población de Oier, cerca del aeropuerto de Castellón. Como consecuencia de esta explosión, la estatua de Fabra ha quedado calcinada y la presentadora de la noticia señala que, por ahora, ningún grupo terrorista ha reivindicado el acto (0:02:28).[9] Aquí Coixet critica el despilfarro de dinero empleado tanto en la estatua como en el aeropuerto de Castellón que, aunque fue construido en el año 2011, no es hasta el 2015 cuando se registra su

---

[9] Escultura de Juan Ripollés que está inspirada en Carlos Fabra, presidente del Partido Popular, con un valor de 300.000€, que en 2012 creó polémica por oxidarse.

primer vuelo. También critica el despilfarro que se da a lo largo del territorio español como, por ejemplo, el edificio del Fórum de Barcelona con un gasto de 3.270 millones de euros, una regasificadora en el puerto del Musel (Gijón) con una inversión de 370 millones de euros, la Ciudad de las Artes y las Ciencias en Valencia con un coste de 1.200 millones de euros, o la Caja Mágica de Madrid con un coste de 294 millones de euros, por citar algunos casos[10]. Estos edificios representan un exceso, tanto en la cantidad de dinero que han costado, como en su grandiosidad arquitectónica y estética, mientras la sociedad española está sumida en una profunda crisis. También cabe destacar que tanto el casino que se quiere construir como el cementerio donde está enterrado Dani carecen de nombre. Esto es significativo, ya que como argumenta Augé, "el hecho de pasar de un estatus particular a los nombres propios de lugar, donde la mirada se pierde, es el horizonte de todo viaje" (Augé 90). Aquí Coixet presenta una visión futura, en la que España carece de horizonte al no conocer el nombre de ninguno de los lugares donde se suceden las escenas.

Siguiendo con el montaje paralelo entre ambos personajes, vemos a J medio dormido en el coche de alquiler mientras oye un programa de radio. La voz que escuchamos del programa nos recuerda a la de Àngels Barceló, de la cadena radiofónica SER y su programa Hora 25, en el cual se nos presentan las noticias repetitivas de la situación de crisis que vive el país. Es justo al comienzo de la crisis cuando el programa Hora 25, que se emite por primera vez en el año 1972, cambia de dirección, siendo Barceló la elegida para el puesto. Coixet hace un giño a la figura de esta periodista, quien va a narrar desde el comienzo de la crisis las noticias que ocurren en el país. En las noticias que escuchamos en la película se nos informa de que "El Banco Europeo ha denegado a España su tercer rescate", "la tasa de paro ha alcanzado los siete millones de parados", "alarmantes cifras sobre el descenso del producto interior bruto", "las previsiones negativas sobre el crecimiento para el 2018". Estas noticias concluyen con los comentarios de la propia Barceló, que señala que "esta mañana

10 http://www.elconfidencial.com/espana/2013-12-16/la-espana-autonomica-del-despilfarro-diecisiete-monumentos-a-la-incoherencia_66685/. Consultada el 12 de diciembre de 2016

los españoles nos hemos levantado un poco más pobres, si cabe, un poco más humillados y, desde luego, mucho más hartos" (0:03:50). Guy Standing defiende que "los que han visto sus vidas devastadas no deberían de olvidar ni perdonar" (Standing 63), que es justo lo que ocurre con C, quien no ha olvidado la muerte de su hijo y, como veremos, comenta a J que intenta ayudar a cambiar la situación de crisis que hay a su alrededor. Si bien los españoles están hartos de su situación, la única manera para poder hacer frente a ella es mediante acciones colectivas. Más adelante podemos ver un montaje dialéctico en el que las imágenes contradicen el sonido que escuchamos de la radio. J conduce delante de unos indigentes que rebuscan en la basura mientras que en la radio escuchamos el precio que un club de fútbol está dispuesto a pagar por un jugador (0:05:02). Por su parte, cuando C sale del cuarto de baño pasa por delante de un tapiz en el que se ve representado una especie de banquete, que estaría haciendo referencia al que se ha llevado a cabo en el restaurante donde está C (0:04:43). Existe pues una diferenciación de clase entre C y las personas del banquete, que refleja la neoliberalización de una sociedad y un Estado que, como opina Sales Gelabert, produce "una sociedad más dual, polarizada y excluyente" (Sales Gelabert 54).

La sala de espera

Las secuencias en la sala de espera nos sitúan en un lugar gris, plano, austero, cerrado, sin ventanas, sin adornos ni cuadros. El espacio queda representado sin profundidad en el plano y, a su vez, como lleno de recovecos y en estado ruinoso, igual que los personajes, deshumanizados (0:05:52). El lugar da la sensación de claustrofobia, como si los protagonistas estuvieran dentro de una prisión donde la única salida sería la muerte. La forma de vestir de los personajes, que hace que se fundan con el edificio formando parte de él, es bien distinta. Él está vestido con un traje de Hugo Boss, mientras que ella viste una camiseta con vaqueros, pero además está despeinada, transmitiendo también así la desolación y su sufrimiento. Aparecen aquí las primeras imágenes en blanco y negro, y mediante monólogos interiores, tanto C como J expresan cómo se sienten por dentro sin que el otro pueda escucharle. El monólogo de C está repleto de insultos y reproches hacia J, mientras que el de éste recoge recuerdos bonitos y alegres de ambos (0:11:52). El uso de una *steadycam* permite representar la sensación de agitación interior que sufren ambos protagonistas, aunque para enfocar a C se utilizan primeros planos y para J planos medios. La conversación que mantienen ambos es muy fría y queda reflejada en la diferencia que existe, una vez más, entre los que se quedan en España y los que se marchan al extranjero:

> J: Es una vergüenza esto…es una vergüenza.
> C: ¿El qué es una vergüenza? ¿Qué seamos los últimos?
> J: Bueno…que trasladen a la gente, ¿no?
> C: Se nota que llevas mucho tiempo fuera.
> J: ¿Esto por qué lo dices ahora?
> C: Porque esto aquí es normal.
> J: Ni aquí, ni en ningún sitio.
> C: Bueno, yo ya no sé lo que es normal, la verdad. (0:10:57)

Si bien J es consciente de que lo que ocurre en España no es normal, C pierde esta noción y se ve atrapada en una situación de la que no puede escapar. Raquel Medina arguye que, como sujeto social, "C. ha sido despojada entre 2012 y 2017 de todos sus derechos sociales: hogar, alimentación, atención sanitaria, empleo, etc." (Medina 285). Coixet quiere mostrar, a través de la situación individual de C, que muchas mujeres afectadas por la crisis están en su misma situación. Justo antes de que ambos abandonen la sala de espera, vemos un plano del bolso de C y de la maleta de J, postrados sobre el banco de piedra fría, sinécdoque de que los personajes aún no pueden comunicarse ni entenderse (0:19:40).

El sótano abierto

Los protagonistas se encuentran en un nuevo espacio, aunque la sensación de claustrofobia sigue siendo la misma que en la sala de espera. Mediante el uso de planos subjetivos, Coixet quiere mostrarnos cómo C y J intentan comprenderse, aunque aún están muy distantes. Averiguamos aquí cual es la profesión de cada uno; C es traductora, pero se ha quedado sin trabajo debido a que ninguna editorial le ofrece empleo, lo que representa el estado actual de la crisis en España. Por el contrario, J es profesor universitario y está escribiendo un libro, lo que representa la prosperidad en el extranjero. Debido a la precariedad de C, ésta se ve obligada a recurrir a medicación para poder sobrellevar su situación. C confiesa a J que tiene una adicción a las pastillas:

> C: ¿Sabes qué es lo malo de una adicción?
> J: ¿Qué es difícil quitársela?
> C: Que es muy fácil adquirirla. Que un día empiezas con media pastilla, luego otra media, luego una entera.
> J: Ya
> C: Pero no todos los días, solo cuando es realmente necesario. Y realmente es necesario cada día. Por la mañana, a mediodía, por la tarde, por la noche, para dormir. Para despertarte, para poder andar por la calle y ver a un niño y no sentir que un puño de hierro te aprieta el corazón. Para no dar alaridos como un perro. Para respirar sin que te duela. Para encajar. (0:31:35)

Estos alaridos que menciona C, tan solo es capaz de reproducirlos a través de su monólogo interior. Judith Butler argumenta en *Vida precaria* que "la cara oculta el sonido del sufrimiento humano y la proximidad que debemos tener respecto a la precariedad de la vida misma" (Butler 181). J no es consciente de la vida precaria de C, ya que ésta oculta su sufrimiento.

Cuando J le pregunta a C si sigue traduciendo, ella le contesta que no le contratan de ninguna editorial, pero que ella ahora hace "cosas":

> C: No me pienso acostar ningún otro día de mi vida pensando que esto le puede ocurrir a otra persona, a otro niño.
> J: Vale, vale, cosas. Entiendo, eres una persona comprometida, una activista, eres…

C: Te conozco.
J: Vale, perdona.
C: No te burles.
J: Vale, vale, disculpa.
C: Hago lo que puedo.
J: Ya… ¿Te da esto para vivir? ¿De qué vives? (0:36:25)

Se produce aquí un enfrentamiento entre C y J como miembros del precariado. Como señala Standing, un enfrentamiento así impide "que reconozcan que es la estructura socioeconómica la que produce sus calamidades comunes" (Standing 52). Si bien esto puede ser una llamada de atención a las personas que quieren hacer frente a lo que está ocurriendo dentro del país, en uno de los monólogos interiores C ve la necesidad de explicar cómo vive. Mediante un primer plano y mirando a cámara, C parece dirigirse directamente al espectador para querer concienciarle de que hay mucha gente en su misma situación:

> C: Vivo en un coche, en un coche que tiene casi tantos años como yo. Tengo un móvil pirateado y un PC que se cae a pedazos. Ocupo casas. ¿Sabes cuántas casas vacías hay en este país? Tres millones, cuatrocientas diecisiete mil sesenta y cuatro casas. ¿Para quién las guardan? ¿Por qué tantas casas vacías y tanta gente desahuciada? ¿Tanto banco malo con tantas casas y tanto banco malo, que ahora es banco bueno? ¡Su puta madre el banco malo! Vivo en un coche con los neumáticos a punto de morir, un PC de mierda. No tengo ningún sueño. Los tenía. Tenía muchos, ya no. Tan solo quiero sentir que hago algo. No sé si tiene sentido. Imagino que para ti no. Para mí a veces tampoco. Algo, no sé. (0:37:07)

El que C narre su propia historia de vida y se dirija de forma directa al espectador es de vital importancia, ya que como explica Germán Labrador Méndez en su estudio sobre las vidas *subprime*, "estas microliteraturas se relacionan con la expresión dramática de formas de vida en riesgo y buscan conseguir efectos políticos, cambios de mundos" (Labrador Méndez 571).

Ahora bien, estando los dos en el sótano, sus diálogos no son más que reproches. No sabemos que les une la muerte de su hijo Dani hasta casi la media hora de película. C y J hablan más sobre ellos mismos que de Dani, a modo de informantes. Augé describe a este tipo de informantes como "alguien con quien se discute y que habla más de lo que sabe o piensa del pasado que del pasado mismo" (Augé 16-17). El leitmotiv en la película es el número cinco. Cinco años desde que se marchó J, cinco años desde que murió su hijo Dani, 5 años en los que los efectos de la crisis se recrudecen y 5 horas que tardaron en atender a su hijo en el hospital. A pesar de que J dijera que lucharía por C cuando estaban casados, poco después de la muerte de su hijo no ve razón para seguir luchando por un futuro en España y decide marcharse. Interpretamos la figura de Dani, no ya como hijo de C y J, sino como símbolo del futuro de España y como tal, con su muerte, nos da a entender que España no tiene ninguno.

El descampado/aparcamiento del cementerio

En esta secuencia los protagonistas se encuentran en un descampado que sirve de aparcamiento para el cementerio, donde predominan los colores grises. Ambos personajes conversan sobre la construcción del megacasino en el lugar donde está el cementerio. Julie Rugg señala en "Defining the Place of Burial: What Makes a Cemetery a Cemetery?", que un cementerio es un lugar sagrado donde se entierra a los muertos y debe ser respetado. Este respeto, según Rugg, "rests largely on the fact that the site acts as a context of grief, and it is the bereaved that need to be protected from inappropriate activity" ("se basa en gran parte en el hecho de que el lugar actúa como un contexto de dolor, y son los afligidos los que necesitan ser protegidos de actividades inapropiadas"; Rugg 264), por lo que la posible construcción del casino quebrantaría el sacro lugar donde está enterrado Dani. Este megacasino nos recuerda al proyecto del año 2012 que la empresa estadounidense Las Vegas Sands intentó llevar a cabo en España. La empresa estuvo barajando la posibilidad de construir un megacasino, conocido popularmente con el nombre Eurovegas, en Barcelona o Madrid, siendo esta última ciudad la elegida. A pesar de que Madrid tenía ese año una tasa de desempleo del 26 por ciento, muchos de los opositores del proyecto rechazaban que el dinero público se usara para este tipo de negocio privado mientras la sociedad española sufría recortes en los servicios públicos. Finalmente, en 2013, el magnate Sheldon Adelson retiró su proyecto para llevarlo a Asia. C y J dialogan sobre lo que supondría para la ciudad y la sociedad la construcción de este megacasino:

> J: Es raro pensar que dentro de nada todo esto será un aparcamiento gigante. La gente aparcará sus coches y se vendrán a gastar el dinero. Y habrá hoteles, neones…no sé. Hasta actuará Celine Dion, ¿eh? O algo peor.
> C: ¿Algo peor? ¿Coldplay? (0:41:55)

La posible construcción del megacasino, los hoteles y el consumo que surge como consecuencia de ello, hace que una sociedad afectada por la crisis se vea obligada a reaccionar, como señala Luis Enrique Alonso, mediante la "aceptación pasiva del sistema, refugiándose en el consumo y el disfrute de experiencias como espacio de goce frente a las dificultades de inserción en un mercado laboral balcanizado y precarizado" (Alonso 158-159). Si bien la construcción del megacasino podría ser visto como algo bueno para la ciudad, ya que generaría miles de puestos de trabajo, C reflexiona sobre cómo afectaría a la sociedad:

> C: Y gente trabajando, mal pagados. Con turnos inhumanos. Turnos que hace 15 años hubieran estado prohibidos. Y gente que vendrá a jugarse el sueldo. Y gente enriqueciéndose a miles de kilómetros explotando a los empleados y a los clientes también. Mujeres de toda Europa siendo explotadas por todo el mundo. Gente sin nombre,

> sólo siglas que tampoco sabemos qué quieren decir. Corporaciones... Y gente dándose cabezazos contra la pared para que esto no pase. (0:42:20).

Aquí, C nos presenta cuál es la realidad del trabajo que generan estas grandes construcciones. Muchos de estos empleos se ofrecen a tiempo parcial. Como señala Jon-Arild Johannessen, las personas que trabajan en estas condiciones laborales sufren una especie de chantaje, en el que "either they accept an insecure and poorly paid job, or they end up unemployed without any particular form of economic security network" ("o bien aceptan un trabajo inseguro y mal pagado, o terminan desempleados sin ninguna forma particular de red de seguridad económica"; Johannessen 10).

Cuando J y C regresan del descampado al interior del cementerio, la escena comienza con el sonido extradiegético de un solo de piano que cubre de nostalgia al cementerio. Los recuerdos de los monólogos interiores empiezan a aparecer en color, con tonos calientes, lo que nos muestra que cada vez están el uno más cerca del otro, reflejándose así un acercamiento emocional. Esto también queda reflejado en el plano doble de ambos, cuando están tumbados el uno al lado del otro. A su vez, vemos continuos flashbacks de lo que podrían ser recuerdos pasados en los que C y J eran felices, anteriores al trauma que les causa la muerte de su hijo Dani (1:13:48). Cathy Caruth señala en *Unclaimed Experience, Trauma, Narrative and History* que el trauma "is always the story of a wound that cries out, that addresses us in the attempt to tell us of a reality or truth that is not otherwise available" ("es siempre la historia de una herida que grita, que se dirige a nosotros en el intento de contarnos una realidad o verdad que de otra manera no estaría disponible"; Caruth 4), por lo que tanto C como J utilizan los monólogos interiores, al igual que los flashbacks, para intentar narrar el sufrimiento que tienen en su interior y que persigue a ambos hasta el final de la cinta. En este final, J no aguanta más y se derrumba frente a la tumba de Dani (1:31:08), lo que libera en cierta parte a ambos, dando lugar a unos planos que están llenos de luz y en los que podemos contemplar a J y C abrazados y sonriendo en un tiempo pasado.

Se produce aquí un viaje quijotesco en el que J y C cambian los roles. Ella es la que se mantiene entera y fuerte mientras que él tan solo quiere expulsar todo el sufrimiento que ha estado conteniendo desde la muerte de Dani. Además, podemos ver que la tumba de Dani carece de apellidos y de nombre propio, tan solo "Dani", con lo que se quiere dar la sensación de que esto le puede pasar a cualquier pareja.

Así pues, como hemos visto hasta ahora, la película de ficción *Ayer no termina nunca* constituye una representación crítica de los efectos que tienen las prácticas neoliberales en la sociedad. En ella se representan los sectores más afectados por la crisis económica: urbanismo, economía, trabajo y sanidad. Como resultado, la recesión económica mata y genera crisis existenciales. La película ofrece una profunda meditación sobre la pérdida, la memoria y la búsqueda incesante de la redención frente a la adversidad. Mientras los personajes navegan entre los escombros de su pasado y enfrentan las incertidumbres existenciales del presente, la directora Isabel Coixet ilumina hábilmente las dimensiones humanas de la agitación económica, subrayando el profundo costo emocional que cobran la inestabilidad financiera y la dislocación social. Además, Coixet denuncia la desolación interior que causa la muerte de un hijo, debido a los recortes sanitarios implementados por el gobierno. Esta desolación interior queda reflejada a su vez en la desolación exterior que está causada por los excesos del neoliberalismo. Coixet también reflexiona sobre cómo hacen frente a esta situación tanto las personas que deciden quedarse en España como aquellas que se marchan a un país extranjero para intentar rehacer su vida.

Como miembro del precariado, es en C donde la precariedad se hace más patente, representándose mediante la precariedad laboral, la aparición de una mortalidad que podría ser evitable, las crisis existenciales y los efectos en los espacios urbanos de las consecuencias de las prácticas neoliberales A pesar de las dificultades que existen para poder cambiar la vida precaria de C, ésta es consciente de que la única manera de poder hacer frente a las políticas neoliberales que promueve el sistema capitalista, y que priva de expectativas de futuro a la sociedad española, es mediante el activismo político. Además de tener que hacer frente al sistema establecido, los personajes deben de superar el enfrentamiento que existe entre ellos para así poder luchar por sus derechos y tomar conciencia de clase. Las prácticas y los efectos del neoliberalismo muestran una estrecha relación con la muerte y es consecuencia de ello que muera Dani, debido a los recortes sanitarios implementados por el gobierno español. Como consecuencia de ello, los personajes sufren crisis personales que también se ven fomentadas por la desolación exterior de la ciudad donde viven. En estas ciudades se muestran los excesos del neoliberalismo y en ellas se pueden observar zonas en constante remodelación, el malgasto de dinero en construcciones desproporcionadas, y en la gentrificación de las zonas urbanas. Esta cinta vaticina un futuro incierto para el país, así como las dificultades para lograr cualquier tipo de cambio en los sectores anteriormente mencionados y sirve como un reflejo conmovedor de la experiencia colectiva de España después de la crisis.

Bibliografía

Alonso, Luis Enrique, Carlos J. Fernández Rodríguez y Rafael Ibáñez Rojo. "Juventud y percepciones de la crisis: precarización laboral, clases medias y nueva política". *EMPIRIA Revista de Metodología de Ciencias Sociales* vol. 37, 2017, pp: 155-178.

Augé, Marc. *Los no lugares: espacios del anonimato.* Gedisa editorial, 2000.

Ayer no termina nunca. Dir. Isabel Coixet. A contracorriente films, 2013.

Butler, Judith. *Vida precaria. El poder del duelo y la violencia.* Paidós: Buenos Aires, 2006.

Caruth, Cathy. *Unclaimed Experience: Trauma, Narrative and History.* Johns Hopkins University Press, 1996.

González Ferrer, Amparo. "La nueva migración española. Lo que sabemos y lo que no". *ZOOMPolítico* vol. 18, 2013, pp: 1-20.

Johannessen, Jon-Arild. *The Workplace of the Future: The Fourth Industrial Revolution, the Precariat and the Death of Hierarchies.* New York: Routledge, 2019.

Labrador Méndez, Germán: "Las vidas subprime: La circulación de historias de vida como tecnología de imaginación política en la crisis española (2007-2012)". *Hispanic Review* vol. 80, nº 4, 2012, pp. 557-581.

Medina, Raquel. "Las heridas abiertas de la crisis en Ayer no termina nunca". *Tras las lentes de Isabel Coixet.* Ed. Barbara Zecchi. Zaragoza: Prensas de la Universidad de Zaragoza, 2017, pp: 283-298.

Rugg, Julie. "Defining the Place of Burial: What Makes a Cemetery a Cemetery?". Mortality vol. 5, nº 3, 2000, pp: 259-275.

Sales Gelabert, Tomeu. "Contra la precariedad, con la precariedad; cuidados y feminismo". *Oxímora Revista Internacional de Ética y Política* vol. 8, 2016, pp: 53-62.

Standing, Guy. *El precariado: una nueva clase social.* Barcelona: Ediciones Pasado y Presente. 2013.

Visibilidad y voz de mujeres víctimas en los documentales *Bebés robados de España* (2019) y *Letters to the Pope* (2023)

Maravillas Lencina
Horry Georgetown Technical College

Los documentales cinematográficos no solo son vehículos de entretenimiento. Elaborados y producidos adecuadamente, los documentales pueden ser poderosas herramientas de reivindicación social que arrojan luz sobre los rincones oscuros de la historia, revelando verdades incómodas y dándole voz a aquellas personas cuyos relatos han sido silenciados y ocultados. En este contexto, el presente trabajo se centra en el análisis de dos documentales *Bebés robados de España* (2019) y *Letters to the Pope: One Man's Quest for the Truth* (2023) con un propósito singular. Ambas películas, dirigidas por Greg Rabidoux y ancladas en un período negro de la historia de España (1939-1975), buscan dar voz y visibilidad a las mujeres víctimas del robo de bebés y a su vez mostrar cómo una red criminal de robo y venta de bebés operó sin restricciones durante décadas. Afectando a más de 300.000 víctimas, la mayoría de ellas mujeres que fueron en su momento engañadas y silenciadas por figuras de poder, y lo siguen siendo hasta hoy día.

Este trabajo se propone demostrar cómo estos documentales, a través de sus narrativas y testimonios, ofrecen un espacio para visibilizar las experiencias de las mujeres afectadas y exponer a los perpetradores de tales violaciones de derechos humanos, que incluye a miembros del clero de la Iglesia Católica, abogados, médicos, enfermeras, funcionarios públicos y otros segmentos de la sociedad española. Además de dar voz a estas mujeres, ayudan a difundir estos hechos tanto en el espacio académico como en el público en general. Si bien su posición en la cultura popular está indudablemente consolidada, sólo en la última década se han reconocido las posibilidades inherentes al cine documental como forma de generar y difundir conocimiento en el espacio académico (Morgan et al.). Estos documentales contextualizan los acontecimientos en un trasfondo histórico y cultural, explorando por qué y cómo la red criminal operó con impunidad, no solamente durante la dictadura del general Franco sino también durante la transición y en democracia.

A medida que nos sumergimos en el análisis, exploraremos la profundidad de la red criminal, el impacto emocional en las mujeres afectadas y la respuesta de la sociedad y las instituciones ante estas revelaciones. Estos documentales no solo ofrecen una ventana a un pasado doloroso, sino que también plantean preguntas cruciales sobre la memoria histórica[11], la responsabilidad y la justicia en la sociedad española contemporánea. En última instancia, este trabajo busca contribuir a la comprensión y reflexión crítica sobre un capítulo oscuro de la historia española que ha dejado y continúa dejando una marca indeleble en las vidas de miles de mujeres y sus familias.

La España de posguerra se caracterizó por la represión política y la imposición de un régimen autoritario, la dictadura de Francisco Franco (1939-1975). Tras la Guerra Civil Española (1936-1939), el país quedó sumido en un periodo de aislamiento internacional y control ideológico, donde las libertades civiles fueron suprimidas, y en especial los derechos de la mujer.

Durante la dictadura franquista, se gestó una red criminal constituida por sectores poderosos de la sociedad. La combinación de la opresión política y social proporcionó un caldo de cultivo propicio para la operación impune de prácticas como el robo y la venta de bebés. Inicialmente, se hizo por razones políticas e ideológicas. Robar bebés era una forma de castigar y destruir al bando de los vencidos, ciudadanos legítimos de la República Española, que habían luchado contra los sublevados, las fuerzas nacionalistas de Franco durante la Guerra Civil. Estas creencias inspiradas por las teorías de la eugenesia nazi y promovidas por psiquiatras como Antonio Vallejo-Nájera tenían el objetivo de erradicar el 'gen rojo'

[11] Memoria Histórica, a menudo denominada "memoria colectiva" o incluso "memoria social",ocurre cuando grupos, organizaciones, investigadores o escritores construyen e identifican ciertas narraciones sobre la historia y acontecimientos históricos.

o cualquier indicio de socialismo que pudiera aparecer en el ADN. Pensaba que las creencias marxistas tenían raíz en el ADN y eran muestras de deficiencia mental y por lo tanto debían ser erradicadas. Según sus teorías, El 'gen rojo' era el causante de la degeneración de la raza hispana y debía ser destruido para el beneficio de España. Estas teorías expuestas en su trabajo *Biopsiquismo del Fanatismo Marxista* fueron primero experimentadas y llevadas a la práctica por este psiquiatra en las cárceles de mujeres, la gran mayoría presas políticas. El remedio que ofrecía era separar a los hijos de sus familias republicanas, y criarlos y educarlos según el canon franquista nacionalista católico conservador. Los bebés deberían ser apartados de las madres 'rojas' al nacer, antes de ser 'infectados' por sus ideales. Estas madres no sabían adónde se habían llevado a sus bebés, pero sí sabían que nunca volverían a verlos. Según el psiquiatra "*la segregación de estos sujetos desde la infancia podría liberar a la sociedad de una plaga tan temible*" (2).

Las mujeres republicanas eran vistas como 'infrahumanas' por este psiquiatra ultraconservador. Su compañero ensayista Ernesto Giménez Caballero también escribió sobre la necesidad de exterminar a la 'bestia roja' (Perlstein 26). Por lo tanto, el trato brutal que estas mujeres recibían en prisión era justificado y ningún acto o castigo contra ellas era considerado demasiado vil o excesivo. A las mujeres se les afeitaban la cabeza para librarlas de cualquier feminidad externa y con frecuencia eran golpeadas, torturadas y violadas por sus captores varones que las llamaban "putas, rojas, feas, y peladas". (González Duro 37). Por el contrario, las mujeres del bando nacionalista eran consideradas mujeres ejemplares, religiosas ángeles del hogar, y la imagen perfecta de la madre española ideal. Un modelo puro e innatamente superior al que aspirar toda España, según Vallejo-Nájera, se podía encontrar en la Sección Femenina de la Falange.[12]

[12] La Sección Femenina también ayudó a propagar el debido comportamiento de las mujeres, mediante la publicación y distribución de manuales preparatorios. Estos manuales enumeraban y explicaban los pasos que las mujeres debían seguir para servir mejor a su marido. Estos incluían; Nunca te quejes si llega tarde, o si sale a cenar o a otros lugares de diversión sin ti, en cuanto respecta a la posibilidad de relaciones íntimas con tu marido, es importante recordar tus obligaciones matrimoniales, si él siente la necesidad de dormir, que sea así, no le presiones o estimules la intimidad, si tu marido sugiere la unión, entonces accede humildemente, teniendo siempre en cuenta que su satisfacción

Su líder, Pilar Primo de Rivera, no era otra que la hermana del fundador del Partido de la Falange, José Antonio Primo de Rivera, ambos hijos del ex dictador de España, Miguel Primo de Rivera (1923-1930).

El sueño de los vencedores era de trasplantar la eugenesia al estilo nazi a España, para lograr una especie de 'Raza pura española.' Esta raza hispana recién diseñada bajo Franco sería, en efecto, un retorno a lo viejo y lo tradicional. Un regreso a una época en que España era admirada y temida. España sería restaurada a una nación cristiana unificada. Franco pretendía ser el gran salvador y creador de una nación libre de los radicales seculares y 'anticristos republicanos' que la habían asolado durante décadas (Rabidoux et al. 28). Estos médicos e intelectuales vieron a Franco no sólo como una figura heroica sino como el único que podía salvar a España de la 'enfermedad republicana' (Preston Spanish Holocaust 512-515).

La Iglesia Católica desempeñó un papel crucial en la España de Franco, consolidando su influencia en la sociedad.[13] Habiendo perdido todo su poder durante el mandato de la Segunda República (1931-1939), la alianza simbiótica de posguerra entre Franco y la Iglesia Católica se forjó rápidamente en un vínculo inquebrantable, cada uno de los cuales proporcionaba un servicio necesario para la adquisición y consolidación del poder del otro. La Iglesia fue restaurada a su debido lugar, designándose a sí misma en la escolarización formal y el cuidado moral de la población, y adoptó plenamente su papel de ayudante en la implementación del plan de Vallejo-Nájera. Al asumir este papel, la Iglesia pudo restablecer a sus miembros como líderes dentro del nuevo régimen de Franco.

Los valores fundamentales del franquismo incluían una sociedad patriarcal fuerte y vuelta de la mujer al hogar, su papel tradicional, alentar la vergüenza pública de las madres solteras, la prohibición del aborto y la

---

es más importante que la de una mujer, cuando alcance el momento culminante, un pequeño gemido por tu parte es suficiente para indicar cualquier goce que hayas podido experimentar, si tu marido te pidiera prácticas sexuales inusuales, sé obediente y no te quejes.

[13] La alianza de Franco, Dios, y la Iglesia Católica ha sido bien documentada, ver como ejemplo, el trabajo de Richards en *Morality and Biology in the Civil War: Psychiatrists, Revolution and Women Prisoners in Málaga.*

garantía de que todos los bebés fueran criados en hogares católicos respetables (Campos 138). Todos ellos estaban en sintonía perfecta con las normas aceptadas por la Iglesia, y todos los derechos conseguidos por las mujeres durante la Segunda República fueron fulminados. Además, la Iglesia impuso vestimenta estricta y prohibió el uso del maquillaje. La mujer "debía ir convenientemente vestida, es decir, con mangas largas o al codo, sin escotes, con faldas holgadas que no señalaran los detalles del cuerpo ni acapararan atenciones indebidas. La ropa no podía ser corta y mucho menos transparentarse." Las mujeres jóvenes no debían salir solas ni ir acompañadas de hombres que no fueran de la familia (Nicolás 149).

La Iglesia continuaría ayudando a identificar, aislar y luego explotar a las mujeres vulnerables como un medio para llevarse a sus bebés y así garantizar la pureza nacionalista de Franco, el nuevo 'salvador' de una España recristianizada y pía. Franco proporcionaría cobertura política y legal para ayudar a asegurar que la Iglesia ascendiese nuevamente al lugar que le correspondía.

La separación de bebés de mujeres republicanas en prisión y su entrega a más madres 'adecuadas,' de familias afines al franquismo, para criarlos se empezó a implementar también fuera de las cárceles y en un ámbito mucho más amplio durante la Dictadura (1939-1975). Tomar por la fuerza a los bebés nacidos de madres republicanas o 'rojas' y entregárselos a madres nacionalistas apropiadas se consideró una forma natural y quizás la única de asegurar que los bebés no crecieran con la 'deficiencia mental' y la 'degeneración' de sus padres biológicos. (Quiroga and Del Arco 199)

Con el paso de la ley del Seguro Obligatorio de Enfermedad en 1942, y la construcción de más hospitales, los partos pasarían a producirse en los hospitales y no en las casas privadas como había sido costumbre anteriormente. Los hospitales solían ser regentados por monjas, y la mayoría de las enfermeras eran monjas de diferentes órdenes religiosas. De este modo la Iglesia tenía acceso fácil a los bebés. Los españoles habían sido condicionados a confiar y obedecer el uniforme y a quienes lo usaban, ya fueran los militares o la Iglesia. Simplemente hicieron lo que se les dijo, sin preguntas. En este clima resultante de confianza injustificada, pasividad y obediencia a los símbolos de poder glorificado en una España de posguerra, la separación forzosa de un recién nacido de su madre fue, si no fácil, mucho más fácil y prácticamente sin resistencia que lo hubiera sido en una sociedad y un sistema muy diferentes. Esta actitud facilitó grandemente el robo de bebés en los hospitales, pasando a ser un negocio muy lucrativo.

Durante la Dictadura, el cuerpo de la mujer no sólo se convirtió en blanco de opresión, sino que fue cosificado hasta tal punto que era visto y tratado simplemente como una máquina de hacer bebés, sin sentimiento. Las mujeres no eran vistas como plenamente humanas sino simplemente como seres reproductivos. En consecuencia, las mujeres podrían ser utilizadas, explotadas para obtener beneficios sociales y políticos y ser desechadas. Basándome en las teorías de Germaine Greer, sostengo que, bajo Franco, las mujeres eran vistas y tratadas simplemente como un útero, un simple receptáculo utilizado como dispositivo reproductivo que funcionaba (era fértil) o no funcionaba (infértil) y en cualquier caso sus pensamientos, sentimientos o deseos no importaban. Las 'indeseables' se convirtieron en el blanco de este abuso, proporcionando el producto deseado (bebé) a la familia adecuada por el precio justo.

Con la muerte de Franco en 1975, España inició un proceso de transición a la democracia. La cultura del silencio y el miedo que reinó durante la Dictadura dio paso a la ley de amnistía (1977) o pacto del olvido en la transición democrática, creando un entorno propicio para que la red criminal operara sin interferencias.[14] Esta ley fue creada para que los presos políticos, así como miembros del régimen franquista fueran perdonados de todos los delitos cometidos y que no hubiera represalias, lo que contribuyó a la impunidad de los responsables. La red criminal de robo de bebés continuó operando en las sombras, perpetuando las violaciones de derechos humanos incluso en el nuevo contexto democrático.

[14] También llamado pacto del silencio fue un acuerdo por convenio entre élites políticas. Se propuso olvidar las cuatro décadas de represión y censura por parte del régimen de Franco para 'no abrir viejas heridas'.

Sorprendentemente, el robo de bebés no solo perduró durante la dictadura y la transición, sino que se extendió a la era democrática. Poco a poco la antigua motivación política y genética que comenzó en la posguerra dio paso al deseo de riqueza, al simple negocio de venta de bebés, aunque mantuvo un carácter social o religioso, que continuó hasta los años 80 e incluso 90 a expensas de una sociedad ingenua, confiada y obediente. Esta red criminal se extendió por toda España evadiendo la captura y la justicia que hasta ahora no ha condenado a nadie.

Esta contextualización histórica y cultural proporciona el marco necesario para comprender la complejidad de la red criminal de robo de bebés en España y el contexto en el que se centran los documentales que van a ser analizados. El siguiente apartado explorará cómo estas películas abordan este tema y crean un espacio de atención para las víctimas, donde comparten sus dolorosas historias, sus experiencias y deseos futuros, haciéndolas visibles y dándoles voz después de haber estado en la penumbra y silenciadas durante décadas. Los testimonios orales son necesarios para entender el pasado. John Beverley argumenta que "el testimonio surge precisamente en el contexto de una crisis de representatividad de los viejos partidos políticos, incluidos los de la izquierda. De allí que su correlativo político predilecto sea los llamados 'nuevos movimientos sociales', como las Madres de Plaza de Mayo, o el Comité de Unidad Campesina de Menchú, o las comunidades de base de la teología de la liberación: de hecho, todos los movimientos que emplean de una manera u otras representaciones testimoniales en su protagonismo." (1993 493).

El documental *Bebés robados de España* (2019) emerge como una poderosa herramienta de denuncia, centrando su atención en la red criminal que operó impunemente durante décadas en España. Su enfoque es claro: dar voz a las mujeres que fueron víctimas de estos crímenes y exponer a la red que perpetró tales atrocidades. El poder de este documental reside en que se centra en historias individuales, proporcionando testimonios impactantes de las mujeres afectadas. Les brinda a las víctimas la oportunidad de exponer al público lo que les ocurrió, sin filtros ni intervenciones. "El testimonio es una forma cultural esencialmente igualitaria ya que cualquier vida popular narrada puede tener un valor testimonial.

Cada testimonio particular evoca en ausencia una polifonía de otras voces posibles, otras 'vidas'" (Beverley 1987 12). En la mayoría de los casos esta es la primera vez que han contado sus historias abiertamente, por miedo a que nadie las crea o las traten de locas.

La película comienza con el primer juicio de robo de bebés celebrado en España, el juicio del Doctor Eduardo Vela, ginecólogo acusado de robar cientos de bebés durante los últimos 50 años. Nunca antes se habían encontrado pruebas contundentes, ni cargos ni juicios, hasta este momento. En ochenta años nadie ha sido llevado a juicio. El doctor fue acusado del robo de Inés Madrigal, nacida en la clínica San Ramón de Madrid en 1969. También fue acusado de detención ilegal, suposición de parto y falsificación de documentos públicos. Este juicio les da esperanza a las víctimas, es la primera puerta que se abre para ellas, si Inés lo consigue, ellas también lo podrán conseguir. Inés es la Juana de Arco de las víctimas, el ejemplo a seguir, la pionera.

Inés fue uno de los miles de bebés que nacieron en la cínica San Ramón y fueron vendidos en adopción. Ella dice en su testimonio que su documentación fue preparada y firmada por este médico y en ella se afirma que él asistió en el parto de su madre adoptiva, una mujer que en realidad era estéril, y nunca había dado a luz. Esto muestra la falsedad en documento público. Inés dice que su madre adoptiva le contó que el doctor le había pedido que cuando se presentara en la clínica lo hiciese con unos cojines en la barriga para que pareciese que estaba embarazada, de este modo cuando se llevara el bebé parecería que ella había dado a luz.

Algunas de las mujeres que dieron su testimonio en el documental habían dado a luz en esta misma clínica y el mismo ginecólogo les dijo que su bebé había muerto, estas víctimas lo acusan de haber robado cientos e incluso miles de bebés y después venderlos a padres deseosos de adoptar, también de mostrar bebés muertos que mantenía en un congelador a las madres que exigían ver a su bebé para engañarlas y convencerlas de que su bebé recién nacido había muerto.

Inés dice que se siente avergonzada de su país, porque después de haber recibido cientos de denuncias de madres, esta es la primera vez que un caso de robo de bebés llega a juicio y el 99% de las denuncias presentadas por las víctimas a las fiscalías españolas son archivadas. Detrás de cada denuncia está el dolor de esa familia, pero esto no parece importarle ni a la justicia ni a los políticos, ni al gobierno. Se ha estado silenciando a estas mujeres durante décadas, esperando que poco a poco se vayan muriendo hasta que no quede ninguna para dar testimonio de las injusticias que se cometieron contra ellas. Por este motivo sienten que el poder hablar en el documental les da legitimidad, visibilidad, y esperanza de que alguien se identifique con los datos que comparten y se comunique con ellas. Tanto Inés como todas las otras víctimas que aparecen en el documental hacen hincapié en que no están interesadas en juicios, ni condenas, ni cárcel para los culpables, ni dinero, lo único que quieren es encontrar a sus familias y saber la verdad.

El documental nos presenta a los dos tipos principales de víctimas: los adoptados que buscan a sus madres biológicas, como es el caso de Inés, y las madres que buscan a sus bebés robados. En el caso de las madres, la mayoría son muy mayores, se palpa la desesperación y la tristeza en sus palabras y en sus rostros. Las madres saben que no les queda mucho tiempo para encontrar a su hijo. La primera madre que comparte su testimonio es Paquita de 84 años cuando da su testimonio, era casada, tenía 27 años, y a punto de dar a luz, no sabía que llevaba gemelos. Aunque su médico y enfermera lo sabían, le ocultaron este detalle hasta después del nacimiento. Mientras nos relata aquellos momentos vividos antes del parto, sus recuerdos son vívidos y claros, como si todo hubiera ocurrido ayer. Como todas las madres que aparecen en el documental, esta es la primera vez que hablan frente a una cámara. Cuando se establece verdaderamente la confianza y la relación entre el cineasta y el sujeto, el resultado puede ser auténtico, genuino y verdaderamente esclarecedor. La riqueza de estos testimonios es inmensa, ellas cuentan lo que les pasó tal y como lo vivieron, como lo recuerdan, sin ser editados ni modificados. Paquita busca a una de las mellizas que dio a luz en 1962. Ella y su hija María José, la melliza de la bebé robada, han estado buscando durante años, una lucha larga y agotadora que no ha dado ningún resultado positivo. Su esposo murió con la pena de no haber encontrado a su bebé.

Josefa es otra de las madres que cuenta cómo le robaron a una de las gemelas: "Cuando le contaba a alguien que mi bebe no había muerto, que me lo habían robado me llamaban loca, y me decían que no dijera tonterías, pero una madre lo nota por dentro, una madre lo sabe." Los bebés gemelos o mellizos eran muy codiciados por esta red criminal. De este modo podían dejar uno con la madre, normalmente era una religiosa la que le daba la noticia del 'fallecimiento' del bebé, diciéndoles que deberían dar "gracias a Dios" que uno de los bebés sobrevivió. Tanto Paquita como Josefa y todas las madres entrevistas que tuvieron un parto doble y se llevaron solamente uno de los bebés, dijeron que les dejaron al más pequeño o enfermizo. El bebé más grande y sano iba destinado a la familia adoptiva que pagaba una gran cantidad de dinero y así se aseguraban de que el 'producto' era de buena calidad.

Las mismas mentiras, engaños y métodos de operación se empleaban por todo el territorio español. Independientemente del tiempo, ubicación, clínica o década, el 'guion' era algo así: La mujer que iba a dar a luz era drogada, incluso si se había negado a recibir medicación, por lo que su juicio se vería afectado. Luego, la monja o enfermera asistente, o ambas, comenzaban a preparar' a la futura madre diciéndole que era muy probable que su bebé o bebés murieran por una variedad de razones. La más frecuente de estas razones era alguna deficiencia o fragilidad notada por el médico incluso antes de dar a luz. A menudo, el médico citaba alguna deficiencia o condición interna, por lo que era más difícil de contradecir incluso con una revisión cercana del bebé. Tampoco se permitía que ni el esposo ni ningún familiar estuvieran presente durante el parto, y no se le permitía a nadie pasar la noche con la parturienta en el hospital. Únicamente se permitía estar con ella durante las muy limitadas horas de visita. Solo en raras ocasiones se le permitía a la madre ver, abrazar o incluso tocar a su recién nacido. Se llevaban al bebé inmediatamente a una habitación aparte o a la incubadora fuera de la vista. El estribillo habitual era el mismo: "el bebé está demasiado frágil y debe estar en cuarentena para recuperarse".

Cuando a la madre se le informaba de la repentina 'muerte' de su bebé, su solicitud de al menos permitirle ver al bebé era inmediatamente rechazada. Una excepción fue en el caso del Dr. Vela. Sus víctimas cuentan cómo se les mostraba un bebé muerto y congelado y al que hacían pasar por su recién nacido antes de llevárselo rápidamente.

El acto final de este 'guion' compartido era enviar a una monja afectuosa para consolar a la madre e informarle de que el hospital se encargaría de todo para que no se preocupara. Con pocas o ninguna excepción, a todas las madres se les dijo que "usted es joven y podrá tener más bebés".

El 'guion' incluso parecía inclinarse hacia un día y una hora preferidos de la semana para cometer estos crímenes. Como cuenta una exmonja que trabajaba en una de las clínicas más notorias donde el robo de bebés era desenfrenado: "Los domingos, se nos prohibía severamente ir al segundo piso donde estaban muchas de las futuras madres a punto de dar a luz. Excepto por algunos visitantes que entraban por las entradas laterales, no había nadie más alrededor. Se informaba a las madres que sus bebés habían muerto en las primeras horas de la mañana, generalmente alrededor de la 1:00 a 3:00 de la madrugada. Todos sabíamos lo que estaba sucediendo, pero temíamos cuestionar a nuestros superiores."

A las familias que insistían en llevarse al bebé para enterrarlo ellos, se les daba una caja pequeña sellada y se les decía que no la abrieran, ya que hacerlo sería un pecado mortal. Se les decía que en el interior estaban los restos del bebé muerto. Se les ordenaba llevar inmediatamente la caja al cementerio para enterrarla. Solo más tarde, cuando comenzaron a pedir exhumaciones descubrirían que la caja estaba vacía o llena de arena.

Paquita cuenta que a su esposo le dieron la caja de madera que él había traído, ahora claveteada, y le dijeron que fuera inmediatamente al cementerio que ya iban a cerrar. "Vaya rápido, corra antes de que cierren y no abra la caja, que es pecado." Cuando se iba, nuevamente gritaron: "Dese prisa que el sepulturero está esperando a que usted le lleve la caja para enterrarla." Se fue apresuradamente y se subió a un taxi. Fue al cementerio y enterraron la cajita sellada en una fosa común. Durante años, Paquita y su esposo reprimieron sus dudas y sospechas sobre lo sucedido. Su esposo siempre le decía a Paquita que toda la situación no tenía sentido y se preguntaban por qué nunca se les permitió ver a su bebé, viva o muerta. Pero no cuestionaron completamente lo que sucedió, la idea era demasiado loca. Pero cuando otros casos similares comenzaron a recibir atención nacional a partir de los esfuerzos de los activistas, y las estaciones de televisión comenzaron a presentar historias de bebés robados, se permitieron pensar lo impensable: ¿podría haberles sucedido realmente a ellos también?

Paquita y su hija María José han investigado incesantemente durante años y descubrieron que en el hospital donde dio a luz no hay evidencia ni registro de que haya estado allí. Los funcionarios del hospital les dijeron que no existe historial médico, que pudo haber sido destruido en las inundaciones. En el Registro Civil, donde se guardan todos los registros de los nacimientos de bebés que no sobreviven durante al menos 48 horas (legajo de aborto), les dijeron que no existía documentación antes de 1978 porque todo estaba mal ubicado o perdido en el traslado de oficinas de un edificio a otro.

Paquita mostró el certificado de nacimiento del bebé sobreviviente, que se registró en gran parte en blanco y con irregularidades e información falsa. La información de todos los involucrados había desaparecido, como el nombre del médico y la enfermera. En la licencia de enterramiento no hay nombre de ningún médico que lo firme, aunque debería estar el nombre del médico. Tampoco hay un certificado de enterramiento que por ley siempre debe haber uno.

La bebé grande, la más sana fue enterrada en una fosa común que normalmente es solo para bebés abortados, es decir, que nacen muertos. Su familia tenía un seguro privado de entierro y la habrían enterrado en una tumba privada, pero no tuvieron esa oportunidad.

Después de extensas investigaciones, el fiscal finalmente revisó el caso y acordó que había una serie de irregularidades y registros falsos. Entonces, en enero del 2012 ordenó una exhumación judicial de la fosa común para confirmar su lugar de enterramiento. Siguiendo la descripción y las coordenadas proporcionadas al arqueólogo por su esposo, encontraron los restos de una caja muy dañada y vacía. Alrededor de la caja había varios huesos de recién nacido en descomposición. El proceso de extraer ADN de los huesos y analizarlos llevó otro año más. Finalmente, en el

2013, les dijeron que el resultado de las pruebas era negativo. No había coincidencia genética entre los huesos encontrados fuera de la caja vacía con la familia.

Mientras trataban de asimilar esta noticia traumática, Paquita y su familia recibieron otra ronda de malas noticias. El fiscal llamó y les informó que necesitaban llevar a cabo una segunda exhumación. La razón, les dijeron, era simplemente confirmar el hallazgo de la primera exhumación, que esto era un procedimiento normal y estándar.

Sin embargo, esta segunda exhumación se realizó de manera muy diferente. El ayudante del cementerio municipal que realizó la exhumación la primera vez y había trabajado allí durante más de 30 años fue despedido repentinamente sin ninguna razón. Ahora, el nuevo tipo les dijo que el ayudante anterior había excavado en el área equivocada. Pero esto no era cierto, había seguido las coordenadas exactas dadas por su esposo. Este les ignoró y excavó en un área muy alejada de donde estaba enterrado el bebé. Después de 9 días de excavación, no se encontró nada, y el caso fue *archivado* por falta de pruebas.

Paquita se inclinó hacia delante y confió ante las cámaras que "mi esposo siempre se sintió culpable por no abrir esa caja". Hoy, su hija María José, continúa buscando a su hermana melliza y es fundadora y actual presidenta de la asociación de bebés robados de Alicante (*Asociación Víctimas de Alicante*).

Durante las exhumaciones[15] de Cádiz, varias de las víctimas hablaron ante las cámaras para el documental *Bebés robados de España.* Chary, Margarita y Jesús entre varias víctimas de Cádiz, han encontrado las tumbas vacías o con restos de ADN que no pertenece a sus familias. En todos los casos sus archivos se han cerrado por 'falta de pruebas,' aunque sus tumbas se abrieron porque son casos claros de robo de bebés. Están indignados y ya no saben qué hacer o adónde acudir, su última esperanza es

[15] La Ley de Memoria Histórica fue aprobada en el 2007 durante el mandato del socialista José Luis Rodriguez Zapatero (2004-2011). Incluía el reconocimiento de todas las víctimas de la guerra civil española (1936-1939) y la dictadura del general Francisco Franco (1939-1975), pero no incluía la apertura de fosas. Fue la Asociación para la Recuperación de la Memoria Histórica (ARMH) quién comenzó las excavaciones de fosas comunes. Solamente los casos muy claros de robo de bebés han sido incluidos.

recibir atención y una posible ayuda del extranjero a través del documental. Como dice Margarita, "estamos abandonados por la justicia española."

La presidenta de la Comisión de Peticiones del Parlamento Europeo, Jude Kirton-Darling (Diputada británica) compartió en el documental su visión sobre las frustraciones de muchas de las víctimas debido a la falta de seguimiento por parte de las autoridades españolas con las recomendaciones y peticiones internacionales. Añadió que el documental la ayudará a seguir haciendo oír su voz para que se investiguen más los robos de bebés que se llevaron a cabo en España y las madres puedan reunirse con sus bebés. Los documentales proporcionan un impulso y una plataforma para el cambio, la acción afirmativa y el diálogo significativo (Bacha 1). Es por esta razón que las víctimas ponen todas sus esperanzas en estos documentales. Los cineastas entrevistaron a más de 300 víctimas, todas de ellas desesperadas por que se sepa su verdad, desafortunadamente por motivos de tiempo y duración de los documentales no todos los testimonios pudieron ser compartidos ante las cámaras. Estas películas documentan los hechos y registran la historia, tal como fue vivida por las víctimas, la historia que no se muestra en los libros de texto. Los documentales que siguen procesos de investigación estrictos tienen más impacto y más permanencia que los filmes que solo ofrecen una opinión. Los cineastas e investigadores Kerrigan y Batty explican que, en muchos sentidos, el documental es una extensión del paradigma de investigación bien establecido de la etnografía y, al ampliar el enfoque de recopilación de datos característicos de la observación participante para incluir prácticas cinematográficas, permite la captura, documentación y preservación de datos que mantienen de manera más exhaustiva la autenticidad y la subjetividad (91).

Muchas de las madres destacadas en este documental, como Paquita, Josefa, María, y Dolores ya son muy mayores, tienen entre 85 y 94 años y ven este documental como un rayo de esperanza, un vehículo para encontrar a sus hijos, saben que el tiempo se les acaba. De hecho, cada año que pasa más madres mueren con la pena de no haberlos encontrado. Este documental sirve como testamento de que estas mujeres llevan décadas buscando y nadie las ayuda en su ardua búsqueda, sino todo lo contrario, se les pone obstáculos a cada paso que dan en su recogida de documentos y pruebas. Y para colmo, cuando ya tienen más que suficientes pruebas les archivan sus casos "por falta de pruebas." Realmente devastador.

Los testimonios de los adoptados que buscan porque están seguros de que fueron robados al nacer, también son muy similares. Todos se encuentran ante el mismo camino lleno de mentiras y documentos falsos. A pesar de tener en sus manos pruebas contundentes, todos sienten frustración porque sus casos siempre acaban siendo archivados.

El caso de Ascensión comienza como el de muchos otros bebés robados, con varias carpetas repletas de documentos llenos de irregularidades e información falsa, pero su caso va más allá. Acusada y condenada por cometer el delito de *calumnia* contra una monja conocida. Ascensión dijo públicamente que tenía pruebas que probaban que era una bebé robada y dio el nombre de una monja que había firmado sus documentos. Esta monja es su propia tía, hermana de su padre adoptivo. Admitió que tiene pocos fondos y no puede trabajar debido a su mala salud, y se enfrenta a una posible sentencia de cárcel a menos que pague una multa considerable que no puede pagar. Esta es la razón que las víctimas que compartieron su testimonio en el documental tenían miedo de decir los nombres que aparecían en sus documentos por temor de ser acusadas de calumnia.

Ella insiste en que no es calumnia, que está simplemente repitiendo lo que muestran sus documentos: "¿Ves esta carta? Esta es una carta con su firma (tía), este es su nombre y su firma, y aquí le escribe el presidente del consejo de gobierno de Sevilla agradeciéndole su interés por el bebé, yo. Y aquí (señalando una nota) es donde ella sirvió como testigo de la adopción, en lugar de estar el nombre de los padres adoptivos, está su nombre solo como la persona de contacto principal."

Como en el caso de Ascensión los padres adoptivos suelen ser bastante más mayores que los padres biológicos debido a que deciden 'adoptar' cuando otros medios no han dado resultado. Ascensión dice que "la gente bromeaba diciendo que mis padres parecían más mis abuelos." La mayoría descubren que son adoptados por los insultos recibidos por otros niños como cuentan Paqui e Inés que las llamaban adoptadas, e hijas de puta en el colegio. Ascensión dijo que lo descubrió en el funeral de su padre, cuando lloraba y un familiar le dijo "¿por qué lloras tonta? Ese hombre ni siquiera es tu verdadero padre. Te compró al nacer." Más tarde su madre le confirmó que era cierto.

Asunción explica que su padre era militar, y estuvo muy pegado al régimen franquista, y había tenido un alto cargo en la *Falange*. Su madre era la típica mujer de esa época, sumisa y que había nacido para obedecer al marido y para servir al régimen. Asunción continúa "me dice que un día está en casa y suena el teléfono, y es mi tía y le dice a mi madre 'Ven a Sevilla, que el bebé está casi a punto para llevar.'" Todos los bebés robados entrevistados cuentan una historia muy parecida, los padres adoptivos reciben una llamada telefónica anunciando que el bebé está listo, y que ya se lo pueden llevar. En ese momento se le pagaba al intermediario la cantidad de dinero acordada, que era muy alta, normalmente el coste de un piso en aquella época.

Una vez que los adoptados saben que esos con los que conviven no son sus padres biológicos, sienten la necesidad de saber qué pasó realmente y quiénes eran los padres verdaderos. Pero en este momento es cuando comienzan a incrementarse las mentiras. Ascensión dice: "Cuando comencé a pedir más detalles, mi madre siempre me contaba la misma versión mientras otros miembros de mi familia me contaban historias diferentes, hechos diferentes… Pero cada vez que le preguntaba (a la tía) directamente, ella me decía: 'Busca todo lo que quieras, nunca la encontrarás (a la verdadera madre).'" Las víctimas de esta trama simplemente quieren saber quiénes son y conocer a sus padres biológicos.

Todos han estado buscando durante años, pero falta información. Se sienten como detectives, buscando más pistas, pero resulta casi imposible porque como dice Asunción "Archivan nuestros casos o nos mienten o destruyen registros u ocultan los registros en los archivos de la Iglesia… pero estas películas ayudan para que la verdad salga a la luz."

El tribunal aceptó la denuncia hecha por la monja y declaró a Asunción culpable. La condenaron a pagar una multa de más de 55.000 euros como castigo por haber nombrado públicamente a su tía, y de no pagar irá a la cárcel. Esta indemnización es para la monja. Asunción está enferma, sin trabajo, sin casa propia, y no puede pagar esa suma de dinero.

Otra de las razones importantes del derecho a saber el origen es para conocer las enfermedades hereditarias. Ascensión podría haber evitado sus enfermedades si hubiera podido conocer a su familia biológica: "Si lo hubiera sabido antes, podría haber prevenido cosas, ahora mi vida se acorta y la calidad de lo que me queda está disminuida." Ni siquiera su enfermad, ni todos los obstáculos puestos en su camino la van a detener en su búsqueda, aunque dijo ante las cámaras que si entra en prisión morirá allí.

Esta es la triste realidad de las víctimas. Sus búsquedas son una tras otra bloqueadas a todos los niveles, e incluso son amenazadas, denunciadas y condenadas, mientras que los culpables viven tranquilamente disfrutando de todos los bienes adquiridos con el robo y venta de bebés.

El Doctor Vela fue absuelto de los tres delitos de los que había sido acusado por prescripción de los hechos, es decir, que había pasado demasiado tiempo desde que ocurrieron los delitos. Las víctimas se sienten muy desanimadas después de tal veredicto. En el testimonio de Inés después del juicio, se mostró muy triste no solo por ella sino por todas las otras víctimas que vieron en ella una esperanza y ahora se dan cuenta de que nunca van a tener justicia. Los criminales no son penalizados, pero sí las víctimas como es el caso de Ascensión. Las mujeres que dieron su testimonio después del juicio estaban muy desilusionadas y comentaron que sus casos no interesan a nadie y no creen que podrán encontrarse con sus seres queridos a través de medios legales. Sus esperanzas están puestas en el documental, en los grupos de bebés robados de Facebook y en las pruebas de ADN de los Estados Unidos, no los de España. Las pruebas en España han dado muchos negativos falsos, lo que las hace pensar que la gente en el poder no quiere que encuentren a sus familias biológicas porque esto probaría rotundamente que en España se han estado robando cientos de miles de bebés durante décadas y nadie ha hecho nada para pararlo.

Estás mujeres se sienten muy agradecidas de poder ser parte del documental y contar su historia con la esperanza de que su bebé, que ahora ya sería un adulto sepa que lo están buscando. Todas hacen mucho hincapié en que lo único que quieren es poder reunirse algún día con ese bebé que les robaron para abrazarlo y decirle que nunca han dejado de quererlo y que fue robado, nunca entregado ni abandonado. El motivo por el que hacen hincapié en estos hechos es porque las víctimas adoptadas explican que sus padres adoptivos les contaron que fueron abandonados en un convento, o que su madre no los quería y los dio. Las víctimas entrevistadas en el documental que son adoptadas buscan a su madre y familia biológica porque sus pruebas y documentos fueron falsificados al ser inscritos en el registro civil y están seguros de que fueron bebés robados. Esperan que sus familias biológicas vean el documental y se pongan en contacto con ellas.

El documental *Bebés robados de España* (2019) da un recorrido histórico de la red de robo de bebés desde la posguerra española hasta la década de los años 90, mostrando el dolor, el sufrimiento de las víctimas mediante los testimonios de las madres a las que les robaron sus bebés, así como los testimonios de los bebés robados ya adultos. El documental *Letters to the Pope: One Man´s Quest for the Truth* (2023) se centra en la lucha durante décadas de una víctima, Enrique Vila, por descubrir la verdad de su propio origen. En el proceso, Enrique conoció a otros que también nacieron en la misma clínica, la Casa Cuna de Santa Isabel en Valencia, y luego fueron vendidos ilegalmente. Ahora, se llaman "hermanos" entre ellos, y todos están unidos por un único propósito: descubrir quiénes son realmente y la verdad de su propio origen. Sin embargo, los líderes de la Iglesia Católica, las monjas y los poderosos funcionarios gubernamentales continúan bloqueándolos y negándoles el acceso a registros de nacimiento que son legal y legítimamente suyos, porque temen que quede expuesto su papel cómplice en esta empresa criminal.

Enrique, abogado, defensor y portavoz de las víctimas de bebés robados en toda España, ha estado escribiendo al Papa Francisco durante más de 12 años, pidiéndole ayuda e intervención en su caso y en el de otras víctimas. Dedicado a exponer la red criminal de robo y venta de bebés en España se niega a dar marcha atrás, a pesar de los encubrimientos, mentiras, engaños y amenazas a las que se ha enfrentado y sigue afrontando.

Enrique explica como descubrió que fue adoptado accidentalmente a los 23 años cuando su padre estaba en el lecho de muerte. Revisando contratos, pólizas de seguro, y escrituras de propiedad que su padre tenía guardados encontró una antigua demanda judicial donde se mencionaba su adopción, y en ese momento dice que le cambió su vida. Como todos los otros 'hijos falsos' (como Enrique prefiere llamarlos) que dan su testimonio en ambos documentales, descubren que son adoptados por accidente, los padres adoptivos pretendían que nunca se enterasen de que ellos no eran sus padres biológicos. José María dice que se enteró de que había sido adoptado cuando fue al registro civil para recoger la partida de nacimiento antes de casarse, y cuando se lo preguntó a su padre este le dijo: "No tenías que haberte enterado nunca. Yo pagué mucho dinero al abogado para que aparecieras como hijo biológico." Por esta razón, hay miles de adoptados que no saben que sus padres no son sus padres biológicos. Sus partidas de nacimiento fueron alteradas y dicen que los padres adoptivos son los padres verdaderos, no hay rastro de adopción.

Pepa, Maribel, y Sonia también cuentan que sus padres adoptivos pagaron mucho dinero por ellas, el equivalente a lo que costaba comprar un piso en esa época. Y podían elegir 'a la carta' si querían un niño o una niña. Maribel dice que sus padres no tenían tanto dinero y su tía le pidió un préstamo a la fábrica en la que trabajaba, y se lo iban descontando todos los meses de su sueldo. Pero dice que a la monja le pagaron las 150.000 pesetas en efectivo y de una vez. La socióloga Rothman indica que los bebés "son productos muy preciados… las madres son la mano de obra barata, prescindible y no demasiado confiable, necesaria para producir los preciados productos" (149). Esta forma de pensar ayudó a perpetuar el robo de bebés en una sociedad consumista donde la gente podía simplemente comprar bebés, en nombre de la caridad con 'donaciones', y creían que estaban haciendo una buena acción para una 'sociedad mejor' al quitarles los bebés a madres de clases sociales más bajas o sin recursos.

En septiembre de 1999 el Tribunal Supremo español reconoció por primera vez el derecho de todo hijo a conocer sus orígenes biológicos, pero la iglesia sigue negándole este derecho a las víctimas de la Casa Cuna. [16] Todos ellos cuentan que antes de esta ley la madre superiora de esta institución se negaba a darles la información de quien eran sus madres, y después de pasarse la ley simplemente les dicen que no tienen ningún archivo. Enrique dice que todas las madres con las que ha hablado que dieron a luz allí aseguraron que cuando entraban mostraban el DNI y eran inscritas en los libros de registro. "La ley me ampara. Los jueces me dieron la razón. Pero con unas tretas u otras las Religiosas Siervas de la Pasión de la Casa Cuna donde nací, se aferran a negarme mi identidad."

Ingrid, la esposa de Enrique, cuenta en el documental que Enrique sufre enormemente y tiene pesadillas a menudo, y toda esta tensión es provocada por su necesidad se saber quién es su madre, año tras año durante tanto tiempo, y añade que "no saber tu origen, de dónde vienes, a quién te pareces, que enfermedad tienes, es difícil," y añade algo que la mayoría de 'adoptados' menciona y es la falta del amor de madre, un abrazo en el momento preciso, que te diga que te quiere, y que te consuele cuando estás triste. Esta idea es repetida por estos 'hijos falsos' en ambos documentales; la madre adoptiva no les aporta el amor que ellos observan en otras familias con hijos biológicos, o el amor incondicional que ellos mismos les dan a sus hijos ellos no lo han sentido nunca. Maribel cuenta que ella no recibió ninguna muestra de amor de su madre.

Para muchas de madres adoptivas el hijo adoptado es un recuerdo constante de que son estériles, y muchas no hubieran querido adoptar, no sentían esa necesidad de ser madres, pero se sintieron presionadas por la sociedad. Las mujeres que eran infértiles o incapaces de producir la descendencia deseada estaban, como señala Greer, asociadas con el pecado, habían sido 'castigadas por Dios' (60). La bióloga Ruth Hubbard añade que tradicionalmente se creía que la mujer era la fuente de la infertilidad,

[16] Sentencia del Tribunal Supremo núm. 776/1999 (Sala de lo Civil), de 21 septiembre.

sin ni siquiera considerar que podía ser el hombre que el que tenía el problema (203).

Esta idea, que equipara la infertilidad femenina con el pecado, muestra la presión que sentían las mujeres sin hijos en España durante el franquismo, y la necesidad de conseguir un bebé a cualquier precio en una sociedad que elogiaba y reverenciaba la maternidad. El no tener hijos en el matrimonio representaba que tenían un defecto que había que esconder a toda costa, incluso pretendiendo estar embarazadas y después falsificando el certificado de nacimiento. Por eso es tan difícil para estos 'hijos falsos' encontrar a sus madres biológicas.

El deseo principal de estas víctimas es encontrar a su madre, y en segundo lugar al padre y posibles hermanos. Sonia hace hincapié en la necesidad de encontrar a sus madres: "no sabemos quiénes somos, no estamos completos, necesitamos completar el puzle de nuestra vida." Todas las víctimas enfocadas en ambos documentales repiten que no quieren ni dinero ni juicios, solo quieren saber la verdad y que les digan quién es su madre o en el caso de las madres, dónde fueron a parar sus bebés robados. El problema es que ni la administración, ni la iglesia, ni la justicia están haciendo nada por ayudar a estas víctimas, y Enrique sigue siendo ignorado por el Papa. Durante su visita al Vaticano para ver al Papa, Enrique se reunió con su editora de la editorial italiana, Cristina Guarnieri, quien explicó en el documental *Letters to the Pope* la importancia que el filme tiene en ayudar a la gente a conocer este tema, "es muy importante que los periodistas y cineastas se impliquen y muestren estas injusticias. Es cuestión de la vida de personas, de su origen, y tienen el derecho a saber. Todos tenemos una responsabilidad y estos trabajos se centran en conseguir que más mujeres sean escuchadas."

Bebés robados de España (2019) cumple una función crucial al dar poder a las mujeres afectadas, tanto a las madres como a los bebés robados. Les brinda un espacio para compartir sus experiencias de manera directa, desafiando el estigma y la vergüenza que a menudo han rodeado estos crímenes. La película se convierte así en un foro de justicia, permitiendo que las víctimas se conviertan en narradoras de sus propias historias. Del mismo modo *Letters to the Pope: One Man's Quest for the Truth* (2023) crea un espacio similar, pero con un enfoque en los afectados que buscan a las madres. La efectividad de ambos documentales radica en su capacidad para conmover y enojar al espectador al mismo tiempo. Al proporcionar evidencia visual y testimonios directos, logra no solo informar, sino también movilizar la empatía y la indignación del público. La denuncia de estos crímenes no solo se limita al pasado, sino que plantea preguntas cruciales sobre el papel de la justicia en el presente. Se destaca la importancia de estos documentales en la construcción de la memoria histórica y en el llamado a la justicia y trascienden su función documental al convertirse en un instrumento de cambio social, desafiando a la sociedad a enfrentar y abordar las injusticias del pasado. Como indica Marfo, las películas documentales desempeñan un papel clave en cómo vemos el mundo, nos educamos y desarrollamos empatía con las experiencias vividas por los demás (3).

En este trabajo, hemos explorado cómo los documentales *Bebés robados de España* (2019) y *Letters to the Pope: One Man's Quest for the Truth* (2021) cumplen esta función crucial al centrarse en un período oscuro de la historia de España y dar voz a las víctimas del robo de bebés. Ambos documentales, dirigidos por Greg Rabidoux, se sumergen en el período de la dictadura franquista (1939-1975), revelando cómo una red criminal operó impunemente durante décadas, robando y vendiendo bebés, y afectando a más de 300.000 víctimas, en su mayoría mujeres engañadas y silenciadas por figuras de poder. Estas películas ofrecen un espacio para visibilizar las experiencias de las mujeres afectadas y exponer a los perpetradores de estas violaciones de derechos humanos, incluyendo miembros del clero, médicos, y otros segmentos de la sociedad española.

Al contextualizar los eventos dentro del trasfondo histórico y cultural de España, exploramos cómo la dictadura de Franco y la alianza con la Iglesia Católica proporcionaron el entorno propicio para que esta red criminal prosperara. Aunque la transición a la democracia trajo consigo una aparente apertura, la cultura del silencio y el olvido perpetuaron las injusticias, permitiendo que la red criminal continuara operando en las sombras.

Los testimonios presentados en los documentales ofrecen una visión profunda del impacto emocional en las víctimas y plantean preguntas cruciales sobre la responsabilidad y la justicia en la sociedad española contemporánea. Más allá de simplemente proporcionar una ventana al pasado, estas películas desafían a la sociedad a confrontar su historia y a buscar la verdad y la reconciliación.

En última instancia, este trabajo busca contribuir a la comprensión y reflexión crítica sobre un capítulo oscuro de la historia española, destacando la importancia de dar voz a las víctimas y abogar por la justicia y la memoria histórica en el presente y el futuro. Los documentales no solo documentan eventos pasados, sino que también nos instan a enfrentar las injusticias y trabajar hacia un futuro más justo y equitativo para todos.

Bibliografía

Bacha, Julia. *Why documentaries still have the power to change the world*, 2015.

Beverley, John. "El testimonio en la encrucijada". Revista iberoamericana, Vol. 59, No. 164, 1993, pp. 485-495.

--. "Anatomía del testimonio". Revista de crítica literaria latinoamericana, Año 13, No. 25, 1987, pp. 7-16.

Campos, Ricardo. "Authoritarianism and Punitive Eugenics: Racial Hygiene and National Catholicism during Francoism 1936-1945." *Hist. Cienc. Saude-Manguinhos*, Vol. 23, No. 1, December 2016, pp. 131-148.

Extractos de Sección Femenina de la Falange Española y de las JONS. "Preparación de la mujer al matrimonio."

González Duro, Enrique. *Las rapadas: El franquismo contra la mujer.* Siglo XXI de España, 2012.

Greer, Germaine. *The Female Eunuch.* McGraw-Hill, 1971.

Hubbard, Ruth. *Politics of Women's Biology.* Rutgers UP, 1990.

Kerrigan, Susan y Batty, Craig. "Looking back in order to look forward: Re-scripting and re-framing screen production research." *Studies in Australasian Cinema*, 9(2), 2015, pp. 90-92.

Marfo, Amma. *The evolution and impact of documentary films.* Senior Honors Project, Paper 42, 2007.

Morgan, Rachel et al. "Qualitative research through documentary filmmaking: Questions and possibilities." *The Sage handbook of qualitative business and management research methods: Methods and challenges*, 2019, pp. 329–344.

Nicolás Marín, Encarna. *La libertad encadenada. España en la dictadura franquista 1939-1975.* Alianza, 2005.

Pearlstein, Ethan F., "Antonio Vallejo Nágera and the Discourse of Eugenics in Francoist Spain." *Undergraduate Honors Theses.* William & Mary, Paper 146, 2015.

Primo de Rivera, Pilar. *Discursos, circulares, escritos.* Sección Femenina del F.E.T y de las J.O.N.S., 1942.

Quiroga, Alejandro y Del Arco, Miguel A. *Right-Wing Spain in the Civil War Era.* Continuum, 2012.

Rabidoux, Greg, et al. *Bebés robados de España: El libro.* Valmar Books, 2020.

Richards, Michael. *Morality and Biology in the Civil War: Psychiatrists, Revolution and Women Prisoners in Málaga.* Contemporary European History, 2001, pp. 395-421.

Rothman, Barbara. "Beyond Mothers and Fathers: Ideology in a Patriarchal Society." *Mothering: Ideology, Experience, and Agency (Perspectives on Gender).* Routledge, 1994, pp. 139- 157.

Vallejo Nágera, Antonio, Martínez, Eduardo M. "Biopsiquismo del fanatismo marxista. Investigaciones psicológicas en marxistas femeninos delincuentes." *Revista Española de Medicina y Cirugía de Guerra*, No. 9, 1939.

Vila Torres, Enrique. *Betrayed at Birth: True Stories of Love, Lust, Greed, and Hope.* Valmar Books, 2022.

La recuperación del olvido en *Cachita. La esclavitud borrada* (2020), de Álvaro Begines

Alfonso Bartolomé
Virginia State University

La obra de Álvaro Begines tiene como objetivo recuperar parte de la historia de España que ha sido suprimida. A través de las biografías de tres personas asociadas con la esclavitud española: Juan Latino (c. 1518-1594-1597), Pedro Blanco (1795-1854?) y Cándida "La Negra" (1845-1951), se hace un repaso por este sistema económico en el que España participó, directa o indirectamente, a lo largo de más de cuatrocientos años. Las vidas de estos personajes ayudan al espectador a (re)configurar lo que fue la trata negrera mediante puntos de vista divergentes como el del liberto nacido esclavo, el negrero malagueño o la última esclava reconocida en el país. La película mezcla la narración de las biografías ficcionalizadas de Latino, Cándida y Blanco —interpretadas por Emilio Buale, Kenia Mestre y Salva Reina respectivamente— y con las colabora-ciones del actor Carlos Bardem, el musicólogo Santiago Auserón, el experto en esclavitud Jesús Cosano Prieto y los historiadores Aurelia Martín Casares, Martín Rodrigo y Alharilla, María del Carmen Cózar Navarro y Antonio Manuel Rodríguez Ramos, entre otros. Asimismo, el reportaje también desea homenajear a todas las víctimas de este negocio.

Este artículo tiene como propósito no solo mostrar de qué manera el documental aquí presentado desea recuperar la historia de la esclavitud y sus esclavizados en España, sino también averiguar por qué se ha ignorado y se sigue evitando hablar sobre este tema en la actualidad.

Restableciendo el pasado para afrontar el presente

Cachita, desde un principio, quiere mostrar los horrores a los que los negroafricanos tuvieron que enfrentarse y ya al comienzo se ve a Cándida siendo sometida por los traficantes en el barco en una dramatización de lo que pudo ser este tipo de secuestros. Las mujeres eran especialmente vulnerables en estas travesías ya que la tripulación abusaba de ellas de forma sistemática. La desesperación reflejada en el rostro del personaje se podría enmarcar en lo que algunos médicos denominaron como "melancolía fija", una especie de depresión profunda que afectó a muchos esclavos que se negaron a comer e hicieron lo posible por dejar de vivir (Piqueras, *Negreros* 51).[17] Este diagnóstico ya fue expuesto anteriormente por C. L. R. James en *Los jacobinos negros* (1938), donde declaró que muchos de los negros esclavizados en Haití morían de tristeza (25).

El formato de la obra se puede calificar como circular, puesto que tanto al comienzo como al final aparecen los tres personajes claves, además de repetirse imágenes y algunas frases expresadas por ellos. El negocio de la esclavitud fue transformándose a lo largo de las centurias, de ahí que el documental se divida en cinco capítulos: siglo XVI, siglo XVII, siglo XVIII, siglo XIX y siglo XX. Es importante señalar que otro de los personajes relevantes en la cinta es el mar porque aparece de forma continua. Así, se ve a Martín Casares hablando desde el balneario "Baños del Carmen" en Málaga y a Cózar Navarro haciendo lo propio desde "Punta de San Felipe" en Cádiz. Ambos espacios dan al mar y fueron puntos estratégicos donde entraron y salieron personas esclavizadas.[18] Como ha indicado Yomaira Figueroa-Vásquez: "the image of the water recurs as a site of possibility, a reminder of the past, and the linchpin to the future" (184).

La primera imagen es la de unos grilletes vacíos cayendo al suelo con música dramática que simbolizan el horror para, acto seguido, desaparecer, simbolizando el silencio que este negocio ha producido en la sociedad española. Tras el preludio y justo después de revelar el título —donde un momento antes se ve y se escucha el sonido de unas cadenas

[17] Esta resignación o melancolía en las mujeres se puede ver también en la pintura. El ejemplo español más claro tal vez sea el de *La cena de Emaús* o *La mulata* (c. 1618-1622), de Diego Velázquez. Un sentimiento similar se puede deducir en el retrato de Alberto Durero sobre la africana Catherine.

[18] Información facilitada por el director.

moviéndose—, se observa la letra "S" atravesada por un clavo, donde seguidamente aparece un documento antiguo en el que se aclara la definición de esclavo. Es conocida la etimología de la palabra "esclavo", procedente del griego *sklávos* y que a su vez se enmarca en el término "eslavo", perteneciente geográficamente a lo que hoy se conoce como los Balcanes, donde germanos y bizantinos esclavizaron a gentes de ese lugar. Según Sebastián de Covarrubias, la "S" y la letra "I" (en vez del clavo) podrían corresponder a las palabras *sine iure* del latín o, lo que es lo mismo, "sin derecho" (246). Por otro lado, Alfonso Franco Silva señala que: "[E]n ambos carrillos les ponían una *S* y un *clavo* —es decir, esclavo— para que todos supieran que era cautivo y no libre" (53-4, cursiva en el original). Sin embargo, el hispanista John Beusterien afirma que esta interpretación es falsa (135).

A continuación, en la pantalla aparecen los nombres de ciudades españolas donde la trata de personas fue destacada. De esta forma, se presentan algunas imágenes de urbes como Sevilla, Madrid, Granada y Cádiz. La prominencia de las ciudades del sur de la península se debe a su localización más cercana con la costa occidental africana, desde donde portugueses y españoles comenzaron a secuestrar a las primeras personas en expediciones de pillaje o *razzias* para desembarcarlas en los puertos correspondientes. El reino de Portugal comenzó con las exploraciones en la costa africana debido a su destreza en el arte de la navegación, lo que tuvo como consecuencia el comercio de esclavos. Pronto, las ciudades españolas se incorporaron a este negocio y ya en el siglo XVI Sevilla se convirtió en la ciudad europea occidental más importante en relación con la esclavización de personas solo por detrás de Lisboa (Fernández Chaves y Pérez García 5).

La inclusión de Cádiz en las imágenes es también relevante puesto que su relación con el tráfico de seres humanos es conocida ya desde finales del siglo XV (Chaviano Pérez 175). Además, la antigua *Gádir* se convirtió en el último gran puesto negrero de la Europa del siglo XIX, cuando ya en otros lugares como Liverpool, Bristol, Nantes o Burdeos la trata era ilegal (Rodrigo y Alharilla y Cózar Navarro 12). Asimismo, la participación de la ciudad costera en este negocio durante esta centuria fue muy diversa, ya que la urbe "no se limitó a su condición de puerto de paso o de arribada de las embarcaciones negreras, sino que funcionó, además, como base para completar sus avituallamientos, tripulaciones o centro de operaciones comerciales de importantes sociedades y compañías gaditanas que operaban más allá del *hinterland* gaditano" (Chaviano Pérez 190).

Granada es otra de las metrópolis a las que se hace referencia y no es de extrañar si uno se para a pensar en espacios onomásticos que siguen dejando latente la presencia de población negroafricana como la "placeta de los negros", la "calle de Guinea" o el "callejón de los negros" (Martín Casares 105). Otra de las ciudades mencionadas por su importancia en este negocio es Madrid, urbe en la que según el historiador José Miguel López García la esclavitud duró cerca de mil años (11). La actual capital de España fue fundada en el siglo IX por el emir Mohamed I de Córdoba, donde el uso de esclavos ya era habitual "no solo en la esfera doméstica, sino también en las faenas agrícolas, los talleres artesanales y los puestos de venta de su zoco" (25).

En el documental, Cosano Prieto —aunque afirma que esclavos negroafricanos ya existieron en lo que hoy es España desde las primeras conquistas árabes allá por el siglo VIII— da la fecha de 1420 como el origen de las capturas masivas realizadas por portugueses y españoles a lo largo de la costa occidental africana. El propio autor señala en una de sus obras que ya a mediados del siglo XV ciudades como Huelva ya se conocían por la introducción masiva de negros provenientes de barcos que regresaban de las costas africanas (73). Esto se confirma si se atiende a que los conocidos como factores se establecieron en suelo africano desde mitad del siglo XV. Estas factorías normalmente se edificaban en las desembocaduras de los ríos y contaban con un almacén donde se retenía a la "carga" hasta que eran estibados en los barcos y en ese preciso momento se convertían en esclavos. Los factores se extendían desde Sierra Leona a Angola, siendo los más importantes los de Arguim (1449), San Jabo en Cabo Verde (1458), San Jorge de Mina (1481) y Santo Tomé (1486) (Franco Silva 47-8).

El comienzo de la película también hace hincapié en la ignorancia y silencio que han creado las altas esferas de la sociedad como mecanismo para que la población ignore su propia historia. Como contraste, se vuelven a señalar espacios claves como edificios, pinturas, archivos, documentos o nombres de calles que recuerdan la presencia de población negroafricana por el país. Es Bardem uno de los que señala el desconocimiento: "Si tú haces una encuesta a pie de calle y le preguntas a la gente por la esclavitud en España, pues todos te van a decir: el algodón, Kunta Kinte, *12 años de esclavitud*", para seguidamente mostrar de qué manera esta ignorancia se debe en gran parte a una estrategia de las clases pudientes afirmando: "La gente que tiene el poder es la gente que decide qué parte de tu historia tienes que conocer".

Mientras explica esto se ven fotografías de destacados miembros de la Corona española como Felipe V, María Cristina, Carlos III o Fernando VII. Todos ellos contribuyeron a la esclavitud en mayor o menor medida y no solo no la condenaron, sino que algunos de ellos se vieron beneficiados por ella. En relación con uno de los protagonistas de la película, la reina María Cristina de Borbón fue una de las socias principales de Blanco. Esto se hizo posible gracias a la "Sociedad Agustín Muñoz y Cía." (1844), liderada por la madre de Isabel II, la citada reina consorte y el marido de esta, el duque de Riánsares que, bajo la fachada de dedicarse a obras públicas, su actividad principal consistió en el tráfico de seres humanos (Piqueras, "La reina" 104). También, Franco Silva postula que "los reyes de Castilla fueron los primeros interesados en la trata negrera, de la que sacaban importantes beneficios" (53) y la historiadora Fernández Durán refiriéndose al siglo XVII afirma que "el mayor poseedor de esclavos era la Corona" (19).

La primera parte del reportaje titulada "Siglo XVI. Todos tenían esclavos" enfatiza que en esa época era muy común la posesión de esclavos negros en prácticamente todos los estamentos de la sociedad. De acuerdo con Martín Casares, en los siglos XVI y XVII cualquiera era capaz de tener un esclavo, desde las clases religiosas, pasando por administrativos y hasta los propios reyes. Se debe recalcar que la posesión de esclavos se veía como algo totalmente natural y de legítimo derecho. En 1561, la Corte de Felipe II se traslada a Madrid, donde se calcula que se desplazarían hasta 20.000 personas relacionadas de forma directa o indirecta con el séquito real y, aunque es imposible determinar el número exacto de esclavizados, se sabe que todas estas personas tenían personas a su cargo (López García 35). Nuevamente es Franco Silva el que afirma que casi toda la población ocupada poseía esclavos y solo algunas profesiones mencionadas son las de carniceros, tejedores fundidores, plateros, carpinteros o albañiles (143).[19]

Seguidamente, el actor Emilio Buale que representa a Juan Latino se refiere a su personaje con estas palabras: "Era un niño que vivía en un barrio donde había unos cincuenta esclavos, todos con una vida miserable y el mismo color de piel que el mío". El caso de Latino es excepcional ya que se enmarca como el primer escritor afroeuropeo conocido que escribe en latín creativo. Esclavo de los duques de Sessa, llegó a ser Catedrático de Gramática de latín por la Universidad de Granada, donde mantuvo la cátedra durante más de sesenta años (Martín Casares 179), además de estar presente en las actas de la universidad durante más de cuarenta (65). No se sabe a ciencia cierta dónde nació y aunque algunos investigadores lo sitúan en el África negra y otros en el Magreb, es probable que fuera en Baena de mujer esclava. Tampoco se ha podido averiguar quién fue su padre, aunque según apunta Martín Casares, es factible pensar que hubiera sido alguno de los varones de la casa de los Córdoba, incluido el propio duque de Sessa, ya que los abusos sexuales a las esclavas por parte de los dueños eran algo común en la época (47-8).[20]

Una de las primeras frases que se escucha decir a Juan Latino es: "No quiero ser negro. Eso es lo que pensé la primera vez que me vi reflejado en un espejo". Este tipo de negación de uno mismo o del grupo al que pertenece se convierte en una ideología primeriza que suele durar

[19] El número de oficios que posee mano de obra cautiva es casi infinito y de lo más variopinto. Otros ejemplos son entalladores, naiperos, orfebres, batihojas, doradores, pintores, libreros, impresores, joyeros, zapateros, borceguineros, curtidores, chapineros, silleros, odreros, guantero, agujetero, sastres, tintoreros, sayaleros, etcétera. Tal vez lo más sorprendente sea que incluso la propia servidumbre podía llegar a contar con población esclava a su cargo.

[20] En la película se especula indirectamente con la posibilidad de que Latino hubiera sido vástago del propio duque, ya que el humanista afirma en una de las escenas: "Me trata como a un hijo".

hasta el (re)conocimiento identitario y puede ser común en poblaciones étnicas minoritarias, subyugadas, desterritorializadas y esclavizadas. La ideología, conocida como endorracismo, es definida por la socióloga Esther Pineda como "una autodiscriminación emanada del sujeto que sufre y experimenta el prejuicio por su pertenencia étnico-racial" (57). Esta colonización del pensamiento hace que "los propios subyugados asuman la cosmovisión occidental como verdadera y el ideal a alcanzar" (Guerra Cáceres 26). La (neo)colonización del pensamiento ha permanecido hasta la actualidad y autores afroespañoles contemporáneos como Moha Gerehou la han traído a colación. Así, al comienzo de su autobiográfico libro *Qué hace un negro como tú en un sitio como este* (2021) declara: "Durante mucho tiempo me odié por ser negro, de origen gambiano y musulmán" (24). A pesar de la distancia en el tiempo, tanto Latino como Gerehou confirman lo dicho por Aníbal Quijano donde "la perspectiva eurocéntrica de conocimiento opera como un espejo que distorsiona lo que refleja" (892).

Sin embargo, esta visión desaparece en la figura del humanista afroespañol principalmente a través de la instrucción. Como comenta el propio protagonista, su amo —el duque de Sessa— lo debió tratar con amabilidad y respeto, hasta el punto de darle una exquisita educación. El documental da mucha importancia a la educación, personificándola en Latino. De ahí que se diga que el intelectual pasó muchas noches como lector furtivo instruyéndose. Obviamente, esto pertenece a la ficción y su confirmación se antoja difícil, sin embargo, no es descartable sabiendo que el catedrático alcanzó el nivel de educación más alto estipulado en la educación reglada de la época. La importancia de la instrucción cultural se eleva hasta tal punto en la cinta que el profesor universitario reconoce que "la cadena que más fuerte te ata es la de la ignorancia". Sin duda, su preparación académica fue el medio más efectivo por el que Juan Latino se convirtió en una de las figuras más sobresalientes del Renacimiento español.

La cultura adquirida por parte de Latino también se podría entender como un acto de resistencia. El intelectual afroespañol tuvo que saber que su condición era cuanto menos extraña, ya que no solo era parte de la *intelligentsia* hispana, sino que además se casó y tuvo hasta cinco hijos con la que fuera su alumna de latín Ana Carleval. Los matrimonios mixtos en aquella época eran muy raros, aunque existían.[21] Latino supo negociar su identidad y su posición en una sociedad —la granadina— donde abundaban las personas esclavizadas. Sin embargo, esto no le hizo olvidarse, al menos de forma completa, de otras personas que no tuvieron su misma suerte. De esta manera, en el poema que le dedica a don Juan de Austria por su actuación en la Batalla de Lepanto (1571), muestra cierta empatía no solo con los remeros "infieles" condenados a galeras, sino también con uno de los líderes enemigos, el comandante en jefe Müezzinzade Ali Pasha, muerto en la famosa batalla (citado en Wright 152).

La imagen que se ve de Latino es reveladora puesto que se encuentra en una sala muy oscura que podría simbolizar los "oscuros" tiempos del comercio de seres humanos en la península. En una habitación en la que destaca la austeridad y con solo la luz de unas pocas velas estratégicamente colocadas, se observa al catedrático ya en edad madura aseándose. También se escucha el agua, elemento inseparable de los tres personajes protagonistas. La figura se presenta a través de diferentes planos: un primerísimo primer plano, otro medio corto y finalmente un plano largo medio, en el que el realizador poco a poco revela al protagonista. Sin embargo, nunca se le ve de frente y su rostro se observa a través del reflejo en un espejo. Mientras habla, la imagen del protagonista se advierte a través del espejo ya mencionado. Es a través de este objeto como se muestran los recuerdos más personales que atormentan a Latino y que apelan al espectador actual, en cierto modo obligando a este también a mirarse en el espejo en una especie de penitencia.

De la península a América: inicios, desarrollo y consecuencias

El segundo apartado de la película lleva al siglo XVII con el subtítulo "Las colonias se llenan de esclavos". Si en el siglo XVI la esclavitud había sido dominada por portugueses, en el XVII se produce un relevo recogido por ingleses y holandeses. Como indica la historiadora Reyes Fernández

[21] No deja de ser curioso que eligieran a Juan Latino como profesor de latín de Ana Carleval precisamente porque era negro y para que no pudieran tener una relación sentimental.

Durán, el descubrimiento del mal llamado Nuevo Mundo no solo produce un encuentro transatlántico entre Europa y América, sino que une (de forma forzada) a África, donde solo 25 años después del primer viaje de Colón, Fernando el Católico autoriza el primer envío de esclavos negros a las Indias (21). La propia Martín Casares explica en el documental que se produce un cambio en la esclavitud, ya que se pasa de ser femenina y ocupada sobre todo en el ámbito doméstico a otra masculina que se dedicará a trabajar en los ingenios del Caribe, principalmente en las islas de Cuba y Puerto Rico.

La cinta da un total de once millones de negroafricanos exportados a América donde se reflejan las cifras repartidas entre las plantaciones de caña, café, algodón, cacao, trabajos en la construcción, la minería o en la esfera doméstica. Hoy en día y gracias a los datos proporcionados por *Trans-Atlantic Slave Trade*, se sabe que al menos 12,5 millones de seres humanos fueron forzados, 4.713.769 embarcados entre 1501 y 1750 y 7.807. 564 entre 1751 y 1867 (Piqueras, *Negreros* 36). Aunque la película relaciona el siglo XVII con la llegada masiva a América de esclavos, sobre todo para el trabajo en las haciendas, desde 1581 la Corona española ya había autorizado y regulado la migración forzosa de negros comprados o capturados en el continente africano (Piqueras, *La esclavitud* 54). Además, en territorio español sigue existiendo un número bastante elevado de esclavos negroafricanos, donde solo en la primera mitad del siglo XVII el 80 por ciento de los esclavizados son negros y morenos y la población esclava puede llegar hasta a un porcentaje del 15 por ciento (56).

Tras un breve paso por el siglo XVII, el siguiente apartado de la cinta tiene como título "Siglo XVIII. El gran negocio". A finales de este siglo es cuando nace otro de los protagonistas del filme y uno de los muchos negreros que hicieron una importante fortuna con el comercio de personas: el malagueño Pedro Blanco Fernández de Trava. Don Pío Baroja lo menciona en su novela *Los pilotos de altura* (1929), obra perteneciente a su trilogía *El mar*, y el cubano Lino Novás Calvo narró su vida en 1933. Recientemente, Carlos Bardem ha hecho lo propio con *Mongo blanco* (2019). Blanco fue uno de los negreros más destacados de la primera mitad del siglo XIX y su figura es importante para entender cómo los europeos se hacían con la mercancía humana. Se sabe que Blanco poseía una factoría en la misma África, en lo que se conoce como el río Gallinas, actual Sierra Leona y donde se concentraba uno de los principales centros de la trata (Cózar Navarro 254).

Era precisamente en Lomboko donde el malagueño mantenía un establecimiento o factoría para alojar esclavos y agilizar el negocio con los diferentes reyes africanos. En África, él mismo negociaba directamente con los mongos, reyezuelos que se encargaban de facilitar la mercancía humana a los europeos. La compra de esclavos se hacía a través de estos jefes tribales que secuestraban a personas y las llevaban a la costa para intercambiarlas por todo tipo de materiales. Dependiendo de la época y de la zona, los seres humanos eran intercambiados por distintas baratijas, además de textiles de Leyden, seda, alfombras, cuchillos, hierros, cuentas de vidrio, cauris, fusiles, pólvora, cuencos, aguardiente, ron, tabaco y hasta pipas para fumar (Fernández Durán 79, 80 y 246).

El malagueño Blanco, o el "Rothschild de la costa occidental" de África, como le apodaba el capitán Théodore Canot (Piqueras, *Negreros* 178), en realidad tuvo una vida miserable. Maltratado por el compañero sentimental de su madre siendo tan solo un niño, tuvo que huir de España debido a relaciones sentimentales turbias con su propia hermana. Desde el principio se le describe como a una persona desequilibrada y, en parte, se podría deducir que pudo ser también consecuencia del tráfico de seres humanos en el que participó y de todos los excesos que este negocio conllevaba. Como resultado, el malagueño moriría completamente loco y arruinado en 1854. Esta locura se puede asociar a la afirmación de Toni Morrison: "Slavery broke the world in half, it broke it in every way. It broke Europe. It made them into something else, it made them slave masters, it made them crazy" (citado en Wekker 3). Ya en el año 1950, el pensador Aimé Césaire había planteado una idea similar al asegurar que la colonización inciviliza al colonizador, lo brutaliza, lo degrada y despierta en él sus instintos más terribles (35).

Destacan varias escenas en las que se ve a Blanco en una sala individual perteneciente a una institución mental. Este espacio contrasta con el descrito anteriormente y en el que se encontraba Latino. La sala que se refleja ahora es toda blanca y el protagonista se vislumbra a través de un primer plano donde aparece seriamente desequilibrado en un intento de convencerse a sí mismo y tratando de justificar su trabajo: "Hice de la esclavitud un negocio noble". A través de una sucesión rápida de primeros planos, planos medios cortos y medios largos se enfatiza la locura de Blanco. El mismo habitáculo se presenta justo antes de que el documental finalice, donde ahora está semi arrodillado y con una máscara que le cubre tanto la boca como la nariz, en un estado de enajenación más grave si cabe. Además, se encuentra con las manos esposadas a la espalda y la camisa de fuerza ahora visiblemente manchada. Obviamente, esta prenda muestra "la mancha" esclavista de la que no puede librarse.

El color blanco deslumbrante del habitáculo no es casualidad ya que podría representar no solo a Blanco, sino al hombre blanco europeo en general que traficó y esclavizó a los africanos a lo largo de la historia sin más objetivo que el beneficio económico. Por esta razón, no es descabellado aludir al filósofo Theodor Adorno en referencia a esta escena cuando afirmaba "The brightest rooms are the secret of faeces" (56). Por otro lado, Blanco culpa en la trata a marineros, médicos del barco, alguaciles, trabajadores del puerto, nobles, jueces, obispos y curas, dejando en evidencia que este negocio formaba una red muy importante y no solo fue algo periférico o anecdótico. La locura de Blanco actúa simbólicamente como crítica a una sociedad europea enferma y enfermiza al verse involucrada en este tipo de transacciones. Además, el plano en picado del final de la escena evidencia la debilidad y fragilidad física y mental del propio negrero.

Efectivamente, no fueron solo comerciantes, mercaderes o adyacentes los que participaron en este negocio, sino también muchos clérigos, como también revela el film. De hecho, no fue hasta bien entrado el siglo XIX, exactamente en el año 1839 y por medio del Papa Gregorio XVI, en el que se realizó una condena de manera pública a la esclavitud. Como menciona Martín Casares, los religiosos poseyeron esclavos. La iglesia, siguiendo la *Política* de Aristóteles primero, y las interpretaciones de San Agustín y Santo Tomás después, ven la esclavitud de los negros como algo natural, ya que además son descendientes de Cam como señala el *Génesis* de la Biblia. El documental muestra algunos ejemplos de religiosos a cargo de esclavos en la provincia de Huelva como la monja Juana de Espínola, el clérigo Francisco Bejarano o el cura de Ayamonte Garci Pérez Ramírez; añadiendo al arzobispo de Lisboa Francisco de Aguilar. No obstante, la lista es interminable y se podrían incorporar a ella los obispos Fray Domingo García, don Juan de Monpaloro, don Luis de Vivaldo, don Cristóbal de los Ríos, don Juan de Fonseca, don Pedro Fernández de Solís, don Fernando de Arce o don Pedro Suárez de Deza, entre otros muchos (Franco Silva 150-1).

La historiadora Cózar Navarro comenta la contradicción en el seno de la iglesia con acierto ya que, por un lado, se intentó proteger al nativo de las Américas con leyes como las de Burgos (1512) pero, por el otro, los mismos religiosos fueron los más activos a la hora de comprar, vender, transferir y esclavizar personas. Esta contradicción la relata Tomás de Mercado al señalar que no era extraño bautizar a los esclavos en masa por "aspersión" de un hisopo antes de que estos fueran introducidos en las embarcaciones, arrancándoles así de sus tierras para siempre (236). También, en el documental se mencionan a Francisco José de Jaca y a su compañero Epifanio de Moirans, los dos primeros franciscanos que condenaron la esclavitud en Cuba en el siglo XVII, llegando incluso a negarse a dar la absolución en la confesión a cualquier feligrés que tuviera negros en posesión. Por su comportamiento contrario a la política económica de la isla, fueron expulsados y jamás se les dejó regresar.[22]

[22] La actitud de moralistas, religiosos, juristas e intelectuales españoles de la época como Francisco de Vitoria, Bartolomé de las Casas, Bartolomé de Albornoz, Tomás de Mercado o Luis de Molina fue muy vacilante en cuanto a sus argumentos y nunca se criticó sin ambages la situación de los negroafricanos esclavizados. Incluso, hubo frailes como Juan Márquez que no dudaron en afirmar que la esclavitud era beneficiosa para los negros ya que recibían la luz del evangelio. Este último comentario (salvando las distancias) se podría extrapolar al presente en los planes de estudio en el Estado de Florida, donde se enseñará que, gracias a la esclavización, los afroestadounidenses tuvieron la oportunidad de aprender diferentes oficios.

La esclavitud en su recta final: del siglo XIX a nuestros días

La siguiente sección del documental tiene como título "Siglo XIX. La abolición y la vergüenza". Se debe tener en cuenta que España fue el último país europeo en abolir la esclavitud y que no lo hace hasta 1868, es decir, se proclama como la última sociedad occidental en considerar a todos los hombres iguales. La presión por parte de los hacendados que residían en Cuba jugó un papel fundamental en este retraso. Sin embargo, España ya había firmado dos tratados con el Reino Unido en 1817 y 1835 para que no hubiera más trata bajo pena de multas. En el siglo XIX la práctica de la esclavitud se veía ya como algo inmoral en una sociedad avanzada, pero a pesar de esto alcanzó cotas insospechadas tanto en la segunda mitad del siglo XVIII como en la primera del XIX (Piqueras, *Negreros* 38) y solo entre los años 1824 y 1866 fueron apresados 106 barcos negreros en las inmediaciones de Cuba con un total de 26.026 esclavos (29). Mientras que el historiador Jesús Sanjurjo afirma que el último barco negrero que llegó a la isla de Cuba se produjo en marzo de 1866 con unas setecientas personas esclavizadas, el etnólogo Fernando Ortiz lo sitúa en el 25 de enero cuatro años más tarde (164).

El asentamiento definitivo de la Revolución Industrial que comenzó a finales del siglo XVIII ayudó aún más al desarrollo de la esclavitud. Como se alude en el documental, esta producción a nivel mundial de carbón, metales, textiles y alcoholes se sostenía a través de las plantaciones, que abastecían los avances industriales. Todo el aumento productivo, necesitaba de mano de obra esclavizada e hizo que se disparara la contratación de más cautivos en tierras americanas, sobre todo en Cuba. El historiador Eric Williams afirmó que la esclavitud fue un fenómeno indisociable del capitalismo a nivel mundial y, por tanto, de los procesos de acumulación a ambas orillas del Atlántico. De esta forma, al final de su obra reiteraba que el capitalismo comercial del siglo XVIII impulsó el desarrollo de la riqueza europea por medio de la esclavitud, ayudando así a crear el capitalismo industrial del siglo XIX (293).

Es en la mitad de este siglo XIX cuando nace el tercer personaje del documental, una mujer de origen africano y a la que se bautizó como

Cándida, apodada "La Negra", cuyo nombre "real" fue Cándida Jiménez Huelva. El espectador la descubre paseando por la orilla mientras va pensando en voz alta: "Siempre que paso por este lugar miro hacia el mar". La imagen no es casualidad puesto que Cándida es una figura fronteriza entre dos mundos: África y Europa. Nuevamente aparece el mar que, sin duda, fue uno de los elementos que hizo posible este sistema económico. Parece ser que Cándida llegó a El Puerto siendo una niña procedente de São Paulo de Loanda (Luanda), ciudad fundada por los portugueses al noroeste de Angola y de donde salían barcos negreros constantemente hacia el Brasil y alguno que otro con dirección a la península ibérica. Se dice que vivió más de cien años (1845-1951) y se ha conservado una foto de ella en la que aparece con rostro serio al lado de un vecino. Tímida y poco habladora, según Manuel Pacheco Albalete, fue una mujer sencilla, cariñosa y amante de los niños (15).

En una vista aérea se ve nuevamente el mar, donde tumbada boca arriba en el agua se divisa la presencia de Cándida, poco después del naufragio sufrido en las costas de Cádiz cuando era transportada hacia la península desde África. Al acercarse la cámara a la protagonista, de nuevo se escucha el sonido del agua. En este caso el mar actúa como fuerza aliviadora y se oye a Cándida afirmar: "En el agua sentía alivio, creí escapar". La imagen del personaje es conmovedora porque ante las aguas tranquilas ella está tumbada boca arriba y se infiere que no está muerta porque piensa en voz alta, no obstante, su posición podría simbolizar todos los millones de personas que murieron en la travesía conocida como "Pasaje del medio". Esta imagen se podría extrapolar al mar Mediterráneo en la época actual, donde en las últimas décadas hace de fosa común para centenares de personas que tratan de llegar a Europa, también con clara mayoría de población negroafricana. Sin embargo, la afirmación de Cándida es de gran relevancia porque el agua tiene mucha relación con diversas deidades africanas como la de Oshun, Yemayá u Olokun, entre otras muchas, donde este elemento simboliza y conecta la tierra de los vivos con la de los ancestros (Dabiri 35).

Volviendo a la biografía de Cándida, se dice que casó con quien la rescató y la crio en su casa, un gitano de edad mucho más avanzada y que pasaba por una de las playas de El Puerto de Santa María en Cádiz el día del naufragio. Una vez muerto este, Cándida volvió a contraer nupcias con otro vecino del pueblo. A lo largo de la historia de España no fueron extrañas las relaciones entre moriscos, negros, mulatos y gitanos, puesto que una gran mayoría formaba parte de la periferia de la sociedad española y con frecuencia convivían juntos en las afueras de los centros urbanos, en muchas ocasiones en condiciones de miseria. Como ha manifestado Santiago Auserón, los gitanos mantuvieron relaciones cercanas con los esclavos libertos y sus descendientes en Andalucía, ya que al abandonar la casa de sus amos se establecían en los barrios más pobres, situados en los extramuros de las ciudades y allí se produjeron matrimonios frecuentes entre gitanos y negros (406). El estatus económico de la propia Cándida confirma lo mencionado por Auserón, ya que la liberta moriría el día 22 de enero de 1951 en la más absoluta pobreza y como consecuencia de las gravísimas quemaduras que le provocó un brasero de picón tras casi veinte días luchando en el hospital por su vida (Pacheco Albalete 15).

Las imágenes que muestran a Cándida son las más dramáticas del filme y se percibe el trauma que sufrió a lo largo de toda su vida como consecuencia de su rapto. Este es uno de los muchos aciertos de la cinta ya que humaniza tanto a Latino como a Cándida, además de proporcionarles a ambos voz propia. Se desconoce que Cándida tuviera hijos a pesar de sus dos matrimonios y parece que dejó de contar su historia por voluntad propia. En el vídeo se informa de cómo se cantaba una nana a los niños pequeños asustándoles para que se durmieran antes de que llegara Cándida. Esto no es nuevo puesto que al "Otro" se le ha marginado y excluido sin darle la posibilidad de tener voz propia. Personas como Cándida quedaban indefensas y expuestas ante cualquier ataque y las canciones de cuna no fueron una excepción. Ya los moriscos sufrieron también este tipo de acusaciones como lo demuestran letras que han llegado hasta la actualidad: "Que no venga la mora, la mora de dientes verdes". Es precisamente ante estos ataques donde la cinta nos ofrece los pensamientos de la protagonista: "Si supieran que yo tengo más miedo de ellos que ellos de mí".

Entre las imágenes de Cándida en el barco sufriendo los avatares del viaje y su llegada a las costas gaditanas, los colaboradores del documental comentan el olor que se desprendía de ese tipo de barcos, ya que la tripulación esclavizada viajaba en el solado y parece ser que los únicos a los que dejaban subir eran a mujeres y niños para que pudieran airearse durante un tiempo breve. Además, iban encadenados los unos a los otros y no se les separaba ni siquiera cuando uno de los esposados había fallecido. Los esclavizados no tenían ningún sitio donde hacer sus necesidades y esos espacios se convertían en lugares perfectos para el contagio de enfermedades. La misma Cándida en la cinta menciona el hedor del barco como algo imposible de olvidar. Este tema también lo trató Mercado en *Suma de tratos y contratos*:

> Embarcan en una nao, que a las veces no es carraca, cuatrocientos y quinientos de ellos, do[nde] el mismo olor basta a matar los más, como en efecto muchos mueren, que maravilla es no mermar a veinte por ciento [...] porque los metieron como a lechones y, aun peor, debajo de cubierta a todos; do[nde] su mismo huelgo y hediondez, que bastaban a corromper cien aires y sacarlos a todos de la vida. (Mercado 66)

La última parte de *Cachita* titulada "Siglo XX. La esclavitud borrada" hace referencia al título del documental. "Cachita" se refiere hoy a la Virgen de la Caridad, una de las advocaciones de la Virgen María, mulata y patrona de Cuba, que los marineros españoles arrojaban al mar cuando se habían extraviado para que les ayudara a encontrar el camino. La segunda parte del título se relaciona con lo que se ha venido comentando a lo largo de este artículo, pero también a que, como afirma Rodrigo y Alharilla al comienzo del film: "la mayor parte de la documentación la hacían desaparecer, la quemaban, la rompían". Este fragmento de la película resulta especialmente relevante porque hace una conexión con el presente y de qué manera las consecuencias de la esclavitud siguen estando vigentes hoy en día. Además, como explica Cózar Navarro, a muchos de estos traficantes se les concedían títulos nobiliarios. Igualmente, Rodrigo y Alharilla afirma que este negocio "fue una vía de ascenso social".

También se mencionan algunos esclavistas como el marqués de Comillas, Jaime Tintó, Isidro Inglada, Eusebi Güell, Joan Güell Ferrer, Julián de Zulueta o Antonio López, al igual que al tatarabuelo del que fuera President de la Generalitat, Artur Mas (2010-2016). Así, se alude a personajes tan dispares entre sí como las hermanas Koplowitz, el banquero y político Rodrigo Rato, el fundador de Falange Española José Antonio Primo de Rivera, el más famoso cineasta franquista José Luis Sáenz de Heredia, Agatha Ruiz de la Prada, los hermanos Fesser, Benito Pérez Galdós, los hermanos Goytisolo, Espinosa de los Monteros, el fundador de Vox Alejo Vidal-Quadras y un larguísimo etcétera (Piqueras, *Negreros* 58-196). Todos y cada uno de ellos provienen o provinieron —directa o indirectamente— de familias que se ganaron la vida aprovechándose del dolor y la miseria de otros seres humanos.

Esto se suma a la manera en la que el dinero llegado de la trata ayudó a modernizar las ciudades españolas en diferentes aspectos. Se mencionan edificios emblemáticos de la geografía peninsular como el Liceo o la Granja Vinya de Hort en Cataluña o el inicio de la Bolsa de Barcelona con dinero de la trata. Pero existen infinidad de vestigios repartidos por toda la geografía como el palacio del marqués de Comillas (hoy ocupado por el hotel de lujo 1898) y el palacio Güell en Cataluña; al igual que palacetes como el de Medina Sidonia, la casa de las cuatro torres y el palacio de los Purullena, todos ellos en la provincia de Cádiz. Asimismo, se tiene constancia de la casa-palacio sevillana de De Morga, el palacio del marqués de Manzanedo en Santoña (Cantabria), el palacio del marqués Argudín situado en la céntrica calle Goya de Madrid y el palacio Augustín-Zulueta y actual Museo de Bellas Artes de Vizcaya (Cañas y Sota). Algo similar ocurre con las principales sucursales bancarias o con los desarrollos urbanísticos que se hicieron en algunas urbes españolas, como la ampliación de la Puerta del Sol, el barrio de Salamanca en Madrid y distritos barceloneses como el Eixample (Cañas y Sota). En la cinta se da a entender que uno de los motivos de que la participación de España en la esclavitud sea un hecho poco conocido en el país es que muchas de estas familias influyentes todavía en la actualidad se posicionan en ámbitos importantes tanto de la política como de la economía.

La cinta concluye mostrando que el pueblo español es el resultado de las influencias de muchas culturas diversas que llegaron a la península a lo largo de la historia y aunque el intento de consolidar el país como un todo homogéneo en cuanto a ideología, religión y raza es algo que ha parecido funcionar en ciertos momentos históricos, no es sincero. Esto se prueba a través de un vecino de Gibraleón, lugar destacado en tiempos pasados en el desembarco de esclavos. El vecino onubense de nombre José Sierra se escoge por sus características negroides y porque su familia ha vivido en la localidad desde el siglo XVII. Los resultados son esclarecedores, ya que su ADN proviene principalmente de dos lugares: el 33 por ciento de África y el 56 por ciento de la península ibérica, confirmando así el mestizaje genético. Como ya corroboró el historiador catalán Josep Fontana: "la historia real de Europa, [es] profundamente plural y mestiza" (8).

A modo de conclusión

El documental aquí analizado tiene varios objetivos, siendo el primordial la difusión de la historia de la esclavitud en España borrada del imaginario de sus ciudadanos. Además, existen centros de estudios prestigiosos e intelectuales donde se glorifica el pasado en las Américas y se minimiza (cuando no se invisibiliza) la trata de seres humanos, culpando de esto en muchas ocasiones a otros, donde muchas veces se realizan comparaciones con otras naciones que solo llevan a debates estériles. Otro de los objetivos de este largometraje es homenajear a todas esas personas que tuvieron que sufrir la crueldad y el egoísmo de empresarios que pusieron por encima lo material a lo humano, condenando así a miles de seres a unas vidas miserables. De ahí que se humanicen los personajes de Latino y Cándida y que se deshumanice el de Blanco, dándole así la vuelta a la narrativa común, en una especie de mirada descolonizadora. Igualmente, la tríada protagonista simboliza el comercio transatlántico que se produjo en tres direcciones: África-América-Europa. El tercero de los objetivos es el de reflejar que la esclavización de Occidente a personas del continente africano no es algo perdido en el tiempo que se produjo en un vacío histórico y que se ha tornado en algo obsoleto. Como muestra el documental y se ha reiterado en este ensayo, la esclavitud fue un sistema económico embrionario del actual y sus consecuencias todavía se reflejan en el presente.

Por último y ya para finalizar, *Cachita* también certifica que países como Inglaterra, Francia, los Países Bajos o Estados Unidos ya han pedido perdón por sus acciones al respecto, realizando políticas activas donde se han desarrollado instituciones que ayudan a visibilizar este fenómeno y, por tanto, a que la población pueda reflexionar de forma crítica su pasado histórico. De momento, España (y Portugal) no se ha dado por aludida, sin embargo, trabajos como el que aquí presenta Begines, sin duda favorecerá a que tarde o temprano la sociedad española se mire en el espejo como lo hacía en las primeras secuencias el ilustre humanista Juan Latino.

Bibliografía

Adorno, Theodor. *Minima Moralia: Reflections on a Damaged Life*. Verso, 2005.

Auserón, Santiago. *El ritmo perdido. El influjo negro en la canción española*. Anagrama, 2021.

Begines, Álvaro. *Cachita. La esclavitud borrada*. Ranna Films, 2020.

Beusterien, John. *An Eye on Race: Perspectives from Theater in Imperial Spain*. Bucknell University Press, 2006.

Cañas, Jesús A. y Sota, Idoia. "De Medina Sidonia a Goytisolo: las casas y las fortunas que se levantaron en España con el dinero de la esclavitud." *El País*, www.elpais.com/icon-design/arquitectura/2020-11-13/casas-dinero-esclavos-espana-medina-sidonia-goytisolo.html. Última consulta el 24 de septiembre de 2022.

Césaire, Aimé. *Discourse on Colonialism*. Monthly Review Press, 2000.

Chaviano Pérez, Lizbeth J. "Cádiz: capital de la trata negrera (1789-1866)." *Cádiz y el tráfico de esclavos: de la legalidad a la clandestinidad*, Martín Rodrigo y Alharilla, María del Carmen Cózar Navarro (eds.), Sílex ediciones, 2018, pp. 163-93.

Cosano Prieto, Jesús. *Las negras de la mar*. Aconcagua Libros, 2020.

Covarrubias, Sebastián (de). *Tesoro de la lengua castellana, o española*. Madrid, 1674.

Cózar Navarro, María del Carmen. "Entre Cádiz y La Habana. Pedro Martínez y compañía: la gran casa de comercio de esclavos en el reinado de Isabel II". *Cádiz y el tráfico de esclavos: de la legalidad a la clandestinidad*. Edición de Martín Rodrigo y Alharilla y María del Carmen Cózar Navarro. Sílex ediciones, 2018, pp. 229-62.

Dabiri, Emma. *Don't Touch My Hair*. Penguin Random House, 2019.

Fernández Chaves, Manuel F., y Pérez García, Rafael M. "Las redes de la trata negrera: mercaderes portugueses y tráfico de esclavos en Sevilla (c. 1560-1580)." *La esclavitud negroafricana en la historia de España. Siglos XVI y XVII*. Editorial Comares S.L, 2010, pp. 5-34.

Fernández Durán, Reyes. *La corona española y el tráfico de negros: del monopolio al libre comercio*. Editorial del Economista, 2011.

Figueroa-Vásquez, Yomaira. *Decolonizing Diasporas: Radical Mappings of Afro-Atlantic Literatures*. Northwestern University Press, 2020.

Fontana, Josep. *Europa ante el espejo*. Crítica, 2000.

Franco Silva, Alfonso. *La esclavitud en Andalucía, 1450-1550*. Universidad de Granada, 1992.

Gerehou, Moha. *Qué hace un negro como tú en un sitio como este*. Península, 2021.

Guerra Cáceres, Paula. "La vivencia de la opresión en las personas racializadas." *Migraciones y población africana en España: historias, relatos y prácticas de resistencia*. Coordinado por José Manuel Maroto Blanco y Rosalía López Fernández. Editorial Universidad de Granada, 2019, pp. 21-37.

James, C. L. R. *Los jacobinos negros*. Fondo Editorial Casa de las Américas, 2010.

López García, José Miguel. *La esclavitud a finales del Antiguo Régimen*. Alianza Editorial, 2020.

Martín Casares, Aurelia. *Juan Latino, talento y destino: un afroespañol en tiempos de Carlos V y Felipe II*. Universidad de Granada, 2016.

Mercado, Tomás (de). *Suma de tratos y contratos*. Edición de Nicolás Sánchez Albornoz. Instituto de Estudios Fiscales, 1977.

Pacheco Albalete, Manuel. "Una cara de la esclavitud: la apasionante historia de 'Cándida la Negra'." *Academia de Bellas Artes San Cecilia*, no. 8, pp. 39-62, 2006, www.academia.edu/44368416/UNA_CARA_DE_LA_ESCLAVITUD_LA_APASIONANTE_HISTORIA_DE_CANDIDA_LA_NEGRA#:~:text="CÁNDIDA%20LA%20NEGRA"%20La%20esclavitud%3A%20Reseña%20Histórica%20Mucho,queda%20aún%20por%20escribir%2C%20sobre%20la%20esclavitud%2C%20pues. Última consulta el 25 de septiembre de 2022.

Pineda, Esther. *Racismo, endorracismo y resistencia*. Editorial el Perro y la Rana, 2017.

Piqueras, José Antonio. *Negreros: españoles en el tráfico y en los capitales esclavistas*. Catarata, 2021.

---. *La esclavitud en las Españas: un lazo trasatlántico*. Catarata, 2011.

---. "La reina, los esclavos y Cuba." *Isabel II: los espejos de la reina*. Edición de Juan Sisinio Pérez Garzón, 2004, pp. 91-110.

Quijano, Aníbal. *Cuestiones y horizontes: de la dependencia histórico-estructural a la colonialidad/descolonialidad del poder*. CLACSO, 2020.

Rodrigo y Alharilla, Martín, y Cózar Navarro, María del Carmen, editores. "Introducción." *Cádiz y el tráfico de esclavos: de la legalidad a la clandestinidad*. Sílex ediciones, 2018, pp. 11-20.

Sanjurjo, Jesús. *In the Blood of Our Brothers: Abolitionism and the End of the Slave Trade in Spain's Atlantic Empire, 1800-1870*. The University of Alabama Press, 2021.

Wekker, Gloria. *White Innocence: Paradoxes of Colonialism and Race*. Duke UP, 2016.

Williams, Eric. *Capitalismo y esclavitud*. Traficantes de Sueños, 2011.

Wright, Elizabeth. R. *The Epic of Juan Latino: Dilemmas of Race and Religion in Renaissance Spain*. University of Toronto Press, 2016.

Nuevas violaciones en la *Intimidad* (2022) de Netflix

Zaya Rustámova
Kennesaw State University

El 10 de junio de 2022 Netflix estrenó una serie limitada titulada *Intimidad* (Txintxua Films) cuyos hechos se desarrollan en Bilbao, dc facto capital del País Vasco. Como una de las comunidades autónomas históricas establecidas dentro del territorio español, contribuye a las artes visuales, específicamente, a cine y televisión, mientras busca formar parte de la resistencia artística de vanguardia contra la violencia de género en los medios de comunicación internacionales. Según la comunidad académica, la violencia basada en género[23] ha sido y continua ser un reto para la humanidad (Nancy Lombrad 1). Escrita e interpretada por un equipo predominantemente femenino, la serie se centra en las historias de cuatro mujeres (Malen, Begoña, Alicia y Ane) que se enfrentan a una nueva forma de violación contra población femenina mediante el uso de la tecnología moderna. Mientras una de las víctimas Ane se suicida y su hermana Begoña impulsa una investigación para llevar a los transgresores ante la justicia, las creadoras de *Intimidad*, Verónica Fernández y Laura Sarmiento, ofrecen a su público una historia de esperanza. Asimismo, a través del apoyo mutuo dentro del marco de sororidad, las protagonistas femeninas logran justicia para las víctimas, pero no sin sufrir un profundo trauma debido a la violación de su privacidad y el estigma social asociado con su sexualidad. El equipo creador de la serie indudablemente se beneficia de

[23] Para la definición de género les ofrezco la definición del Fondo de Poblaciones de Naciones Unidas: "The term gender refers to the economic, social and cultural attributes and opportunities associated with being male or female. …Men and women face different expectations about how they should dress, behave and work. Relation between men and women, whether in the family, workplace or the public sphere, also reflect the understanding of the talents, characteristics and behavior appropriated to men and women... the fact that gender attributes are socially constructed means that they are also amenable to change in ways that make society more just and equitable" (Lombrad 1).

la fama consolidada de su elenco femenino (Verónica Echequí, Itziar Ituño, Patricia López Arnaiz, Emma Suárez y Ana Wagener), así como de los espectaculares atractivos escénicos de Bilbao y sus alrededores. Forjando su lugar dentro de la industria dominada por los hombres, estas profesionales expresan ansiedades de la cuarta ola del feminismo[24] por las desigualdades de género y responden a la consecuente violencia basada en género al poner en primer plano las agresiones vividas por las protagonistas y su resistencia. Además, contribuyen a proyectar la imagen del país en el ámbito nacional e internacional como la *España Global* como un destino turístico atractivo.

Asimismo, al posicionar el País Vasco en el mapa internacional como epicentro de resistencia contra la violencia de género, logran una relativa visibilidad de la región y su cultura posibilitada por la plataforma internacional de Netflix. En sus ocho episodios, los creadores de *Intimidad* llaman a la acción contra la violencia de género y aún más en una nueva forma que según los expertos ha aumentado con la "proliferación de medios sociales" como un "fenómeno relativamente nuevo" que fomenta la "ruta inmemorial de abuso basado en género" y funciona como la herra-mienta de "silenciamiento" de la mujer "hostigada hasta aislamiento del espacio público" (Nancy Lombard 6).[25] Con el ímpetu de erradicar desigualdades y abusos basados en género, el equipo creador de *Intimidad* lanza este producto audiovisual en el cual la narrativa queda liderada por mujeres solidarias que luchan contra la opresión del patriarcado y retan la complicidad con el estatus quo de la comunidad global que ha posibilitado una nueva

[24] Según la explicación que nos ofrece Catherine Barbour, "[a] characteristic of fourth wave feminism (Couceiro Castro 2021: 68), gender-based violence represents 'a pivot for the intersecting systems of heteropatriarchy, racial capitalism and colonialism' (Phipps 2020: 161), and the divergent ways in which it is treated in these distinct forms of media demonstrate the extent to which audio-visual cultures 'non andan a marxe da cultura cominante' (don't function at the margins of the dominant patriarchal culture' (Ledo Andión 2019: 17)" (273).

[25] Todas las traducciones al castellano pertenecen a la autora.

forma de victimización de la mujer gracias a los alcances de nuevos plataformas mediáticos.[26] Finalmente, el uso estratégico de la voz-en-off de la narradora produce un impacto de tensión dramática, provoca empatía hacia los personajes victimizados y en última distancia inculca el sentido de responsabilidad ciudadana frente a la agresión sexual.

Más allá de la crítica de la misoginia y la violencia patriarcal, la serie dialoga con el caso Olvido Hormigos de 2012 cuando esa "exconcejala fue víctima de la difusión de un vídeo íntimo que, pese a quedar impune, sí consiguió una repercusión suficiente como para cambiar la ley sobre este tipo de delitos" (Cámara n.p.). En *Intimidad* una de las protagonistas Malen Zubiri (Itziar Ituño) se encuentra en una situación similar cuando un video suyo de contenido sexual se hace público en plena campaña electoral por la alcaldía de Bilbao en la cual Malen es una candidata principal y la única mujer. Al nivel extra-diegético, el guion refleja el contexto de la producción en el cual mujeres tanto en España como globalmente tienden a conocer a su abusador con el que en muchos casos resulta haber tenido relaciones íntimas. Según los últimos estudios, las existentes políticas del género, "la masculinidad hegemónica" (Connell in Lobard 2) continua dominar sobre "la feminidad y masculinidades no hegemónicas" convirtiendo a las últimas en víctimas de agresión basada en la percepción de su vulnerabilidad por parte del orden dominante. Asimismo, el ímpetu de la serie es poner de manifiesto la fragilidad de nuestra condición individual frente a la sociedad, dónde el género se manifiesta como factor decisivo, y la línea fina entre lo privado y público que deja al individuo aún más vulnerable debido a transgresiones impulsadas por los medios de comunicación. En palabras de la guionista Verónica Fernández:

> [l]a vida cambia en un instante… en un clic, en el sonido de un mensaje enviando. Tu vida privada deja de ser privada para convertirse en pública en milésimas de segundo. […] Y como una epidemia, tu intimidad viaja a una velocidad inconmensurable de

[26] El compromiso con la lucha contra la violencia sexual de la industria audiovisual en España se manifiesta también en la declaración de solidaridad con sus víctimas hecha por la Academia de Cine en su página de Facebook del 29 de enero, 2024.

> pantalla a pantalla. La indefensión, que producen estos nuevos tiempos, y la sensación de que las fronteras de la intimidad y de la privacidad son invisibles ("Así es 'Intimidad'", n.p.).

La otra guionista Laura Sarmiento añade que *Intimidad* "es una historia sobre la imagen que elegimos proyectar y su desajuste con la realidad. Los personajes de la serie viven, como nosotros, en un mundo en el que los márgenes de lo privado y de lo público son erráticos, variables, extraños ("Así es 'Intimidad'", n.p.). La narrativa explora las negociaciones individuales entre estos dos espacios de forma circular para relatar las historias de Ane Uribe (Verónica Echequí), víctima de violencia de intimidad por parte de su expareja Jon (Mikel Losada) que se venga de ella mandando sus fotos y videos de contenido sexual a los colegas de la mujer. Ane se suicida bajo la presión de proteger a sus seres queridos de su percibida vergüenza, especialmente a su hermana Begonã Uribe (Patricia López Arnaiz) y su novio Kepa (Jaime Satarain). Tras el suicidio de Ane, el personaje de Begoña se convierte en fuerza decisiva en la persecución del agresor de su hermana.

Entre otras protagonistas encontramos a la candidata a la alcaldía de Bilbao Malen Zubiri (Itziar Ituño), que llega a ser otra víctima de la violencia con la complicidad de los medios informáticos. Su trayectoria frente a su victimización se delinea entre la inicial resignación y el con-siguiente desafío abierto a la opresión patriarcal con el apoyo de su campaña por parte de su madrina política Miren (Emma Suárez) cuyo pragmatismo destaca el conformismo con la cultura hegemónica. Por otra par-te, el desafío explícito a la violencia de género se encarna en el personaje de la inspectora Alicia Vásquez (Ana Wagener) que se entrega a traer justicia a las víctimas mientras lucha internamente por reconciliar su propia victimización que ha experimentado por su homosexualidad. Entre los personajes secundarios cuyo papel es instrumental para la cohesión temático dentro del arco dramático es el de la hija de Malen Leire (Yune Nogueiras) que sufre acosos en el colegio tras el escándalo del video en el que su madre está grabada teniendo relaciones sexuales con su amante César (Eduardo Lloveras).

Asimismo, mediante la caracterización compleja de los personajes principales observamos también negociaciones internas de estas protagonistas por establecer su agencia y reclamar la justicia por las agresiones vividas. Aquí la construcción de estas protagonistas desde el prisma feminista se convierte, en palabras de Catherine Barbour, en "una figura de empoderamiento y sororidad mediante la representación de una comunidad de mujeres que desafían normas heteropatriarcales" (274) y promueve así un cambio paradigmático en responder a la violencia de género. Al convertirse en un lugar común en la producción audiovisual distinguida por su agenda feminista en el contexto español, la función clave de la sororidad se enfatiza también en *Intimidad* por el esfuerzo consolidado entre las protagonistas que otorgan apoyo mutuo mientras luchan por sobrepasar traumas individuales vinculadas a la opresión patriarcal. El valor y el impacto de tal sororidad se encarnan más que nada en el personaje de Begoña cuya pérdida personal la lleva a solidarizarse con las víctimas. Entre sus relaciones más significativas para el desarrollo del drama es la con la hija de Malen, Leire a quien guia hacia la solidaridad con su madre tanto como con la organización activista influyente en Bilbao contra la violencia perpetuada por el heteropatriarcado. Como maestra en el colegio de Leire, Begoña tiene la oportunidad de presenciar el sufrimiento de la joven en varias ocasiones y asume el papel de su mentora el cual más tarde se extiende por su activismo político a más víctimas de acoso sexual. Desde una propuesta abierta de apoyo de la maestra: "Cualquier cosa, me la cuentas y yo me encargo" (Ep. 4 "La caída, 4:19) se establece una sororidad que a su vez le ofrece a Begoña clausurar su propia pérdida además de estimular comprensión y apoyo de Leire hacia su madre. En su papel de activista el personaje lleva el mensaje clave de la serie a las multitudes de las víctimas de agresión sexual: "Lo primero que tienes que saber es que no es tu culpa. [...P]asa mucho más de lo que crees y es un delito" (Ep. 8, "Una decisión", 43:04-43:10).

La importancia del activismo para la lucha contra la desigualdad de género y los abusos sistemáticos contra los grupos no-hegemónicos se establece en la narrativa mediante una recurrente aparición de la organización sin lucro local que apoya tanto a Malen y Begoña como a las víctimas de agresiones homófobas. En su función del personaje de apoyo, la líder de la organización Luz se convierte en "una buena cómplice [que a]nima a las víctimas que denuncian. Prácticamente las trae de la mano" (Ep. 8, 26:00-26:04), según la inspectora Vásquez. Las iniciativas de su activismo varían entre la distribución de carteles contra "la difusión sin permiso de imágenes intimas" por Bilbao hasta la organización de charlas y concentraciones por la solidaridad con las víctimas de violencia de género. La presencia recurrente de la figura de Luz como epítome del activismo permite al guion profundizar sobre la obligación compartida entre los ciudadanos y estructuras institucionales de luchar contra las injusticias y abusos perpetuados por las políticas hegemónicas a nivel global.

Ahora bien, el desafío del patriarcado resulta imposible sin que las protagonistas rompan con las normas socialmente prescritas a su género y adopten posturas y comportamientos asociados con la masculinidad, sea en su presentación física o en su forma de hablar en público entre sus otras características. Optan por vestirse de pantalones y no dudan de articular sus opiniones de modo impactante sea en protestas de la calle, reuniones de trabajo o entrevistas de televisión. En todo caso continúan enfrentándose con intransigencia y prejuicios del patriarcado. En el episodio 3 de la serie titulado "Prosopagnosia", por ejemplo, Malen recibe consulta de un perfumero quien le recomienda dejar de usar un perfume de hombre porque en una mujer, da "olor a sexo" (11:23). Y enfatiza: "Si huele a hombre, les dará la sensación de que acaba de follar". "¿Y no transmite éxito?", le pregunta la futura alcaldesa con un tono irónico. La respuesta del perfumero: "En una mujer no" (11:34) hace hincapié en las injusticias profundamente arraigadas en la sociedad y sus estructuras a pesar de las reivindicaciones en crecimiento de la cuarta ola del feminismo.

En el caso de Ane, su respuesta física al hostigamiento por parte de sus compañeros de trabajo en la fábrica resulta en insultos de sus gerentes y acciones disciplinarias contra ella. Esta complicidad agresora la coacciona a renunciar su queja contra los acosos ejerciendo así el "control coercitivo" sobre la víctima, el cual, según destaca Evan Stark, constituye otra dimensión "creíble" de la violencia de género (15). A Alicia la continúa menospreciando su jefe a pesar de los éxitos de sus investigaciones. Miren se apropia de las reglas sucias de la política, pero sigue incapaz de denunciar acoso sexual que sufrió por parte de un dirigente de su partido hace años.

La victimización sufrida por el machismo y la misoginia de la sociedad contra todas las protagonistas, contada por la *voz en off* de Ane se convierte en el hilo conductor entre las historias de estas mujeres y deter-mina el curso de la narrativa. Asimismo, la función clave del personaje se realiza al "movilizar el espacio fuera de la pantalla" lo cual, según la teórica del sonido Michel Chion, permite forjar su presencia a pesar de ausencia física del personaje mediante el sonido de su voz (*The Voice* 17). En sus palabras: "la presencia de la voz humana [en un producto audiovisual] instantáneamente establece una jerarquía de percepción" dentro del "espacio sónico que la contiene" (5). Tal posicionamiento privilegiado de la voz narrativa favorece también a la transmisión del mensaje, en este caso, el levantamiento de consciencia en cuanto a las consecuencias devastadoras de violencia de género y la urgencia de consolidar esfuerzos contra tales abusos a nivel global. En *Intimidad* el proceso consciente de estructurar el espacio sónico "mediante el cual la voz espontáneamente atrae y centra nuestra atención" que Chion determina "vococentrismo" permite a la voz una máxima tensión dramática (*Audio-Vision* 6) ya que tiene el poder de aparecer en los momentos determinados y articular la voz interior de las protagonistas en momentos de reflexión. La *voz en off* de Ane en la escena principal de la serie dirigida al público se convierte en un *acousmêtre*, en términos establecidos por Chion, es decir, una fuente omnipresente, pero sin presencia física determinable (*Audio-Vision* 129). Su uso facilita una experiencia más plena del producto audiovisual por parte del público y ya que agudiza el mensaje intencionado creando resonancia entre el sonido y la imagen. En las secuencias iniciales de *Intimidad*, mientras la *voz en off* del personaje se dirige al espectador, su cuerpo yace boca abajo en el mar creando sensación de un peligro incontrolable que marca el tono de la narrativa.

Según explica Chion, un *acousmêtre* posee un gran poder y el momento de fusión entre la voz y la imagen se distingue por extrema tensión dramática. En el caso de *Intimidad*, la máxima tensión se produce, por ejemplo, desde las secuencias iniciales cuando empezamos a distinguir un cadáver devorado por la inmensidad del mar y en seguida lo asociamos con la *voz en off* dirigida al espectador. "No me mires así", empieza, "Yo tampoco esperaba que eso fuera mi final. Estaba sentada ahí, como tú, pensando que mi vida iba bien, pero me traicionaron. ¿Nunca has confiado en alguien de más?" (1:07- 1:24). Y en un flashback, vemos a Ane llorando en la orilla del mar y entrando en él. En segundos se produce la identificación de la voz con el cuerpo sin vida, lo cual constituye, según explica Zachary Xavier, el proceso de visualización de esta fuente del *acousmêtre*, [...] 'de-acousmatización". Asimismo, el *acousmêtre* se convierte en un sonido visualizado, es decir "un sonido encarnado, identificado con una imagen, desmitificado, clasificado como un personaje principal [...]. Al ver el sonido tomar forma humana nos recuerda de todas las vulnerabilidades y flaquezas de la condición humana" ("*Film Sound*" n.p.). El uso tanto de *acousmêtre* como el de de-*acousmêtre* se plantea en *Intimidad* como una herramienta narrativa que abarca la temática de la victimización y disparidad a base de género y, a la vez, de modo coherente fomenta empatía por parte del público. Aquí la vulnerabilidad de la condición femenina se destaca al empezar la narración del drama introduciendo al personaje cuya voz lee su carta de despedida mientras la cámara nos hace testigos de sus últimos momentos llenos de angustia.

La vulnerabilidad de la protagonista y, por extensión, de mujeres en general se destaca cinemáticamente mediante la imagen del inmóvil cuerpo boca abajo de Ane que se proyecta contra la inmensidad del mar y asimismo queda establecida como el leitmotiv desde el principio de la narrativa. El uso de sonido del oleaje se distingue por tensión también añadiendo al sentido de inseguridad del género femenino y la experiencia traumática que lleva a Ane a tomar su propia vida tras la violación de su intimidad y el abuso sufrido en su ambiente laboral dominado por el heteropatriarcado. Estas primeras secuencias también se distinguen por poca iluminación y las presencias de objetos fálicos tales como las forma-ciones rocosas contra cuya presencia intimidatoria el marco fílmico proyecta la figura resignada de Ane entrando en el mar. La impotencia de la víctima en este caso contra el sistema abusador por su condición de mujer en un campo laboral dominado por hombres y de ausencia de apoyo para las víctimas de estos crímenes se manifiesta dentro del marco al yuxtaponer su humilde figura a la imponerte presencia del arrecife. La trayectoria trágica de Ane conduce el desarrollo de las demás subtramas ya que el suicidio de Ane une a las otras protagonistas en su lucha contra violencia de género en una sociedad donde los residuos del patriarcado marcan su camino tanto en el ámbito profesional como en el personal.

Tras el suicidio de Ana, su hermana Begoña busca a Malen pidiendo ayuda en el caso de su hermana. La política involucra a su padre que ejerce de abogado y por insistencia de Malen le brinde sus servicios a Begoña pro-bono. Por otro lado, a pesar de gozar de una posición privilegiada—es una abogada exitosa—Malen aún reniega de denunciar el caso de su propia violación y quiere resolverlo sola. "Yo pensaba que me lo había buscado", admite en retrospectiva la *voz en off* de la protagonista, "Que podía haberlo evitado. En el fondo, muy en el fondo, me lo merecía. ¿Cómo iba a hablar? ¿Qué podía decir?" (Ep. 8 "Una decisión", 0:54-1:02). Sin embargo, mientras avanza la narrativa, la insistencia de Begóña y la inspectora Vásquez, más el sufrimiento de su propia hija frente al escándalo y la realización de su responsabilidad cívica, le permiten a la política tomar la decisión de denunciar la violencia cometida contra su intimidad y llevar adelante su campaña electoral para la alcaldía a pesar de los comentarios misóginos que su candidatura siempre se asociaría con el vídeo. Más aun, se solidariza tanto con Begoña en su búsqueda por la justicia por la muerte de Ane como con Alicia Vásquez para quien trabajar en estos casos también implica articular su propio trauma por violación que sufrió hace años y la cual nunca ha superado. Según afirma la voz narrativa: "Todos, en el fondo escondemos algo. Y temblamos pensado qué pasaría si algún día lo descubriera. Tú también" (1:40-1:51). Tal uso de los pronombres personales busca solidaridad del público, provocando su empatía y expone el peligro que compartimos como comunidad global si no luchamos juntos contra la violencia de intimidades personales posibilitada por la opresión hegemónica basada en género y aumentada con el uso de las nuevas tecnologías. Mientras las protagonistas de *Intimidad* navegan entre el trauma de agresión y el anhelo por paz y justicia, su entorno refleja fisuras dentro de la sociedad en cuanto a las respuestas apropiadas frente a la agresión sexual desde la culpabilización a la víctima, el hostigamiento posterior a la violación y el conformismo con el heteropatriarcado hasta el enfrentamiento abierto a la violencia patriarcal por sectores inconformistas de la sociedad.

Al introducir al personaje de Malen, la sofocante dominación de misoginia dentro del ámbito profesional de la candidata para la alcaldía se pone de manifiesto por la escenografía además de declaraciones explícitas hechas por hombres dentro de su ambiente. La presencia de objetos fálicos como piernas de sus colegas mayormente hombres filmados bajo el escritorio y columnas del edificio de la Alcaldía contra las cuales el marco capta a Malen destacan las limitaciones que maneja a partir de su género. Al rodearla de objetos que implican su vulnerabilidad como las columnas de los edificios y largos marcos de los ventanales, se anuncia también la llegada del peligro. Mas aun, el uso del *acousmêtre* consolida la creación de la tensión dramática cuando declara que la vida de Malen verá un giro trágico mientras la cámara la capta nadando intensivamente en la piscina. Asimismo, los regímenes audio y visual nos proporcionan mensajes conflictivos, es decir, la vulnerabilidad actual de la protagonista versus su proyectado empoderamiento, enfatizando así el posicionamien-to inestable y desfavorecido de la mujer dentro del orden de género dominante. Desde el momento de la difusión del video con sus imágenes íntimas, la actividad de natación que se plantea en la narrativa como símbolo del inconformismo de Malen con la opresión patriarcal queda suspendida hasta el arresto de los culpables de la agresión y la afirmación del apoyo de su candidatura a la alcaldía por parte de su partido político en el último episodio de la serie.

En el primer episodio, después de un día laboral exitoso, Malen se encuentra en el medio del edificio de la Alcaldía donde en la pantalla televisiva sale un video de contenido sexual de ella y su amante. La dominancia física de la pantalla dentro del marco, proyectada contra la cara llena de miedo de la protagonista en plano medio destaca la vulnerabilidad de su condición a pesar del estatus privilegiado de la protagonista. Como bien indica el título del primer capítulo "Medios letales", con las nuevas tecnologías, la violación de la intimidad tan frecuentemente sufrida por la mujer ahora adquiere una nueva forma de transgresión,[27] la hace aún más vulnerable además de producir unas consecuencias irrecuperables para las víctimas de las violaciones basadas en género y sus seres queridos. Según Sargento, "La serie cuenta también que el exponer la privacidad de los otros no es algo anecdótico, sino potencialmente devastador para la víctima. Muchas veces se justifica culpabilizando a esta ("Así es 'Intimidad'", n.p.). Aquí tal culpabilización a la víctima se manifiesta tanto en el caso de Ane como en el de Malen lo cual añade otra capa de agresión a su trauma y atribuye a la incapacidad de las protagonistas de aceptar su condición de víctima. Mientras Ane oculta su situación de su hermana y de su pareja, Malen ve seriamente impactados a su esposo, aunque viven en un matrimonio abierto por la iniciativa de él, y a su hija lo cual la devasta aún más pero más adelante la impulsa a denunciar el acoso.

El efecto del choque inicial en Malen frente a la violación de su intimidad se articula tanto por la actuación de Itziar Ituño como por las tomas de plano contra plano donde las imágenes del video en primer plano se imponen de modo amenazante a la figura de Malen en plano me-dio. Su impotencia frente al arma "letal" de los medios se refleja en la mirada paralizada hacia la altura de la pantalla como arma de agresión. La figura de Milen se destaca dentro de un fondo borroso de los testigos inmediatos de su humillación que empiezan a tomar forma dentro del marco, enfatizando la fragilidad del individuo y más aun de una mujer frente la violación en un nuevo formato favorecido por el poder de medios informáticos. En la siguiente escena, la idea de victimización y la vulnerabilidad se

[27] Según los expertos, la violencia de género es "tanto causa como efecto de la desigualdad de género. Incorpora una variedad de crímenes y comportamientos incluido abuso físico, emocional, sexual, psicológico y económico, violaciones personales y sexuales" (Lombard 4).

intensifica mientras observamos al personaje dominada por la lluvia al salir del edificio de Ayuntamiento buscando refugio dentro de un taxi. En esta escena, el valor que añade, en términos de Chion, el sonido a la imagen ayuda crear la sensación de terror y peligro en el espectador. El sonido monótono de la banda sonora en armonía con el tono trágico de la escena representa lo que Chion denomina "música empatética" que fortalece las emociones del espectador hacia las imágenes de la pantalla (*Audio-Vision* 8).[28] Aquí el ruido de la caída fuerte de la lluvia combinado con la imagen de Milen sometida a la fuerza del agua produce un sincronismo vía la técnica de *síncresis* (*Audio-Vision* 5), es decir, la combinación "sonido/imagen" que forje una relación inmediata y nece-saria entre los dos regímenes que determina la experiencia del espectador. Aquí la *síncresis* dicta una actitud de empatía por parte del público hacia Milen como víctima de violencia y aumenta el interés en la trama. Este "valor añadido" por el sonido, es decir "el valor expresivo e informativo con el que el sonido enriquece a la imagen", no solo posibilita duplicar el significado de la imagen sino también se demuestra capaz de producir un nuevo significado (5). Chion destaca que el valor añadido "involucra la estructuración misma de la visión mediante su marcación rigurosa" (7). Aquí observamos cómo el marco fílmico enfocado en la imagen de esta mujer victimizada implica la discrepancia entre la proyección de su sufrimiento por un lado y la fuerza de su determinación por el otro cuando inmediatamente busca proteger a su familia y de enfrentar al quien cree responsable de la difusión del vídeo. También entra en el juego que esta determinación proyectada queda disminuida por la magnitud de la agresión gracias a la tecnología. Una vez en el taxi, Milen queda expuesta a la mirada masculina definida por Laura Mulvey (1975) ejemplificada mediante la toma de punto de vista del taxista que deja a su objeto abusado nuevamente.

Similarmente, Ane también intenta enfrentar al quien cree culpable de filtrar sus fotos y videos sexuales a sus colegas, pero busca contener su

[28] Según Chion, la música tiene la capacidad de "expresar directamente su participación en el sentido de [una] escena adoptando el ritmo, tono y expresión" verbal de esta (*Audio-Vision* 8).

victimización fuera del círculo familiar. El rasgo de la fragilidad en la caracterización de Ane forma parte del tejido del personaje a través de la narrativa. Su estatus socioeconómico desprotegido y la impotencia tanto frente a su abusador como al ambiente laboral resultan determinantes para su desesperada decisión de ahogarse. Cinematográficamente, el episodio 2 "Posición/exposición" ofrece una introducción impactante a la narración del comienzo del hostigamiento sufrido por Ane en su trabajo gracias a la relación *síncretica* entre el sonido y la imagen. El espacio del marco fílmico en la primera escena de esta secuencia queda dominado por la imponente presencia de la maquinaria de la fábrica, lo cual en armonía con el sonido repetitivo de sus movimientos que une las tomas aquí, crean la sensación de un ambiente amenazante. En la siguiente toma, la proyección del mismo sonido inquietante a la imagen de Ane confinada al espacio limitado de la cabina desde la que opera la máquina, seguida por la toma de un grupo de sus compañeros hombres reunidos que la señalan con el dedo de modo conspiratorio, establece una "resonancia conceptual" (*Audio-Vision* XIX) entre la imagen y el sonido. Asimismo, el tono y el ritmo del sonido nos posibilitan un mejor entendimiento de la vulnerabilidad de la protagonista y, como consecuencia, esta nueva percepción de la imagen nos sugiere una mayor atención al sonido, el cual a su vez nos hace prestar más atención a los mencionados elementos de la escenografía que señalan la dominancia del peligro para la mujer.

Más allá de las técnicas cinematográficas, en *Intimidad* el guion busca retar abiertamente tal abuso sistemático ya que "la violencia de género es un problema mundial que impacta de modo desproporcionado a mujeres y niños" (Lombard 2). Más aun, los estudios han identificado familias y comunidades como epicentros de esta violencia. La mayoría de las víctimas conocen a su agresor lo cual se refleja en la serie ya que los agresores de las protagonistas de *Intimidad* han sido parte de su comunidad inmediata lo cual les ha permitido violar su confianza. Dentro del círculo familiar de Malen, las actitudes de su esposo Alfredo (Marc Martínez) y su padre Juan Mari (César Sarachu) además ponen de relieve la urgencia "para ambos estructura y agencia de trabajar concurrentemente para producir resultados positivos para estos hombres atrapados en expectativas culturales e individuales de lo que significa ser hombre" (Lombard 4). Dentro del desarrollo de la narrativa, los dos personajes muestran alejarse de sus posturas iniciales de un esposo "cornudo" ofendido y de un padre avergonzado y de la complicidad con las normas aceptadas de control social y ofrecen su solidaridad para las víctimas. Asimismo, la caracterización favorable de los personajes masculinos como Alfred, Juan Mari y el novio de Ane Kepa llama a un esfuerzo consolidado y solidaridad entre diferentes sectores de la sociedad y destacan su importancia. La representación de su masculinidad que logra superar el ego y se guía por empatía hacia la víctima ofrece también una alternativa a los estereotipos dominantes en la cultura audiovisual basados en la visión hegemónica de lo masculino.

Asimismo, la serie busca ofrecer un mensaje esperanzador para las víctimas y levantar la conciencia sobre la necesidad de denunciar cualquier agresión y contribuir a la lucha contra el abuso contra la mujer desde las ventajas de cultura popular. En el episodio tres, vemos a la detective Vásquez en su entrega a la búsqueda de justicia para Ane y Malen, aunque la primera nunca lo denunció a la policía y la segunda continúa sin dar este paso. Según los expertos, la violencia basada en género es más que "reconocible mundialmente" sino también "endémica" pero a la vez "oculta" por falta de denuncias por parte de víctimas o ausencia de penalidad (Lombard 3). En el caso de España, según nos expone la narrativa, las víctimas de agresiones no siempre denuncian el abuso por las normas culturales regidas por el patriarcado. Según el personaje de la inspectora Vásquez, "Si supiera cuántas están pasando por los mismo. Se creen culpables, se sienten sucias, piensan que no tienen derecho a seguir con su vida. Y no tienen nadie que les ayude" (Ep. 1, 41:38-41:48). La complicidad de la inspectora con las víctimas señala la posibilidad de cambios estructurales dentro del sistema legal y el establecimiento de nuevos paradigmas culturales por la igualdad de género. Dentro de la narrativa, con clausurar de modo exitoso las dos investigaciones apresando a los transgresores de Ane y Malen, Alicia llega a gestionar mejor el trauma de su propio pasado y a declarar abiertamente su sexualidad.

A pesar de que los detalles de la agresión que ha vivido la inspectora se omiten, su naturaleza homófoba se revela por la protagonista en su conversación con otra víctima de la violencia sexual cuyo acoso entra en la narrativa en el episodio cinco "Actuar". Allí desde el espacio fuera de la pantalla escuchamos con Malen la voz acousmêtrica del noticiero que anuncia "la agresión homófoba en el Casco Viejo de Bilbao" (22:01). Según la noticia, agresiones contra los sectores no identificados con la *masculinidad hegemónica* "viven en lamentable repunte en [...] el país y también fuera. Los datos muestran que [...] una gran mayoría de las agresiones, cerca del 83% a nivel europeo, no llegan a los juzgados. La consecuencia es que la gravedad de estos delitos queda minimizada" (23:35). Aun cuando las víctimas deciden denunciar, el orden establecido se aprovecha de la vulnerabilidad de las protagonistas y continúa transgrediendo contra su intimidad.

Ya que los oficios de las protagonistas de la serie Ane, Malen y Alicia, es decir, construcción, abogacía y política y el cuerpo policial tradicionalmente se asocian con y se dominan por el género masculino, ellas, impactadas por la limitación dictadas por la vigente desigualdad, dudan antes de denunciar el abuso. En palabras del rival político de Malen: "[e]mpoderada[s], pero no tanto" (Ep. 6, 20:34), las protagonistas toman acción para reclamar su agencia, pero aun sufren por falta de apoyo social consolidado y la imposición del heteropatriarcado. Aquí el guion pone de manifiesto que, en palabras de Lombard, "[p]ara mantener este posicionamiento privilegiado y el orden de género corriente, la *masculinidad hegemónica* debe encarnar estereotípicos rasgos masculinos de poder, dominancia, fuerza y autoridad" (2). En la serie *Intimidad*, tales rasgos estereotípicos se observan tanto en el campo laboral de Ane como en el *stalking* por parte de Jon que, tras haber difundido las fotos y vídeos, busca continuar imponiendo su dominancia y consecuentemente agudiza el sufrimiento de la mujer. Partiendo de la explicación de *stalking* como variante de violencia de género que ofrece Katy Proctor, en la serie se destacan dos elementos dentro de la agresión de Jon hacia Ane: amenazas repetitivas por parte del agresor y el miedo de la víctima (109). Proctor enfatiza que este tipo de acoso sexual "alude a comportamiento que se conduce contra la voluntad" de la víctima (111) y se conoce también como "terrorismo íntimo", es decir, "curso de acción diseñado a ejercer poder y control" (113). Al seguir aterrorizando a Ane mediante una serie de mensaje y persiguiéndola enfrente de su vivienda, Jon busca dominarla también físicamente. En una ocasión, la empuja contra la pared, cubriéndola de besos contra su voluntad y amenazando con destrozar sus relaciones con Kepa. Dominada por el miedo y su marginalidad dentro del patriarcado, Ane sigue sin denunciar la agresión y opta por suicidarse.

En cuanto a Malen, el chantaje y exigencias de su renuncia por parte de su partido político dominado por hombres y la intransigencia de sus rivales a las iniciativas de la política pone de relieve la imposición de autoridad que dicta el mantenimiento de la opresión y desigualdad de género. Aun cuando su amante se muere de modo sospechoso en un accidente automovilístico que la inspectora Vásquez llega a presenciar (Episodio 4 "La caída"), la candidata a la alcaldía niega denunciar ya que, en las palabras de Alicia, "Sumarle un muerto al escándalo es lo último que le interesa" (2:26). Al mismo tiempo, el padre de César, uno de los impresarios más influyentes de Bilbao y el epítome del patriarcado, la culpa también de la muerte de su hijo cuya participación en el crimen cometido contra Malen no deja dudas. El impresario la amenaza con sabotear su campaña electoral: "No soporto verte en las noticias. Escucharte en la radio. ¿Así cuatro años? ¿Tener que negociar contigo? ¿Darte apretones de mano para la foto? No. […] Antes solo me molestabas. Te metieron con cazador. La cuota. ¿No te da vergüenza? (Ep. 6, "Sola", 1:58- 2:30). Adicionalmente, la idea del control y la dominancia regidas por las políticas vigentes de género se marca mediante la filmación de la protagonista en su hogar donde la cámara la capta desde el exterior de su vivienda y su imagen queda proyectada dentro de los límites de los marcos ventanales. Asimismo, el ojo de la cámara cumple la función de *stalker* ya que la sigue y observa continuamente (Proctor 111) ejerciendo su control sobre la víctima y transgrediendo contra su intimidad de modo repetitivo.

Dentro de la subtrama del personaje de Alicia, la posición privilegiada del heteropatriarcado se enfatiza por la actitud castrante de su superior que la interrumpe continuamente y menosprecia sus avances de investigación. En el campo personal, la autoridad patriarcal produce la incapacidad inicial de la inspectora de tomar una postura pública sobre sus relaciones de pareja con una mujer, de participar abiertamente en las protestas contra la homofobia, y de articular su propia victimización sufrida a base de su sexualidad que perpetúan aún más el poder del sistema dominante sobre su vida. A las peticiones de formar una familia de pareja María, Alicia responde con una voz temblante: "No sé si … si estoy preparada" (Ep. 6, 3:41) ya que, en palabras de la primera le "va a costar dar pasos, que […] la miren tal como […] es" (Ep. 4, 19:32). Mientras busca justicias para las otras víctimas de la violencia de género, deja al margen sus propias inseguridades y traumas a raíz de su otredad. En el episodio 1, se añade valor a la articulación de la fragilidad emocional de Alicia cuando el *acousmêtre* se dirige a la protagonista afirmando: "No, no estás bien. […] Sientes que eres un fraude. Les pides a los demás que hablen. Y tú llevas años callada. ¿Cuándo vas a dejar de esconderte, Alicia?" (41:19-42:43). La puesta en escena aquí también alude a la dominancia del heteropatriarcado y sus normas simbolizados por las barras del hierro enfrente de las ventanas cuyo vidrio refleja la severa expresión facial de Alicia. La presencia de los edificios altos y anchos frente las ventanas dentro del marco fímico y la colocación de la cámara a corta distancia de la protagonista transmiten el sentido de claustrofobia como reflejo del estado emocional de la mujer a raíz de las restricciones impuestas a su género y sexualidad. El régimen auditivo compuesto por el sonido de sirenas policiales y combinado con una música de fondo desagradable facilita elocuentemente la interacción entre el público y el producto audiovisual agudizando la emoción de empatía con la angustia del personaje.

Finalmente, el juego entre los elementos temáticos de vulnerabilidad provocada por injusticias sociales del orden hegemónico y la necesidad del cambio paradigmático global en relaciones de género que las protagonistas buscan reivindicar se aumenta con el valor añadido por el sonido tanto de la banda sonora como la *voz en off* que habita la pantalla. El posicionamiento dominante de la voz de la narradora Ane Uribe dentro del régimen sónico también establece una pauta narrativa de anunciar la presencia del peligro para los grupos sociales al margen del poder para concientizar al público heterogéneo y fomentar cambios sociales. En el episodio 6, por ejemplo, el juego entre las imágenes de Leire frente a la pantalla de su teléfono y el sonido saturan la atmósfera de la escena con el sentido de dolor y sufrimiento a raíz de las nuevas formas de violencia de género. Mientras la toma de primer plano se centra en el ojo lagrimoso de la joven en el que se reflejan imágenes indistinguibles de la pantalla telefónica, la presencia del acousmêtre guía nuestra atención al mensaje sobre la popularidad de los llamados "porno[s] de venganza" que inunden los medios sociales. "Tienen éxito", destaca la voz y continúa: "Algunos vídeos son fraudes, pero otros muchos son reales. Son traiciones. Porque él no tiene lo que quiere, cuando quiere y como quiere" (5:03-5:20). Asimismo, la imagen proyectada de la vulnerabilidad a base de género cobra "coherencia y materialidad" mediante el sonido de la *voz en off* (*Audio-Vision* 5) que sobresale en el régimen auditivo por su posicionamiento privilegiado. El acercamiento *vococéntrico* a la creación de esta escena también permite intensificar el mensaje de vulnerabilidad individual cuando articula la agonía de Leire al sospechar que su exnovio podría haber difundido unos videos suyos en el internet: "¿Dónde ha colgado Xabi los vuestros? ¿Dónde?" (5:21). Asimismo, la narrativa capitaliza el poder omnipresente del acousmêtre para maximizar la tensión a nivel diegético y mantener el interés del público mientras cumple con la función didáctica de la televisión y educa a sus espectadores sobre las crecientes pautas tóxicas de relaciones personales y violaciones de intimi-dad posibilitadas por el dominio del internet.

Tras el desenlace dramático del relato de Ane en el episodio 7 "Mañana" que concluye con responsabilizar a sus agresores antes el sis-tema judicial, observamos la sustitución sónica de su voz con la incor-poración de las voces de las otras protagonistas, Begoña, Alicia, Miren, Malen, y Leire, indicando así la clausura del trauma del personaje. Asimismo, en el último capítulo de la serie, la polifonía de estas voces narrativas avanza la transmisión elocuentemente del concepto de la multitud y diversidad de las víctimas de agresión en la sociedad contemporánea a nivel mundial. El espacio sónico dentro de la composición de las secuencias finales combina el uso de la *voz en off* de las protagonistas reflexionando sobre la importancia de enfrentar la presión social con la banda sonora *Uretan* (2020) por Alas Quartet que intensifica la emoción de tristeza frente al daño irreparable causado por su victimización y evoca compasión en los espectadores. La posición privilegiada de la voz "magnifica" y hace más íntima la relación entre los personajes y el público (*The Voice* 81) exponiendo así la humanidad de las víctimas de la opresión patriarcal. La declaración repetitiva de estas voces le da cohesión al mensaje final de la serie en cuanto a la responsabilidad compartida de combatir las injusticias del sistema dominante: "Todo empieza con una decisión. La de cuidar lo que aun conservas. La de seguir. La decisión de que tu paso por el mundo deje las cosas mejor de lo que las encontraste. [...] Aunque tú nunca puedas cambiar de todo. [...] La decisión de [...] ser justa contigo misma. La de luchar. El mundo será un poco mejor. Y tú también" (41:17-42:35).

En conclusión, con la dominancia de los medios de comunicación en la vida de la sociedad y la rapidez de distribución informática, la violencia a base de género ha generado un nuevo nivel de victimización de la mujer. La emergencia de productos como *Intimidad* no solo demuestra el compromiso de la industria audiovisual con la resistencia a los abusos del heteropatriarcado hacia los sectores más vulnerables de la sociedad, sino que también sugiere la necesidad de cambios paradigmáticos dentro de la representación de la violencia sexual. Al proyectar Bilbao como el telón de fondo de la narrativa e incorporar la lengua euskera en el guion, sus creadores logran también visibilizar la diversidad cultural de España y posicionar las iniciativas progresivas contra tal violencia en el País Vasco como caso ejemplar de tal resistencia. Mediante el desarrollo del guion y el acercamiento v*ococéntrico* a la caracterización de los personajes, la serie también plantea el ímpetu de sororidad como una estrategia imprescindible para la resistencia al patriarcado. Por último, además de su ímpetu de empoderar a los sectores sociales más vulnerables, la producción y difusión de las series feministas como *Intimidad* busca una ruptura a nivel global con la estigmatización de las víctimas de la violencia de género y el establecimiento de la cultura de denuncia contra tal agresión en todos los medios y esferas posibles.

Bibliografía

"Así es 'Intimidad', la nueva serie española en Netflix." *ABC Cultural.* Junio 8, 2021. https://www.abc.es/play/series/noticias/abci-intimidad-nueva-serie-espanola-netflix-202106081052_noticia.html?ref=https%3A%2F%2Fes.wikipedia.org%2F.

Barbour, Catherine. "Of Monsters and Women: Feminist Response to Gender-based Violence in Galician Noir." I*nternational Journal of Iberian Studies*, vol. 35, no. 3, 2022, pp. 271-291. http://doi.org/10.1386/ijis_00082_1.

Cámara, Nora. "'Intimidad': fecha de estreno, tráiler y reparto de la nueva serie de Netflix." *Diez Minutos.* Mayo 17, 2022. https://www.diezminutos.es/teleprograma/series-tv/a40019040/intimidad-netflix-fecha-estreno-reparto-trailer/.

Chion, Michel. *The Voice in Cinema.* Traducción de Claudia Corbman. Columbia UP, 1999.

---. *Audio-Vision: Sound on Screen.* Traducción de Claudia Gorbman.14th ed. Columbia UP, 2019. *EBSCOhost*,search.ebscohost.com/login.aspx?direct=true&AuthType=shib&db=nlebk&AN=2026762&site=eds-live&scope=site.

Cooke, Jennifer. *Contemporary Feminist Life-Writing: The New Audacity.* Cambridge UP, 2020.

"EspañaGlobal."https://www.exteriores.gob.es/Embajadas/canberra/en/Embajada/Paginas/Global-Spain.aspx

Grater, Tom. "Netflix Unveils Spanish Slate Including Trio Of New Drama Series." *Deadline.* Abril 15, 2021. https://deadline.com/2021/04/netflix-unveils-spanish-slate-trio-drama-series-1234734799/.

Harper, Tauel and David Savat. *Media After Deleuze.* Bloomsbury Publishing, 2016.

Intimidad. Creada por Verónica Fernández y Laura Sarmiento. 8 episodios, Txintxua Films,10 Junio 2022.

Lombard, Nancy. Introduction to Gender and Violence. *The Routledge Handbook of Gender and Violence*, editado por Nancy Lombard, Routledge, 2018, pp. 1-12.

Lumsden, Karen y Heather M. Morgan. "Cyber-trolling as Symbolic Violence: deconstructing gendered abuse online." *The Routledge Handbook of Gender and Violence*, editado por Nancy Lombard, Routledge, 2018, pp. 121-132.

Proctor, Katy. "Stalking as a Gender-based violence." *The Routledge Handbook of Gender and Violence*, editado por Nancy Lombard, Routledge, 2018, pp. 109-120.

Stark, Evan. "Coercive Control as a Framework for Responding to Male Partner Abuse in the UK." *The Routledge Handbook of Gender and Violence*, editado por Nancy Lombard, Routledge, 2018, pp. 15-27.

Xavier, Zachary. "Film Sound: Michel Chion's "Acousmêtre." *Cinema Scholar*. April 29, 2022. https://www.zacharyxavier.com/acousmetre/. 1 de diciembre. De 2023.

II
Lente fotográfica: testimonio y ausencia

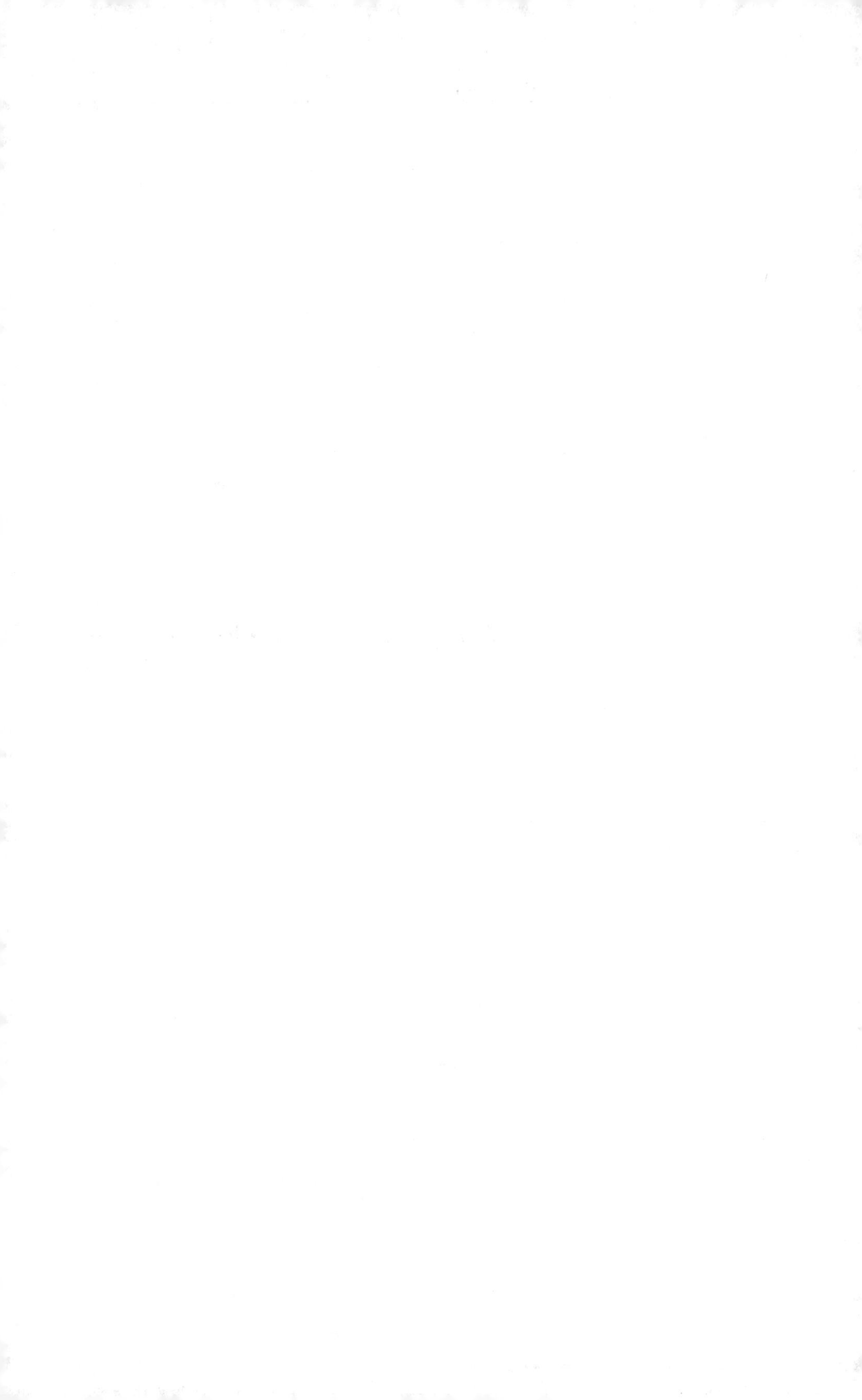

Poética de la ausencia y transgresión afectiva en *Madres e hijas* (2003) de Adriana Lestido

Mariana Ruiz-González
Whitman College

La carrera de la argentina Adriana Lestido (Buenos Aires, 1955) inició como reportera gráfica. Mientras trabajaba para *La Voz Interior*, tomó la fotografía que marcaría gran parte de su trabajo. *Madre e hija de Plaza de Mayo* (Figura 1) fue la portada de la edición del 26 de noviembre de 1982, en la actualidad, este retrato simboliza la lucha por los desaparecidos, el feminismo y la justicia. En entrevista para *Perfil* en 2016, la fotógrafa recuerda cómo ese día de manifestación en la Plaza de Mayo, la mayoría de los periodistas se enfocaban en retratar a una madre quien consolaba a su hija en brazos. Sin embargo, Lestido consideró este acto demasiado íntimo para ser fotografiado y tras esperar que la niña dejara de llorar, logró captar el emblemático momento de la madre y la hija gritando al unísono por los desaparecidos. Lestido declaró que "me di cuenta de que [esta] foto es la imagen fundante del trabajo que hice los siguientes cuarenta años. Es la fuerza de una madre, la hija, y el hombre ausente" (Lestido en Grasso). Precisamente, la ausencia ha sido una constante poética en el trabajo visual de Adriana Lestido. En este capítulo, analizo la relación del espacio y la ausencia como elementos de transgresión afectiva en el espectador, en particular en el ensayo fotográfico de *Madres e hijas* (2003).

Intimidad y homosocialidad en el baño

Desde aquella primera fotografía de 1982, Adriana Lestido ha recurrido a la imagen de la familia monoparental en varias ocasiones. Esta temática la vemos en ensayos como *Madres adolescentes* (1988-89), *Mujeres presas* (1991-93), *Palo y Anahí* (2003) y *Madres e hijas* (2003), por mencionar algunos. Particularmente, quiero enfocarme en este último ensayo fotográfico, ya que muestra una mirada única respecto al sentido de la maternidad, una que se asoma desde una ventana distinta al de la institución heteronormativa. La fotógrafa enfatiza el espacio doméstico como un motivo visual y un lugar donde el discurso del cuerpo se despliega, se da el erotismo de las primeras caricias de la infancia y la imitación de la hija a la madre y su posterior recelo, así como la particular focalización del "retrato familiar" donde se muestra, en momentos, la incomodidad y el dolor. A lo largo de sesenta y unas fotografías en blanco y negro leemos un discurso puramente femenino, directo y crudo. Este ensayo tiene como eje temático la relación de cuatro madres con sus hijas. Cada historia representa un periodo distinto en el desarrollo de la mujer: Eugenia (28 años) /Violeta (recién nacida-2 años), Mary (50)/Estela (30), Alma (50)/Maura (18) y Marta (28)/Naná (7). Lestido trabajó con estas familias por tres años (1995-1998) permitiendo que su presencia se normalizara dentro de la dinámica familiar, creando así una intimidad entre el operador de la cámara y el sujeto. Este cambio en su práctica fotográfica provoca tres particularidades: la focalización enteramente femenina de las imágenes, la reinvención del discurso familiar y la transgresión al ideal afectivo de valores.

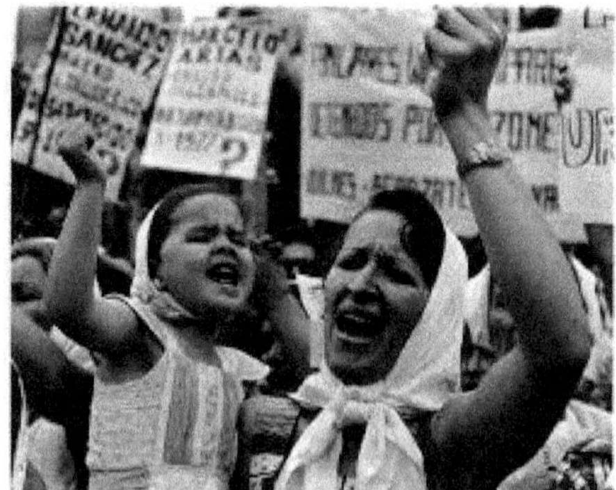

Figura 1

A lo largo del ensayo, el espacio físico tiene un peso discursivo que define la expresividad del cuerpo y la relación de intimidad entre madre e hija. En el espacio interior de la casa, vemos imágenes dentro de la cocina, la recámara y el baño. Mientras que, en el exterior, las mujeres se encuentran entre el no lugar o lugar de tránsito, como el camión, el coche, la acera de la calle o lugares públicos como el parque y la playa. Mi interés se centra en el espacio interior porque es ahí donde Lestido provoca una mayor transgresión a la afectividad del espectador. El espacio en estas fotografías determina mucho el nivel de intimidad reflejada en los sujetos. En un camión, la madre y la hija se sientan una detrás de la otra; en la casa se tocan y se miran. Particularmente, el espacio del baño es una constante en las cuatro historias del ensayo; y es ahí, donde notamos el mayor grado de intimidad de estas familias monoparentales y homoso-ciales. En este espacio, Lestido nos muestra a la mujer "nake", marcando una clara diferenciación con el "nude".[29] El "nude" femenino desde la pintura se presentaba como una forma de legitimización del arte, y por lo tanto, de cosificación de la mujer desnuda. La mujer puede estar desnuda porque es natural. Aunque la exposición del cuerpo estaba cuidado, había cierta moralidad respecto a qué partes del cuerpo eran expuestas. Este temor de mostrar el cuerpo femenino recae en la visión patriarcal victoriana de la mujer cuya única sexualidad tiene fines reproductivos. Foucault menciona esto como parte de la prohibición y control de la libre circulación del discurso. De ahí la mención del filósofo francés sobre la alcoba de los padres como único lugar de sexualidad reconocido, "se han establecido regiones, si no de absoluto silencio, al menos de tacto y discreción (respecto a la sexualidad): entre padres y niños" (26). Pero en el ensayo de Lestido, en estas familias no hay alcoba de los padres, la recámara es un lecho entre mujeres. La madre duerme con su hija, una al lado de la otra, sin pudor y sin intenciones reproductivas. Y es cuando vemos a la mujer "naked", que desde la visión de John Berger sugiere que, "to be naked is to be oneself [...] to be nude is to be seen naked by others and yet not recognized for oneself. A naked body has to be seen as an object in order to become a nude" (56). Por eso, estas mujeres desnudas en el baño se reconocen entre sí. En su convivencia el pudor desaparece y las hace funcionar como seres espejos, donde una imita a la otra en aras de lograr su propia identidad,

[29] En español se puede hacer la diferenciación semántica entre nake/nude que el inglés permite, por lo tanto se sugiere desvestido / desnudo.

incluso, hay un erotismo sesgado por el despertar sexual. En *Madres e hijas* (2003) vemos este proceso en tres etapas distintas: el de la infancia a partir de la imitación, el acto de rebeldía en la adolescencia y el del doble en la vida adulta.

Lestido nos muestra dos periodos de la infancia, el de la recién nacida y su primera infancia con Eugenia y Violeta y la de una segunda infancia (siete años) con Marta y Naná. En la primera, hay un reconocimiento del yo que busca independencia pero que aún no puede tenerla (su edad no se lo permite). Repetidamente, vemos momentos en que la hija deambula sola por la casa mientras su madre está dormida o la vemos caminar por la calle tratando de alejarse de la madre. La serie de imágenes dentro del baño tienen un *studium* variado.[30] Por ejemplo, en la *Figura 2 l*a niña da la espalda a la cámara y yace encima de su madre quien muestra el pecho; ambas se miran, aunque solo podemos apreciar la sonrisa de la madre. En el ensayo introductorio de *Madres e hijas (2003)*, Marta Dillon menciona que Lestido nos muestra también una faceta sexuada de la madre, "como cuerpos sexuados que aprenden el erotismo en esas primeras caricias. Mujeres que aprenden entre ellas el meollo de su identidad" (14). Estos primeros acercamientos son esenciales para la construcción del yo de la niña. Aunque en Violeta vemos la asociación del baño más con el juego, el roce del cuerpo es inocente y casi inintencionado. Mientras que con Naná, vemos más la búsqueda de identidad que menciona Dillon. En Naná al contar con siete años existe el autoreconocimiento de su cuerpo. En su historia podemos notar los primeros indicios de imitación intencionada de la niña rumbo a su identidad sexual, "the baby will emulate her mother, as a tutor" (Roughgarden 244). En la *Figura 3*, se juega con un parelismo en la postura del cuerpo. Vemos que Naná tiene los pies a la altura de la cabeza de la madre y viceversa, aunque las piernas de la madre están flexionadas. Disfrutan del baño desde una perspectiva distinta no hay el roce directo del cuerpo como con Eugenia y Violeta. Sus cuerpos

[30] Roland Barthes, en *Cámara lúcida*, define el *studium* es un tipo de educación la cual permite al espectador a descubir las intenciones del fotógrafo. El "*studium* is inevitably to encounter the photographer's intentions" (27).

yacen uno junto al otro en una normalidad absoluta, la de la convivencia íntima femenina.

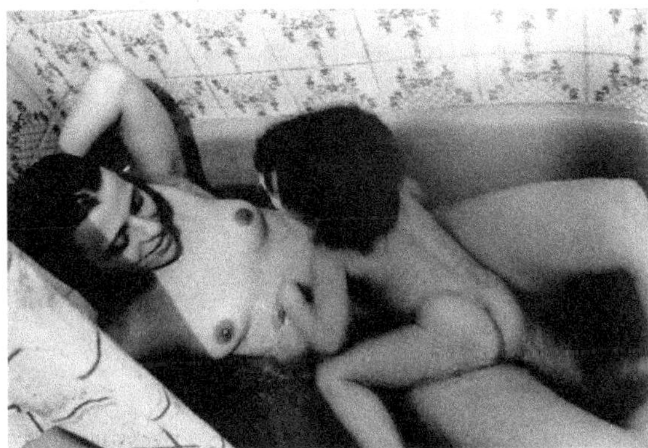

Figura 2

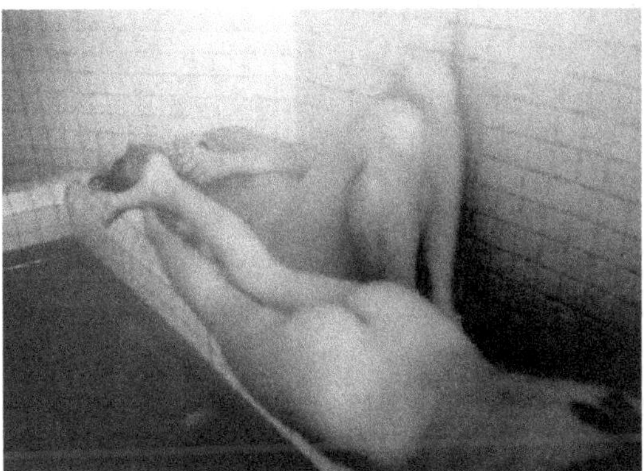

Figura 3

Por otro lado, al pasar a la secuencia de Alma y Maura, nos encontramos con la confrontación a la madre. Con ellas, el desnudo incluso sale del baño y se mueve también a la cocina. Aquí vemos cómo el espacio de la casa homosocial se conforma como neutral, y por lo tanto, sin prohibición. En la *figura 4* vemos a la hija adolescente mostrando el pecho, mirando a su madre que está sentada en la cocina, y quien parece llorar. Aquí podemos ver el gesto de la madre extenuada, un gesto que Lestido presenta constantemente y en el que ahondaremos en detalle más adelante. Al inicio de la serie, podemos observar a Maura con cabello largo, incluso se ven destellos aún de imitación a la madre, ambas mujeres se visten similar, miran hacia el mismo sitio, tienen el mismo peinado. Pareciera que la relación madre-hija es más armoniosa, en varias fotografías se ríen y se abrazan. Pero después vemos el cambio físico en Maura cuando decide raparse y se propicia la separación. David Foster hace mención de Maura como "the daughter in punk-like (Stone cold lesbian?) poses and images of the mother as though mourning, perhaps, her daughter´s lost of femininity" (112).

Finalmente, tenemos la serie de Mary y Estela, la hija ya es adulta y también es madre de un niño pequeño (mismo que pocas veces lo vemos retratado). En sí, la serie de fotografías se construye a modo de espejo, y por lo tanto, vemos la relación más solidaria de todas las historias. Ya no existe el deseo curioso de la infante ni el acto rebelde de la adolescente sino un desdoblamiento. En esta historia la relación homosocial no conlleva ningún tinte erótico ni ninguna búsqueda de identidad, es lo que Foster comenta como "Homosocial bunding is not the same as homoerotic bunding, although the latter may develop out the former, or viceversa. Homosocial bunding does not necessarily contain an erotic charge, but is rather built on emotional feelings, commitment, and a sense of collaboration in the defense of an agenda" (101). Esta relación la podemos ver claramente a lo largo de la serie, donde madre e hija se visten igual, se peinan igual, hacen los mismos gestos. En este caso, en el espacio del baño no hay ese homoerotismo al que se refiere Foster sino que la convivencia trasciende. En la *figura 5*, no vemos el desnudo en el baño como en las otras familias, sino que el espacio está invadido por las obligaciones maternas como el lavar la ropa. Ambas mujeres caminan en calzones y a medio vestir en espacios como la cocina y el cuarto (en ocasiones aparece el hijo de Estela, aunque no como un sujeto principal del encuadre). La hija se ha convertido en su propia madre. Más allá de la gestualidad o de la vestimenta, el doble en esta serie recae en un estado de armonía y de solidaridad entre las mujeres.

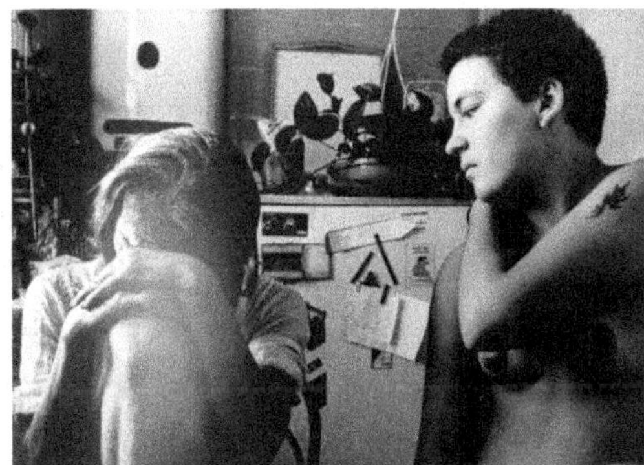

Figura 4

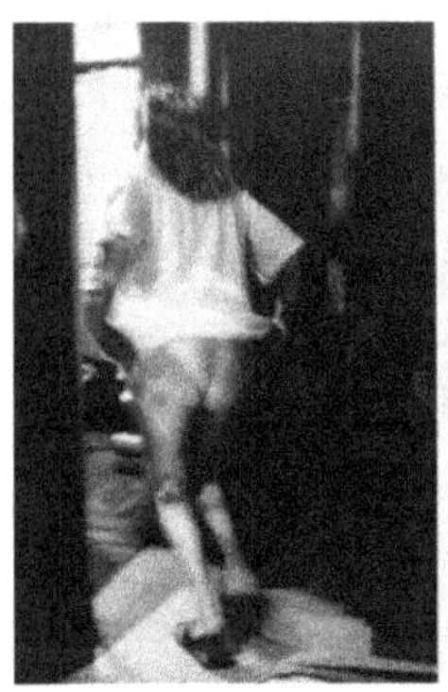

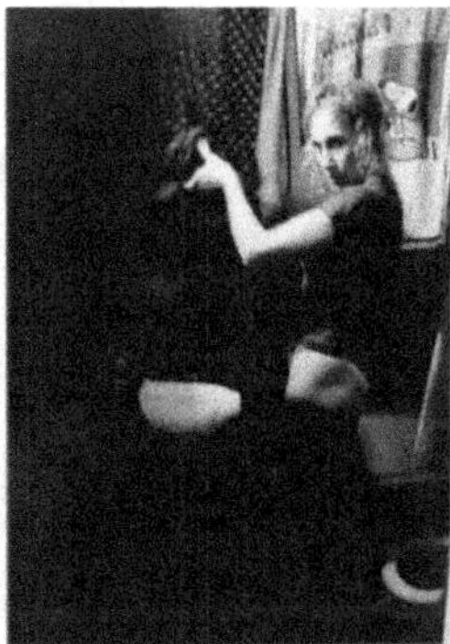

Figura 5

La familia monoparental y la fotógrafa ausente

Cuando Roland Barthes en *Cámara lúcida* (1980) habla sobre las tres prácticas de la fotografía menciona al operador de la cámara (el fotógrafo), al espectador que observa la fotografía y al objeto fotografiado o el target. Este último, en el ensayo de Lestido, rompe con la idea del simulacro del sujeto al que se refiere Barthes. Al tomar una fotografía, el target entra en un proceso de pose, "I instantaneously make another body for myself, I transform myself in advance into an image (...) for the photograph is the advent of myself as other: a cunning dissociation conscioussness from identity" (Barthes 12). Está claro que cuando somos el target, queremos mostrar nuestra mejor cara, incluso Barthes hace mención del *click* de la cámara como un momento que te antepone o estresa a construir rápidamente la pose de ti mismo que se convertirá, a través de la fotografía, en un objeto permanente. En Lestido sus sujetos no parecen entrar en ese proceso de pose artificioso. Son realmente pocas las imágenes dónde el sujeto mira directamente a la lente de la cámara, y cuando lo hacen no es precisamente en su sentido más convencional, al contrario, muestran estados de variada intimidad ya sea, de malestar o de cansancio. Si pensamos en cualquier retrato familiar, rara vez o nunca, encontraremos un gesto de disgusto. Por el contrario, los retratos familiares muestran solo momentos felices, "this has led family photographs to be criticised for perpetuating an idyllic image of the nuclear family, cementing only dominant visions of its classed, gendered and racialised identity" (Rose 26). Sin embargo, a través de la imagen podemos rearticular el discurso dominante, y es algo que Lestido logra en *Madres e hijas* (2003), al presentar otro concepto de la familia nuclear argentina, a través de un performance de género donde la presencia masculina no domina o es completamente nula.

Barthes dice que al momento de ser fotografiado no paramos de imitarnos a nosotros mismos durante la toma de la fotografía, "I invariably suffer from a sensation of inauthenticity, sometimes of imposture" (13). Esta sensación se produce por la misma presencia del fotógrafo, y a su vez, queda limitada a lo que el fotógrafo capte con la lente o lo que Barthes llama el *spectrum.* Esto es, el simulacro por medio del cual el sujeto se convierte en un objeto, "the photograph (the one intend) represents that very subtle moment when, to tell the truth, I am neither subject nor object but a subject who feels is becoming an object: I then experience a micro-version of death (of parenthesis): I am truly becoming a specter" (14). Esta inautenticidad, Barthes la reconoce como un mecanismo de defensa de la privacidad, sobre todo si pensamos que la impostura en los retratos familiares (o casi en cualquier fotografía) están basados en la perpetua felicidad, es decir, el espectro de lo que esa felicidad representa; en este caso, el ideal de la familia heteronormativa. Sin embargo, Lestido rompe con este estereotipo ya que al trabajar por varios años consecutivos con estas familias, desvanece el uso de estos mecanismos de defensa, de ahí que el ensayo muestre cierta crudeza de la vida familiar. Entonces, debemos preguntarnos si, ¿es posible que el sujeto tras imitarse repetidamente en cada nueva fotografía pueda retornar a su estado más puro? Pregunto esto, bajo la idea de que el sujeto entra en un proceso de pose en cuanto se relaciona con el fotógrafo. Cuando Lestido se integra a la dinámica familiar rompe con esta barrera de operador-sujeto. Y con el tiempo, debido a la incesante repetición del acto fotográfico, el sujeto no podría sostener el simulacro de su propio yo ante el fotógrafo, y es justamente cuando Lestido logra retratar esa vida privada que el sujeto tanto defiende de la invasiva lente. Es decir, la lente y el fotógrafo dejan de ser agentes externos dentro de la dinámica familiar, y se produce un puente de intimidad, y en este caso de feminismo. Sobre esta proximidad en Lestido, Foster comenta respecto a *Mujeres presas y sus hijos*, “I would argue for a gesture of feminist solidarity in the way in which the photographer has placed herself in proximity with these women. While some of the defiant looks of these women may register an intrusive camera, the camera in other regards is a paticipant in the intimacy of these women” (107). En *Madres e hijas* (2003) la proximidad es más sosegada, es evidente que sucede por el espacio en que se desenvuelven las mujeres, de la cárcel al hogar y por el lazo afectivo que logra la fotógrafa con estas familias, además de la situación social en la que se desenvuelven. En ambas, la ausencia de figuras masculinas, pero en las mujeres presas se suma la separación de los hijos y el aislamiento social forzado.

Sin embargo, la cámara como parte de la intimidad familiar es muy notoria en *Madres e hijas,* tan sólo en diez fotografías podemos ver la separación entre operador-sujeto, y sucede cuando alguna de estas mujeres mira directamente a la lente. Aunque, en este caso, no vemos una mirada desafiante por la intrusión de la fotógrafa como en el ensayo de las mujeres presas. Aquí vemos emociones positivas como la curiosidad en Violeta, que al ser tan pequeña (1-2 años) mira de reojo a la cámara (*Figura 6*).

Mientras que, en Alma y Maura, encontramos el mayor número de interacciones con la cámara (*Figura 7*), podríamos pensar que al ser adolescente existe este dejo de rebeldía. Sin embargo, Maura no mira desafiante a la cámara sino confundida o en ocasiones, triste. Se produce cierta camaradería entre ella y la fotógrafa, lo que Foster menciona como solidaridad feminista. En esta historia familiar, tanto madre como hija buscan la complicidad de la fotógrafa con la mirada, de ahí que sean la pareja con mayores interacciones directas con la lente de la cámara. El juego de miradas cómplices a lo largo de esta narrativa visual se construye en un antes y un después del corte de pelo de la adolescente.

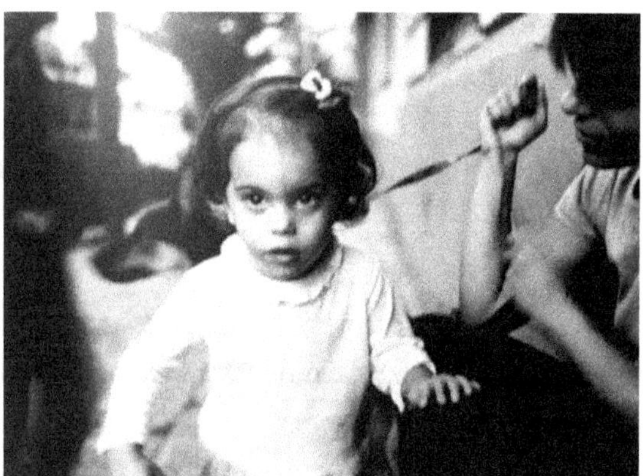

Figura 6

El shock fotográfico y la transgresión afectiva

Barthes defiende que la fotografía es contingente, es decir, que no puede tener un significado puro; solo por medio de las máscaras es que el espectador puede conectar un significado. El autor puntualiza que estas máscaras son el "ruido" que rodea a la imagen. Digamos que son pequeños gestos simbólicos que ayudan al espectador a conectar la fotografía con un significado específico. Por ejemplo, refiriéndonos al retrato familiar, la sonrisa es una máscara que nos empuja al significante de la felicidad. El uso de estas máscaras ayuda al operador a fijar la intención detrás de la fotografía. De acuerdo con Alan Trachtenberg al observar un retrato, el rostro fotográfico es, "a collaborative construction among artist, sitter, and viewer" (2). Adriana Lestido, juega con esta construcción social para transgredir la afectividad del espectador. Como observadores de sus fotografías preconcebimos un ideal sobre la relación madre-hija, mismo que ha sido moldeado por convención social y del que nos resulta complicado deslindarnos. Y justamente este afecto del observador sobre lo qué es la maternidad, es el que entra en juego en las imágenes de Lestido. La fotógrafa hace uso de estas preconcepciones para producir un shock en el espectador y así propiciar un cuestionamiento sobre el concepto heteronormativo de la familia.

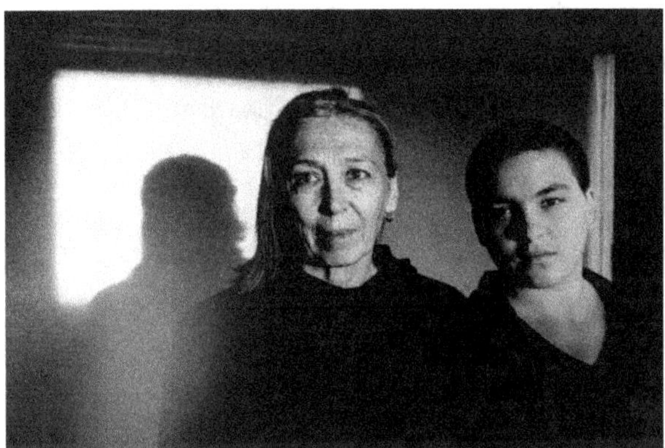

Figura 7

De hecho, Barthes asegura que la intención del fotógrafo es sorprender al espectador[31], y de este gesto se produce el *shock fotográfico.* Este se diferencia del *punctum* porque "consists less in traumatizing than in revealing what was so well hidden that the actor himself was unaware or unconscious of it" (Barthes 32). [32] Al referirnos al shock fotográfico debemos pensar en la explotación afectiva de la fotografía de prensa. La

[31] Barthes describe cinco tipos de sorpresas: rare, numen, prowess, contorntions of techniques and trouvaille. Para ver la descripción en detalle revisar Camera Lucida pág. 34.

[32] Aquí debo resaltar la idea de Barthes sobre "a photographer's punctum is that accident which pricks me" (27), y es ese elemento que irrumpe el *studium* de la fotografía,

imagen es manipulada para producir cierto efecto en el espectador. Aquí, podemos remontarnos a la introducción de este ensayo y la escena de la primera foto de portada de Lestido. Todo fotógrafo buscaba retratar la escena de lágrimas entre la madre y la hija, esa era la sorpresa. [33] En el caso de Lestido, debemos pensar que la sorpresa del sujeto no se busca directamente ya que que al involucrarse dentro de la dinámica familiar se mimetiza en el espacio de estas familias, y esa confianza propicia que el sujeto, aparentemente, nunca sea sorprendido. Sin embargo, esto no significa que dejemos de pensar en el shock fotográfico evocado en el espectador. Me refiero, en específico, a las imágenes donde el gesto de la madre es el que produce el shock. Bajo el discurso dominante, el concepto de madre debe ser proyectado como en ternura y protección. Socialmente vinculamos la figura de la madre con un estado de felicidad, y esta felicidad, fotográficamente, recae en una estética específica del cuerpo y la expresión facial.

Según Tanya Sheehan, fue en el siglo XX que Eastman Kodak comercializó la estética visual del retrato fotográfico. Este cambio estético se propicia por el avance tecnológico ya que, en sus inicios, la fotografía de estudio implicaba una espera de entre 15-30 minutos para lograr tomar una foto. Esto creaba cierta tensión en el sujeto y de ahí la imposibilidad de mostrar emociones faciales como las reconocemos hoy en día; digamos que no había espontaneidad emotiva. Sheehan menciona que, "The practical aim of the studio photographer was thus to produce a 'smiling picture,' which described both a highly conventional facial aesthetic and a mode of representation that equated affect with material effect" (128). La tipificación visual de la felicidad termina siendo una forma de opresión social ya que se persigue un ideal a costa de la realidad. Sheehan menciona cómo la fotografía termina adoptando las reglas sociales y de género y la conformación de un cuerpo socialmente respetable, por ejemplo, "the

---

"is this element which rises from the scene, shoots out of it like an arrow, and pierces me" (26).

[33] Este tipo de sorpresas, Barthes la define como *numen*, es decir un gesto que sucede en el acto. Con Lestido, al esperar unos momentos logra la sorpresa por medio de un acto de suerte o lo que Barthes llamas *trouvaille* (34).

toothy smile—came to be regarded as aesthetically and socially transgressive in early photographic culture, finding its way most readily onto the faces of subjects situated on the fringes of society by virtue of their age, mental and moral state, class status, or racial identity" (130). Antiguamente, se manipulaba a los sujetos para proyectar estas poses sociales. Sheehan menciona el uso de "happy objects" para provocar el efecto afectivo correcto del sujeto fotografiado. Esto lo podemos conectar directamente con el simulacro al que se refiere Barthes. En sus inicios era el fotógrafo quien manipulaba la pose, pero en la actualidad es el mismo sujeto quién busca proyectar el cuerpo ideal. La pose que como sujetos adquirimos ante la cámara es resultado de la imposición social ante una moral, clase social, raza y género. Asimismo, Trachtenberg se pregunta "What is a code but an act of coercion, an expectation that young women look like this and play this or that role?" (2). Considero que la forma en que Lestido juega con la afectividad del espectador recae justamente en la asignación de la madre como un objeto afectivo. Al concepto de maternidad se le atribuye una estética afectiva, misma que está hegemónicamente controlada por constructos sociales que visualizan este afecto y que además producen un efecto específico en el espectador. La madre termina cosificada y se vuelve un "happy object" para el espectador. Sara Ahmed agrega que, "happiness functions as a promise that directs you toward certain objects, as if they provide you with the necessary ingredients for a good life" (54). En este caso, la madre como un objeto que nos vincula a una estabilidad emocional y a una seguridad. Por consiguiente, la afectividad que le damos a la figura materna se convierte en una herramienta social de medición, en específico, en relación a la felicidad. Y aunque la medición de la felicidad recaiga en un modelo específico de subjetividad, relacionamos a la madre con esa estabilidad emocional. Lestido transgrede esta conexión, al presentar una madre por fuera de la estética de felicidad que usualmente se le atribuye.

En *Madres e hijas* (2003), las imágenes están construidas a partir de la transgresión estética del retrato familiar tanto por la exhibición del espacio privado como el baño como por el desnudo y el gesto de la madre. Ya habíamos mencionado cómo en el retrato familiar se busca proyectar un estado de felicidad. Recordemos que Betty Friedan menciona en *The Feminine Mystique* al ama de casa y su sonrisa como una fantasía pública. Asimismo, Ahmed reitera que en la figura de la mujer recae este peso simbólico, "it is women's duty to keep happiness in house. The good woman is good in part because of what she judges to be good, and hence how she aligns her happiness with the happiness of others" (55). Asimismo, considera que la felicidad está asociada al progreso y por lo tanto se vuelve una herramienta de evaluación sobre lo que es bueno, "which means we can measure happiness because we can measure how good people feel" (5). Cabe destacar, que al cosificar a la madre como escala de medición para la felicidad se refiere más al deseo que tiene el espectador respecto a esa felicidad, es una proyección de sí mismo. Es por esto, que cuando el espectador se enfrenta a las imágenes de Lestido hay un contrachoque ideológico. Particularmente, quiero hablar sobre una de las fotografías de Violeta y Eugenia al momento del baño. En la Figura 8, vemos un encuadre bastante arriesgado donde el foco se centra en el área genital de la niña (para ojos conservadores podría ser incluso una foto pornográfica). En esta fotografía tenemos una doble lectura, el espectador puede enfocarse enteramente en el desnudo con lo que se produciría un shock fotográfico y un cuestionamiento moral. Bajo este criterio, no consideramos que exista un *punctum* en la fotografía ya que la lectura es muy literal. Barthes se refiere al *punctum* como "this element which rises from the scene, shoots out of it like an arrow, and pierces me" (26). La fotografía produce en primera instancia un shock por la franqueza del cuerpo desnudo. Sin embargo, al leer el cuerpo del sujeto podemos ver la resistencia de la niña al baño. La foto se centra en el cuerpo de la niña a punto de caer a la tina. De la madre, sólo vemos las manos que toman los brazos de la hija mientras la deja caer al agua. Aquí, Lestido juega con la afectividad del espectador, ya sea que el shock se produce, ya sea, por la exhibición del cuerpo infantil o por la aparente agresividad por parte de la madre al arrojar a su hija a la bañera. De cualquier forma, produce en el espectador un cuestionamiento. Un malestar que persiste después de haber observa-do la fotografía. Nunca estaremos seguros si el acto fue de agresividad o es simplemente un juego, la simulación de dejarla caer como parte de la dinámica del baño. Pero como espectadores no tenemos la certeza de nada ya que ni siquiera podemos observar las expresiones faciales de las sujetos, por lo que no tenemos ninguna información visual que nos ayude a determinar si es un acto de felicidad o no. Cuando Eugenia deja caer a la niña en la tina, vemos un acto de la vida diaria, simplemente el momento del baño. Es en la mente del espectador donde recae la responsabilidad de aportar nuevos elementos a la imagen, por ejemplo, el sonido de la risa durante este acto. Sin embargo, el momento está congelado en esa imagen que calificamos como poco materna.

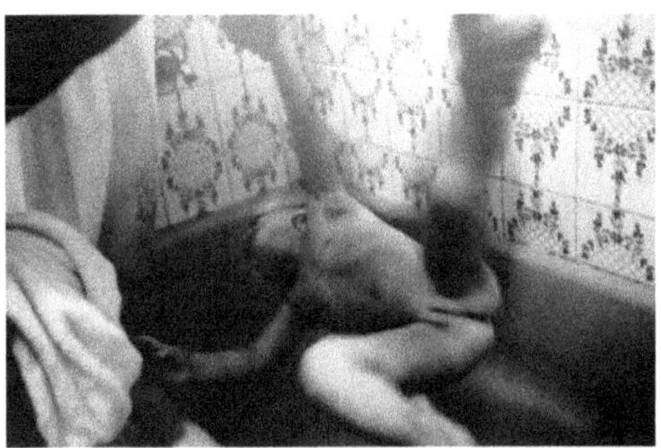

Figura 8

En este tipo de fotografías es donde vemos la focalización propia de Lestido, donde la madre no es el arquetipo social preconcebido, no es esa mujer sacrificada por sus hijos o de naturaleza tierna, sino que vemos a una mujer que proyecta los efectos de "the invisible violence of the institution of motherwood". Joan Roughgarden, en su libro *Evolution´s Rainbow* asegura que la formación de estereotipos sexuales y la expresión de género se han definido a partir de la teoría de selección darwinista, "this theory preaches that males and females obey certain universal templates –the passionate male and the coy female– and that deviations from this templates are anomalies" (3). Son este tipo de gestos, de disgustos los que producen shock al espectador porque rompen con el ideal típico de la madre y del retrato familiar. Foster comenta sobre esto que, "It is not that her approach to the subject is demythificational or denunciatory. Rather, it is unwavering and profoundly honest in portraying the physical and emotional interactions between mothers and daughters of widely varying ages, including in some significant cases the lack of physical and emotional interaction". La ausencia del hombre en el trabajo de Lestido nos permite observar una dinámica social construida por la convivencia de un solo género. Esta ausencia tiene dos ejes: la reivindicación de la mujer como centro fuera del discurso patriarcal y la reinvención de la vida a pesar de la ausencia y la separación. "Se dice que yo fotografío mujeres. Y es verdad. Pero no es que mire mujeres por cuestión de género. Mi impulso viene de otro lado [...] lo que está por detrás es la ausencia del hombre", dice Lestido en 2013 para el periódico *El País*.

Otra constante en el trabajo de Lestido que rompe con la convencionalidad del retrato de familia sería el uso del desenfoque. Este juega con la dramatización y es una reiteración del testimonio, es decir, que no está planeado, no hay pose, no hay artificialidad. Asimismo, el movimiento en varias fotografías enfatiza el momento, es decir, la rapidez con que se tomó la fotografía. Incluso podemos pensar que la fotógrafa no tiene siquiera tiempo de poder interpretar la realidad a partir del encuadre, el foco, la luz; de ahí que digamos que no está buscando deliberadamente la sorpresa en el sujeto. Y si a esto le agregamos que las imágenes siempre son en blanco y negro, en cierto sentido, podríamos pensar que la ausencia de tonos funciona para focalizar al espectador en la imagen en sí. Así como la reiteración de una lente de corte documentalista e incluso antropológica. Cabe destacar que, Sara Facio en la introducción del ensayo menciona que las fotografías son carentes de matices grises (10). En una plática virtual dentro del programa de Doctorado en Español de ASU (Arizona State University) en 2016, Lestido comentó sobre la ausencia de color como una necesidad expresiva, "siento que mis imágenes encuentran mejor forma en blanco y negro, es más medular, más cruda [...] me interesa la imagen más allá del color". Su elección me hace pensar en la fotografía como testimonio; sin color no hay distracciones visuales y podemos centrarnos en las sujetos y la interacción entre ellas.

Conclusión: la ausencia como poética visual

Resulta importante destacar que la ausencia y la separación son temáticas recurrentes en la poética visual de la fotógrafa argentina. En su trabajo más reciente, vemos esa ausencia reflejada en el paisaje. Por ejemplo, observamos la presencia del humano como una fuerza destructiva y de desolación al retratar la deforestación en *México* (2010). Mientras que, en *Antártida negra* (2012) muestra un espacio sin nieve, ambos reiterando su crítica al sistema patriarcal a través del ecofeminismo visual. Aquí, vuelve a jugar con la afectividad del espectador, sobre todo con la concepción que tenemos sobre el espacio natural. Así como a la figura de la madre la relacionamos con la felicidad, en la Antártida preconcibimos ese espacio natural con el color blanco y el frío. En sí, las imágenes de este ensayo recaen en la explotación del color negro y justo enfrenta al espectador a romper con sus paradigmas sociales. Esta trangresión afectiva en el espectador, Lestido la construye a partir de la ausencia del hombre, ya sea el del espacio natural o el de la familia. Particularmente, en *Madres e hijas* (2003) nos presenta un panorama más crudo u honesto de una familia de sólo dos miembros femeninos, donde se crea un nuevo diálogo que sólo se puede dar en este espacio homosocial de solidaridad. Es precisamente, en este estado de sororidad/hermandad (como lo denomina Foster, de "sisterhood") que se desnaturaliza al género desde una perspectiva normativa. Judith Butler menciona que "desnaturalizar al género tiene su origen en el deseo intenso de contrarrestar la violencia normativa que conllevan las morfologías ideales del sexo, así como eliminar las suposiciones dominantes acerca de la heterosexualidad natural o presunta que se basan en los discursos ordinarios y académicos sobre la sexualidad" (24). Las dinámicas de poder en estas familias, no están delimitadas por el binomio de padre-madre y de ahí se deriva la relación padres-hijos, sino que pasa directamente al de madre-hija y es entonces que pensamos en la ausencia de la ley paterna. En una familia heteronormativa donde la presencia del padre es el eje, no podemos imaginar a madres e hijas en ropa interior por fuera de los espacios de intimidad de la casa como la cocina. En *Madre e hijas*

(2003) vemos constantemente el desnudo como parte del diálogo familiar. Si partimos del hecho de que la ley paterna limita la líbido, de acuerdo con Butler, esta ley rechaza la relación primaria con el cuerpo materno, tal y como lo vemos expresado en las fotografías de Lestido. Para estas mujeres la relación cuerpo a cuerpo durante el baño o en espacios comunes como la cocina no es más que parte de la rutina diaria, es la formación de su propio discurso femenino a partir de la ausencia de una fuerza masculina que limite su expresión. Butler y Kristeva llaman este discurso como la función poética, ya que se desdobla y produce una multiplicidad en la expresión de la performatividad del género. Así como el desnudo funciona como expresión de lo poético, el gesto (en este caso de disgusto) también funciona así. El ideal familiar—el de la madre tierna— está delimitado por la ley paterna, en estas familias homosociales no existe. Asimismo, Foster concluye que en este ensayo fotográfico vemos "female homosocial binding, *sisterhood* is more likely to function as a form of defen-se against the patriarchy, with or without a component of defense against the heteronormativity of the patriarchy" (101). En *Madres e hijas* (2003), no podemos ver el trasfondo del porqué de su funcionalidad como familias monoparentales, sabemos que existe una ausencia y esta es suficiente para poder construir lazos donde la hermandad entre mujeres sugiere, como Adrienne Rich menciona, una sociedad lésbica que no necesariamente conlleva un homoerotismo.

Las imágenes de Lestido nos dejan un malestar—un *punctum*—que nos hace cuestionar el concepto típico de familia. Ya no podemos pensar en un ideal de la madre, más que como un recordatorio social o un anhelo (aún para algunos). Para Argentina la herida que dejó la dictadura cívico-militar de 1976, aún persiste sin cicatrizar. El "proceso de reorganización nacional" se realizó a partir del terrorismo de Estado y las nuevas políticas eran el silencio o la desaparición por medio de secuestros, la muerte y la apropiación sistemática de recién nacidos. Cada ausencia marcó la fragmentación social, la de la memoria colectiva e individual, pero también provocó la transformación de la familia argentina. Las desapariciones forzadas que dejó un saldo de entre 10 mil y 30 mil ausencias, reorganizó los espacios familiares, y de la familia extensa se pasa a la familia mono-parental. Lestido, forma parte de esta generación (hoy tienen entre 40 y 55 años) y aunque no voy a ahondar en su experiencia de vida como un motivo de su fotografía—aunque pueda serlo—quiero resaltar que su fotografía de mujeres no sólo retrata una nueva visión de la sociedad argentina, sino que otorga una voz al otro, al otro/otra que ha sido acallado por varios siglos y que en la época de la dictadura se le sumaron otros silencios también. *Madres e hijas* (2003) nos muestra una narrativa poética de los espacios homosociales como una reestructuración del discurso dominante en pro de la heterogeneidad del ser humano.

Bibliografía

Ahmed, Sara. *The Promise of Happiness.* Durham, NC: Duke University Press, 2010. Project Muse.

Barros, Mercedes María. *El silencio bajo la última dictadura militar en la Argentina.* Argentina: Universidad Essex, 2009. Impreso.

Barthes, Roland. *Camera Lucida.* Estados Unidos: The Nnoonday Press, 1993. Impreso.

Blaffer Hrdy, Sarah. *Mother nature.* Estados Unidos: Pantheon, 2010. Impreso.

Butler, Judith. *Gender Trouble.* Estados Unidos: Routdledge, 1990. Impreso.

Foucault, Michel. *Historia de la sexualidad.* México: Siglo XXI, 2007. Impreso.

Guerreiro, Leila. "Maneras de ver lo que no está". *El País.* Web. 11 de mayo de 2013. <http://www.adrianalestido.com.ar/es/nota maneras de ver leila guerriero.php?desde=notas>

Davidov, Judith. *Women's Camera Work.* Estados Unidos: Duke University Press, 1998. Impreso.

Foster, David W. *Urban Photography in Argentina.* Estados Unidos: McFarland, 2007. Impreso.

Grasso, Agustina. "'Madre e hija', la historia de la foto símbolo de una resistencia". Perfil. Web. 3 de feb. 2024. <https://www.perfil.com/noticias/elobservador/madre-e-hija-la-historia-de-la-foto-simbolo-de-una-resistencia-0326-0028.phtml>.

Lestido, Adriana. *Madres e hijas.* Argentina: La azotea, 2003. Impreso.

Adriana Lestido. adrianalestido.com.ar. Web. 20 de abril 2024. <http://www.adrianalestido.com.ar/es/index.php>.

Martínez Rodríguez, Pamela. "Poetics of Living Shared Spaces in the Series of Photographs "Madres e Hijas" By Adriana Lestido". BRAC -Barcelona, Research, Art, Creation. 11.2 (2023): 267-296. Researchgate. Web. 10 de en. 2024.

Miranda, Marisa Adriana; Bargas, María Luján "Mujer y maternidad: entre el rol sexual y el deber social (Argentina, 1920-1945)". 17.2 (2011): 75-101. Universidade Federal de Juiz de Fora; Locus: Revista de Historia. Conicet. Web. 12 de nov. 2023.

Rose, Gillian. *Doing family photography, the domestic, the public and the politics of sentiment.* Inglaterra: ASHGATE, 2010. Impreso.

Roughgarden, Joan. *Evolution´s Rainbow: diversity, gender, and sexuality in nature and people.* Estados Unidos e Inglaterra: University of California Press, 2004. Impreso.

Sheenah, Tanya. "Looking Pleasant, Feeling White" in *Feeling Photography*, edited by Elspeth H. Brown, and Thy Phu, Duke University Press, 2014. Archivo PDF.

Gregg, Melissa y Gregory J. Seigworth, eds. *The Affect Theory Reader.* Duke University Press, 2010. ProQuest Ebook Central.

Trachtenberg, Alan. "Lincoln's Smile: Ambiguities of the Face in Photography." *Social Research.* 67.1 (2000): 1–23. Archivo PDF.

Ceguera y simulación en el fotolibro *Magna* (2024) de Ana Alesanco

Edurne Beltrán de Heredia Carmona
Coastal Carolina University

Se tiende a pensar que hay muchas cosas difíciles de hacer sin ver, pero eso es porque no se nos ocurre hacerlo de otra forma.
Magna (2024)

Introducción

El presente ensayo propone un análisis de la reconceptualización de la condición de ceguera a través de una nueva técnica fotográfica que simula la percepción visual desde una perspectiva feminista y de exclusión. El fotolibro *Magna* (2024) es el primer trabajo fotográfico de Ana Alesanco publicado como volumen que incluye imagen y texto. La obra da nombre a la discapacidad visual que tiene la protagonista de esta obra y madre de la autora, Mª Pilar Moncayo Gil. Es de suma relevancia aclarar que existen diferentes tipos de ceguera que difieren de la concepción estereotípica de pensar que las personas invidentes perciben su entorno con total oscuridad. Este ensayo propone romper con dicha conceptualidad para analizar cómo la fotografía favorece una reconstrucción de la identidad como mujer ciega en el personaje principal.

La protagonista padece de una alta miopía llamada magna a la que se le añade un desprendimiento de retina, y por consiguiente solo es capaz de ver ciertas manchas rojas y un gran nivel de borrosidad.[34] A través de

[34] Según la definición que ofrece la Asociación de Miopía Magna con Retinopatías (AMIRES) en su enlace virtual: "La Miopía Magna es aquella que supera las 6 dioptrías y es producida por una elongación excesiva del globo ocular (superior a 26-28mm) que da lugar a anomalías en todas las estructuras oculares, incluida la retina. Se inicia en la infancia y suele estabilizarse al final de la adolescencia. Puede suceder que este aumento del globo ocular asociado siga progresando en la vida adulta, y por tanto la miopía siga creciendo, aumentando el factor de riesgo de padecer graves patologías oculares que

diversas fotografías que pertenecen a un gran abanico de orígenes y procedencias como álbumes familiares, fotografía de estudio contemporánea, e imágenes creadas según la percepción de la autora, *Magna* (2024) es un recorrido por la vida de la madre de la autora cuya condición como invidente le ha presentado obstáculos en su vida diaria y exclusión social.

La obra consta de dos hilos argumentativo que se interconectan a través de la narración y las imágenes. Las primeras vivencias durante la etapa escolar de Mª Pilar son memorias ligadas a sentimientos de marginalización y sufrimiento como consecuencia de la falta de diagnóstico en las habilidades de visión de la protagonista. *Magna* (2024) está compuesta de tres partes claramente señaladas, la primera, "Yo quería aprender", es una narración de la infancia y juventud de la protagonista de esta obra, Mª Pilar, y se cuentan anécdotas de las diferentes dificultades que vivió durante los años de aprendizaje y formación. La exclusión social comienza incluso antes de recibir un diagnóstico, ya que por ejemplo es forzada a tener que sentarse cerca de la pizarra de clase y alejada del resto de compañeros cuando no consigue leer la pizarra durante la lección de clase, siendo esta una de las primeras experiencias como persona excluida por falta de accesibilidad e igualdad. A medida que avanza la obra, Alesanco narra mantiene el eje principal narrativo en detallar las diversas experiencias de exclusión que vive su madre durante las diferentes etapas hasta la edad adulta. Es en la segunda parte del libro, titulada "Ningún padre viene con manual" donde la autora pasa a ser personaje de la historia y de forma paralela narra su propia biografía como hija de padres ciegos. Por una parte, Alesanco es parte de la historia al centrar su rol dentro de la vida de padres ciegos, y por otro lado narra su testimonio al reflexionar sobre la discriminación que han sufrido sus padres y que ella ha presenciado siendo su hija. Ambos recorridos situarían *Magna* (2024) dentro del género *bildungsroman* ya que la temática comienza desde el aprendizaje en los años primarios, pasando por la etapa de descubrimiento para finalmente concluir en la etapa de perfeccionamiento. De este modo, en la tercera parte

pueden acabar en una discapacidad visual o incluso ceguera. A esta miopía que se complica con la edad se la denomina miopía degenerativa. La Miopía Magna afecta actualmente alrededor de un 2% de la población".

del libro, "Que seamos ciegos no quiere decir que no hagamos fotos", los dos personajes interactúan con el arte y la fotografía, así como también se describe la vida actual de Mª Pilar que ha aprendido a manejar con tecnologías y actividades adaptadas a sus necesidades personales. Así mismo, Alesanco narra su percepción actual de la falta de accesibilidad y conciencia sobre la ceguera que existe en la sociedad, impresiones que comparte al reflexionar sobre el transcurso de su vida como hija de padres invidentes.

La obra narrativa está acompañada en todo momento por imágenes fotográficas que Alesanco ha rescatado de álbumes y archivos familiares. La galería fotográfica de la que se compone *Magna* (2024) está cuidadosamente seleccionada para mostrar por un lado la forma en que dos personas invidentes, los padres de Alesanco, interactúan y disfrutan de la fotografía. Aunque la discapacidad visual no permite que ellos puedan ser partícipes del mundo fotográfico como la mayoría de la sociedad vidente pudiera hacerlo para inmortalizar momentos hermosos y ser estos conservados en el futuro, Alesanco desconstruye esta percepción asumida globalmente y redefinir el data la definición que tiene la fotografía en la vida de sus padres invidentes. El tema principal de estas fotografías se centra en la vida familiar de la autora, Ana Alesanco, su hermana Alicia y otros familiares en eventos, excursiones y celebraciones durante la infancia y adolescencia de ambas, situando estos años a finales de la década de 1990 y comienzos del 2000. Un lector vidente de *Magna* (2024) puede apreciar que la mayoría de las fotografías de la obra tienen ciertas imperfecciones como desenfoques, luz o sombras que contrastan e impiden una clara apreciación del contenido, o imágenes cuya distancia entre el sujeto a fotografiar y la cámara fotográfica impiden retratar una panorámica acertada. Más adelante en este ensayo se analizará el origen y la funcionalidad de estas fotografías.

Reconceptualizando la definición de ceguera

De acuerdo con la Organización Nacional de Ciegos de España (ONCE), hablar de ceguera se entiende generalmente por unas condiciones caracterizadas por una limitación total o muy seria de la función visual.

La misma organización en su enlace virtual hace también distinción entre la deficiencia visual y o la discapacidad visual, así como detalla diferentes categorías dentro de lo que engloba la ceguera, como por ejemplo la ceguera total o parcial, y las causas por diversas enfermedades que son causantes de esta condición. La ONCE afirma que hay aproximadamente 72.000 personas ciegas registradas de forma oficial en su organización en España. No obstante, existen aún prejuicios sobre las capacidades o habilidades de las personas de esta comunidad en España, siendo esta situación un reflejo del desconocimiento y la falta de inclusión en la que navegan las personas ciegas en la sociedad.

El enlace virtual de la ONCE detalla que las personas con ceguera total son aquellas que no ven nada en absoluto, mientras que por el contrario las personas con deficiencia visual son aquellas que con una corrección o adaptación podrían ver parcialmente o distinguir objetos a una distancia corta. Señalar esta distinción es de suma importancia debido a la extendida suposición y falsa creencia de que todas las personas ciegas carecen de visión y solo perciben su entorno con una visión que no distingue nada y divisa total oscuridad. Cabe destacar, además, que la ceguera en las personas ocurre por diversos motivos que difieren de la popular creencia de que todas las personas ciegas han nacido de este modo. Estas falsas creencias y prejuicios populares desfavorecen la percepción social y en consecuencia la integración de la comunidad ciega en la sociedad, siendo estas limitaciones un gran impedimento para que la comunidad pueda ser reconocida por la circunstancia individual y característica individual de cada miembro que la componen. En este hilo, la ONCE también clasifica en su página virtual las principales causas de los motivos de la condición de la ceguera, como son diversas enfermedades como la diabetes, o las afecciones oculares como el glaucoma, las cataratas o la degeneración macular.

El desconocimiento de esta especificidad causal es de particular preocupación para la ONCE cuya labor se enfoca también en promover educación y conocimiento sobre esta condición. En este sentido destacan también numerosas iniciativas e impulsos por mejorar la inclusividad y la accesibilidad de la comunidad ciega en la sociedad, circunstancias que continúan en aumento con el paso del tiempo. Algunos ejemplos incluyen la tiflotecnología que engloba el conjunto de técnicas, conocimientos y recursos que facilitan el acceso al uso de la tecnología en su conjunto, tanto para mejorar la accesibilidad de las actividades diarias como para el disfrute del ocio. Otras iniciativas de la ONCE incluyen el apoyo hacia el acceso a una educación académica más inclusiva y a ciertas actividades de ocio a través de adaptaciones tecnológicas y acompañamiento personalizado. (ONCE, virtual)

A pesar de estos esfuerzos por una inclusión más positiva de la comunidad ciega en España y del intento de crear espacios accesibles para esta comunidad, existe un gran contraste con las dificultades a las que se enfrentan en la vida diaria. Algunos de estos obstáculos nacen de la falta de accesibilidad para una movilidad satisfactoria dentro de los espacios sociales a nivel de calle como la ausencia de rampas, ascensores o semáforos inteligentes que permitan una circulación más segura. Además, la ausencia de recursos que faciliten la adquisición de información a lectura en *braille* o con tecnología que favorezca la lectura de textos escritos dificulta la capacidad en el sistema educativo e informativo de la comunidad. Estas limitaciones obstaculizan la vida diaria de esta comunidad que conlleva al aislamiento social, así como también complica que el resto de la sociedad alcance un conocimiento óptimo de esta condición.

La obra de Alesanco trata no solo de dar a conocer la vida de personas ciegas en la España contemporánea, sino que también ofrece una perspectiva emocional de lo que supone vivir en una sociedad que no está totalmente preparada con la adaptabilidad necesaria para que esta comunidad ejerza su vida diaria satisfactoriamente. Alesanco rechaza el extendido estereotipo de un único tipo de ceguera en donde solo se percibe oscuridad total y pasa a visibilizar los distintos tipos de ceguera a través de las experiencias de sus padres, ambos ciegos, pero cuya respectiva condición de ceguera varía completamente entre sí.

La dicotomía entre discapacidad adquirida y discapacidad desarrollada a lo largo de la vida ofrece una perspectiva valiosa sobre cómo las personas con discapacidad perciben su identidad y actúan en la sociedad.

La discapacidad adquirida, generalmente asociada a un accidente o enfermedad que ocurre en la adultez, conlleva una experiencia de pérdida y adaptación. En cambio, quienes nacen con una discapacidad suelen tener una relación más integrada con su identidad, ya que la discapacidad forma parte de su ser desde siempre. como señala Tom Shakespeare tienden a vivir una normalización de su condición, creando una relación más fluida con su entorno, aunque igualmente deben lidiar con la estigmatización social.

> Disability is not simply a biological or medical condition; it is also a social, political, and cultural construct. People with disabilities often find themselves at odds with the way society defines what is 'normal,' and this experience is different for those who acquire disabilities later in life compared to those who are born with them (Shakespeare 42)

Este concepto se ejemplifica con el caso del padre de Alesanco que padece ceguera de nacimiento y siempre ha sabido cómo desenvolverse y realizar sus actividades diarias con la única condición visual que ha conocido desde su nacimiento. Además, en su infancia aprendió a leer braille y a identificar objetos cotidianos como billetes o monedas, así como a utilizar otros sentidos sensoriales como el oído o el tacto para percibir su entorno. Por el contrario, según Rosemarie Garland-Thomson explica que las personas con discapacidad adquirida enfrentan un proceso de "reconstrucción de identidad", pues deben redefinir su cuerpo y su rol en la sociedad tras la alteración de sus capacidades. Esto genera un choque emocional, que a menudo incluye duelo y negación:

> The presence of the disabled body interrupts the flow of the normative body; it exposes the assumptions we make about the body, gender, ability, and identity. For individuals who acquire disability later in life, this interruption is a sudden, often traumatic transformation, while for

> those born with disabilities, it is a slower, more integrated process (Garland-Thomson, 128)

En este sentido, la madre de Alesanco pasó por el duelo que describe Garland-Thomson ya que aprendió primero a manejarse con la visión limitada con la que nació y creció de niña, pero al alcanzar su edad adulta se ve obligada a volver a aprender a hacer las actividades diarias al perder gran parte de la visión debido a la miopía magna y al desprendimiento de retina que sufre.

Tanya Titchkosky argumenta que la sociedad percibe de manera diferente a quienes nacen con discapacidad frente a quienes la adquieren, otorgando más simpatía y recursos a estos últimos debido al "mito de la tragedia". Esta diferencia en la percepción social puede influir en la autoestima y en las oportunidades de integración de ambos grupos.

> When people with acquired disabilities are confronted with their new reality, they often have to navigate a world that has already defined them as 'other.' The societal view of disability is colored by a sense of pity and loss, which is more readily applied to those who acquire their disability than to those who have lived with it from birth. (Titchkosky 56)

En ambos casos, la barrieras sociales y la discriminación afectan profundamente la inclusión de las personas con discapacidad, independientemente de cómo hayan llegado a vivirla. La comprensión de esta dicotomía permite desarrollar políticas y apoyos más inclusivos que reconozcan estas experiencias diversas.

En la misma línea, Alesanco enfatiza que la falta de accesibilidad de la comunidad ciega se asocia con un error en la representación de esta. En la segunda parte de la obra, la autora logroñesa reflexiona sobre el espacio que ocupan las discapacidades en la sociedad, a lo que concluye con la idea de que el mundo solo está construido para quienes no tienen ningún tipo de capacidad. En este sentido, culpa a la sociedad de un gran silencio que refleja la falta de conocimiento sobre cómo hablar o definir la discapacidad, considerándolo incluso como un tema tabú (110). Alesanco invita a una desdramatización de la discapacidad, rechazando terminología como "inválido, minusválido o disminuido" que considera capacitistas, mientras que para ella el término "discapacidad" sugiere una visión realista y sin ofensa, según su perspectiva (113). La autora considera que este debate influye en la percepción que tiene la sociedad sobre la ceguera y de este modo influye en la falta de inclusión de las personas que la padecen.

Relación fotografía-ceguera

La relación entre la fotografía y la ceguera ha sido objeto de estudio en diversas disciplinas, desde la filosofía y la teoría de los medios hasta los estudios de discapacidad. La fotografía, como medio visual por excelencia, depende de la captura de la luz y la representación de lo visible, mientras que la ceguera, como condición, se asocia a la incapacidad de percibir esa luz de manera directa. Esta contradicción fundamental ha generado un campo fértil para reflexionar sobre los límites de la percepción, el acceso a la realidad y las formas en que los medios visuales pueden representar lo que no se puede ver.

Desde los primeros días de la fotografía, los fotógrafos y pensadores han tenido que enfrentarse a la cuestión de la representación de lo invisible. A medida que la fotografía se consolidaba como una forma de conocer y documentar el mundo, surgieron preguntas sobre cómo los ciegos, o aquellos con diferentes formas de percepción visual, podían relacionarse con esta nueva tecnología. Aunque tradicionalmente la fotografía ha sido considerada una herramienta casi en exclusiva para los videntes, en las últimas década los estudios de discapacidad y los movimientos de integración social han cuestionado esta visión para así repensar cómo los ciegos pueden acceder, interactuar y representarse a través de la fotografía.[35]

[35] En este hilo, debe destacarse que el campo de la fotografía creada por autores ciegos es más popular en el panorama estadounidense. Es el caso del fotógrafo Pete Eckert que tras perder su visión a raíz de una enfermedad llamada retinitis pigmentosa

La ceguera, en este contexto, no solo se entiende como una ausencia de visión, sino también como una alteración de las formas tradicionales de percepción del mundo. Desde esta perspectiva, la ceguera puede abrir nuevas formas de relación con el mundo, no a través de los ojos, sino a través de otros sentidos, como el tacto, el oído, y el olfato, lo que plantea preguntas acerca de la naturaleza de la representación visual en su conjunto. Por tanto, la fotografía, al igual que otros medios visuales, está vinculada a cuestiones de poder, acceso, y subjetividad, particularmente cuando se considera la ceguera como una forma legítima de experiencia y conocimiento.

En el contexto del mundo hispanohablante, la reflexión sobre la ceguera y la fotografía ha estado influenciada por los debates más amplios sobre discapacidad, accesibilidad y los derechos de las personas con discapacidades. En América Latina y España, los estudios sobre discapacidad han ido ganando visibilidad en las últimas décadas, con un creciente interés por cuestionar las representaciones de la discapacidad en los medios y la cultura. En este sentido, la fotografía como medio de expresión cultural no ha estado exenta de estas interrogantes.

La fotografía social y documental, en particular, ha sido una herramienta clave en la representación de la vida de las personas con discapacidad en el mundo hispanohablante. A través de la fotografía, muchos artistas y activistas han intentado visibilizar las experiencias de los ciegos, no solo como sujetos de compasión o lástima, sino como individuos con una identidad compleja y multifacética. Las imágenes fotográficas pueden ayudar a desafiar los estereotipos comunes sobre la discapacidad, mostrando a las personas ciegas en una variedad de contextos y roles, lejos de

continuó con su pasión por la fotografía al desarrollar un estilo único en el que utiliza el sentido del oído, tacto y memoria sensorial para componer sus imágenes. Por su parte, el fotógrafo Tommy Edison nació ciego y al no tener conexión alguna con la visión aborda la fotografía de manera diferente para componer imágenes a través de tecnología asistida y de su sentido del oído. La fotógrafa Diane Scharf, por su parte, se enfoca en los detalles táctiles y en el sonido que la rodean para obtener una experiencia sensorial y emocional con su entorno y así producir su trabajo fotográfico. Por su parte, el español José P. Jiménez realiza su trabajo fotográfico a través de una experiencia multisensorial que alcanza al utilizar unutiliza un dispositivo de navegación ultrasónica como ayuda para situarse en un espacio.

las representaciones reduccionistas que a menudo se encuentran en los medios de comunicación tradicionales.

Mujer y ciega: una doble mirada

Los estudios de discapacidad en la literatura y la cultura, conocidos como *disability studies*, son una disciplina interdisciplinaria que analiza la representación y la experiencia de la discapacidad desde una perspectiva crítica, social y cultural. En lugar de considerar la discapacidad como una deficiencia individual o una limitación biológica, estos estudios destacan su carácter socialmente construido, argumentando que la discapacidad es una categoría de diferencia que refleja estructuras de poder, normatividad y exclusión. En este sentido, los estudios de discapacidad buscan despatologizar las condiciones que se consideran "anormales" y desafiar la visión que las percibe como un problema a ser solucionado. La discapacidad se presenta de este modo como parte de la diversidad humana, más que una anomalía que debe ser curada o corregida.

En este marco, la literatura y el arte desempeñan un papel crucial, pues son herramientas que moldean y reflejan cómo se perciben las personas con discapacidad en la sociedad. En el ámbito hispanoamericano, los estudios de discapacidad también se enfocan en cómo las narrativas culturales y políticas sobre la discapacidad están influenciadas por factores históricos, sociales y económicos, como los legados coloniales, la pobreza y las políticas de salud pública. Autores clave en el campo de los estudios de discapacidad incluyen a Michel Foucault, cuyas teorías sobre la disciplina y el control social influyen en el entendimiento de cómo se ha marginalizado a las personas con discapacidades a lo largo de la historia, y a Rosemarie Garland-Thomson, quien ha sido fundamental en la creación de un marco teórico para entender la "visibilidad" de las personas discapacitadas y cómo su representación en los medios culturales construye identidades sociales.

Dentro de los estudios de discapacidad, uno de los temas más explorados ha sido la ceguera, dada su carga simbólica y cultural. La ceguera ha sido históricamente representada de maneras muy diversas en la literatura, el cine y el arte, y se asocia tanto con la limitación como con la trascendencia. Esta condición ha sido vista como una metáfora de la ignorancia o el conocimiento incompleto, pero también se le ha vinculado a la intuición, la sabiduría o el misticismo. En la literatura, la ceguera a menudo se usa como un símbolo de limitación en el acceso a la realidad física, mientras que a nivel simbólico puede estar asociada con una forma diferente o "más profunda" de conocimiento.

Los estudios feministas sobre la discapacidad han explorado cómo las personas con discapacidades, y particularmente las mujeres con discapacidades como la ceguera, experimentan una intersección compleja de opresiones sociales. Autoras como Rosemarie Garland-Thomson y Lennard J. Davis han argumentado que la experiencia de ser mujer y ser ciega no es simplemente una combinación de dos identidades separadas (ser mujer y ser ciega), sino que es un fenómeno social único, marcado por la intersección de género, discapacidad y, a menudo, raza. Estas autoras muestran cómo las estructuras de poder y las normas sociales vinculadas a la discapacidad y al género crean experiencias de opresión particulares que no se pueden entender por separado.

Rosemarie Garland-Thomson, una de las principales voces en los estudios de discapacidad feminista, ha abordado cómo las mujeres con discapacidades, incluidas las mujeres ciegas, son vistas y tratadas de manera diferente debido a la intersección de su identidad de género y su discapacidad. En su libro *Extraordinary Bodies* (1997), Garland-Thomson explica cómo las mujeres con discapacidad se encuentran en una posición de doble opresión: por un lado, enfrentan las expectativas sociales del giro patriarcal, que define la feminidad en términos de belleza, vulnerabilidad, y dependencias de tipo físico; y por otro, la sociedad las ve como "defectuosas" o "completamente incapaces" debido a su discapacidad. En su análisis de la ceguera como parte de la discapacidad, Garland-Thomson señala que el hecho de ser mujer y ciega crea un espacio único de marginalización, ya que la ceguera en una mujer se percibe no solo como una limitación sensorial, sino también como una transgresión de las expectativas de feminidad que sugiere dependencia, fragilidad y una forma de invisibilidad. La mujer ciega, entonces, no solo es ignorada por su discapacidad, sino también hipersexualizada o reducida a un objeto de compasión o lastima en lugar de ser vista como un sujeto pleno con agencia.

> Las mujeres con discapacidad son vistas desde una doble mirada: la mirada de la víctima que necesita ser cuidada y la mirada de la mujer que es incompleta por naturaleza. La mujer con discapacidad, y en particular la mujer ciega, no encaja en los moldes establecidos de belleza, cuidado y feminidad. (Garland-Thomson 123)

Para Garland-Thomson, la discapacidad no se experimenta de la misma manera por hombres y mujeres. Las mujeres con discapacidad, como las ciegas, son objeto de una doble mirada, que las reduce tanto a su condición física como a los prejuicios de género sobre lo que significa ser mujer. Este enfoque subraya que las mujeres ciegas se enfrentan a barreras sociales que no solo están relacionadas con la discapacidad, sino también con los estereotipos de género que las convierten en "mujeres que necesitan ayuda", y que este estigma afecta sus derechos y oportunidades de participar en la vida social, política y profesional.

Por su parte, Lennard J. Davis también aborda la intersección entre discapacidad y género en su trabajo sobre la "norma" y cómo la discapacidad afecta la experiencia del cuerpo. En su influyente obra *Enforcing Normalcy: Disability, Deafness, and the Body* (1995), Davis explora cómo las normas sociales de la "normalidad" no solo determinan lo que se considera físicamente aceptable o funcional, sino que también influyen en las expectativas sobre el cuerpo y el comportamiento de las mujeres. En el caso de las mujeres ciegas, Davis señala que la ceguera no solo se percibe como una deficiencia sensorial, sino también como una forma de exclusión de las normas de belleza y feminidad.

La ceguera, como discapacidad visual, es especialmente significativa en sociedades donde la visión se valora como una de las formas más importantes de conocimiento y participación en el mundo. La falta de visión puede asociarse erróneamente con una incapacidad para interactuar de manera "normal" con el entorno social. Para las mujeres ciegas, este estigma es aún más fuerte, ya que se espera que las mujeres participen en la sociedad cumpliendo con ciertos códigos estéticos (como la belleza visual) y desempeñando roles claramente definidos (como el rol de madre o esposa). En este sentido, la discapacidad de la ceguera, combinada con las expectativas de género, refuerza la marginalización de las mujeres ciegas, especialmente en áreas como la sexualidad, la maternidad y el trabajo. Davis escribe:

> Las personas con discapacidad, particularmente las mujeres, son vistas como 'invisibles' en un doble sentido: son invisibles debido a su falta de habilidades visibles en una sociedad que valora el éxito visual, y también son invisibles debido a las normas de género que las excluyen de la plena participación en los espacios sociales. (*Enforcing Normalcy*, 1995)

En este contexto, Davis critica la forma en que la ceguera en las mujeres no solo se percibe como una deficiencia, sino también como una amenaza a las normas de belleza y feminidad, lo que las hace ser vistas como "menos mujeres" o incluso como incapaces de participar activamente en las relaciones sociales y afectivas.

Simulación de la ceguera materna

Las fotografías de la obra y de análisis en este ensayo no buscan ser un modelo de perfección con intención de que el propio fotógrafo disfrute del momento fotografiado en tiempo futuro. Mª Pilar, quien es principalmente la fotógrafa que toma las fotografías familiares de la obra, utiliza la cámara para capturar momentos de la infancia de sus hijas con la intención de que estas puedan tener recuerdos de su infancia en el futuro. Para ello, Mª Pilar adapta sus limitaciones como mujer invidente y utiliza métodos sensoriales como el oído para localizar el objeto a fotografiar y presionar el botón de captura. "Para hacer las fotos, mi madre dirigía la cámara hacia donde estaba la persona que quería retratar y le pedía que hablase o hiciese algún sonido para guiarse" (Alesanco, 130). De este modo, la fotografía capta un ángulo impreciso de un acontecimiento o evento, y aunque la imperfección técnica de la imagen llegue a captarse en la propia fotografía, la intencionalidad de esta se mantiene. A modo de ejemplo destaca la siguiente imagen en donde se aprecia a Mª Pilar tomando una fotografía en donde el *flash* de la cámara se refleja contra un espejo.

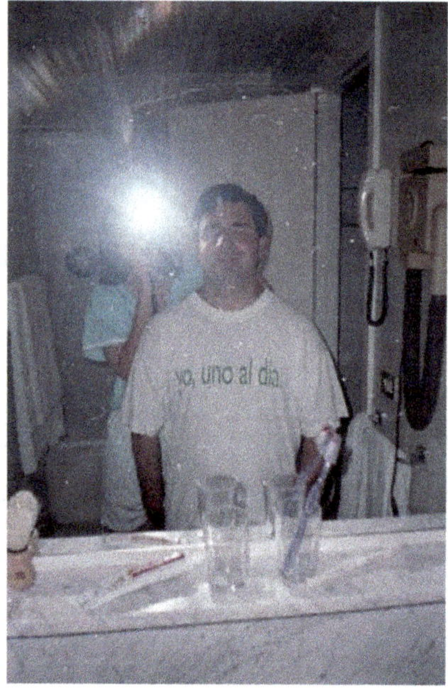

Figura 1

De igual modo, Mª Pilar no solamente redefine la funcionalidad del acto fotográfico, sino que también remodela el método en que aprecia las fotografías. Como se ha indicado en este ensayo, la discapacidad visual de Mª Pilar impide que esta pueda enfocar una fotografía con precisión y acertar con el nivel de luz indicado. Esta misma discapacidad visual pasa a ser un obstáculo al tratar de visualizar una imagen fotográfica y apreciar el contenido. Mientras que la función globalmente aceptada de una fotografía es la de visualizar y rememorar el momento pasado que se aprecia y se recuerda a través de la imagen plasmada, Mª Pilar contradice esta práctica propia de un espectador vidente y crea un nuevo sistema para interactuar con las fotografías que ella misma ha tomado en momentos pasados. Como se ha explicado anteriormente, su ceguera es parcial y le permite ver pequeños rasgos de las imágenes al acercarse las imágenes a sus ojos. A lo largo de *Magna* (2024), Alesanco incluye varios códigos QR que acompañan a algunas fotografías.[36] Tras ser escaneados, estos códigos dan acceso directo videos en el canal YouTube en el que Alesanco ha grabado la voz de su madre, Mª Pilar, apreciando una fotografía. Los videos no contienen imágenes sino solamente grabaciones de voz en directo, y en ellas se puede escuchar cómo Mª Pilar se acerca fotografías, comienza a tratar de distinguir pequeños detalles y colores, rememora objetos que encajan con esa descripción, y logra recordar a qué momento pasado pertenecen para así saber de qué fotografía se trata. Un ejemplo de la obra es esta imagen en donde se muestra a la autora de niña en un jardín, y en el código QR que acompaña a la fotografía se puede escuchar a Mª Pilar acercarse la imagen a sus ojos y lograr recordar de qué fotografía se trata tras observar el color verde del césped y el gorro que viste la niña.

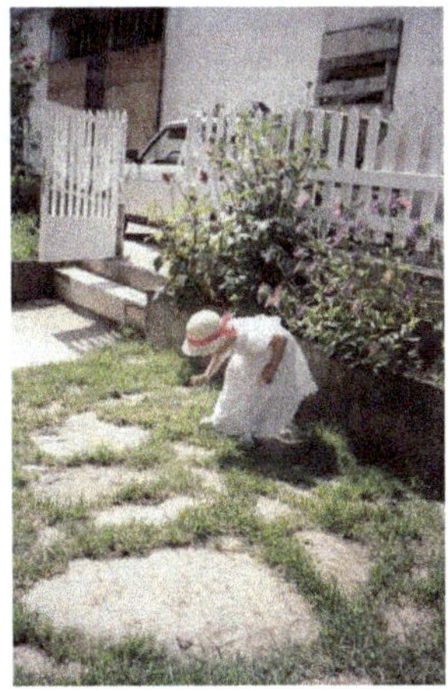

Figura 2

[36] Código QR en su definición original en inglés significa *Quick Response code.*

Figura 3

Alesanco consigue retratar la forma en que su madre conecta su particular modo de visualizar las fotografías con la memoria, empero, la autora logroñesa también trabaja con la fotografía para simular la visión de Mª Pilar. Tras el desprendimiento de retina que la protagonista sufrió a los veinte años, unas manchas llamadas *fusch* quedaron presentes en sus ojos. Estas manchas son restos de sangre o cicatrices que aún se mantienen tras el citado desprendimiento de retina. Algunas de las fotografías que incluye Alesanco en su fotolibro simulan la visión que ella interpreta de las explicaciones de su madre, ya que esta explica que su ceguera se define como una visualización de manchas de sangre en movimiento sobre borrosidad. La interpretación de Alesanco sobre la visualización de su madre posiciona a la autora como intérprete de una condición que desconoce, pero la fotografía editada digitalmente le permite interpretar una visión de una condición de discapacidad, lo cual podría situar al uso fotográfico como elemento de empatía para facilitar la interpretación de dicha condición y así facilitar una definición visual de una particular forma en que ve una persona que padece ceguera. Esta apreciación de cómo la autora interpreta la visualización de su madre puede observarse en las Figuras 4 y 5 en las que Alesanco compara una fotografía de gran fondo blanco y dos figuras centrales con una simulación digital de cómo su madre ve con una mancha grande de sangre sobre las dos figuras de la foto y pequeñas manchas que flotan en el fondo de la imagen.

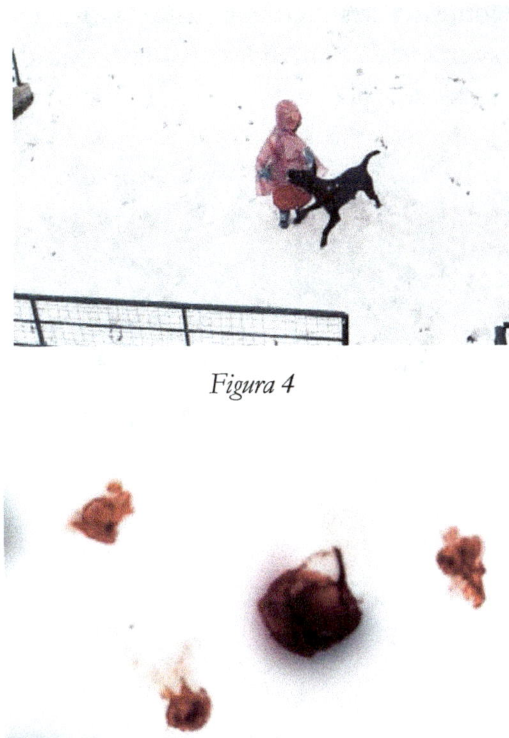

Figura 4

Figura 5

Alesanco, que también padece miopía, aunque en un grado considerablemente inferior que la miopía magna de su madre, incluye fotografías en las que compara su visualización de una imagen y la visualización de la misma por parte de su madre. A través de esta comparación, Alesanco no solo expone las diferencias en la percepción visual entre ella y su madre, sino que también invita a reflexionar sobre cómo las limitaciones visuales afectan la manera en que cada una de ellas interactúa con el mundo. La técnica fotográfica utilizada, que simula ambas percepciones, permite al espectador comprender las sutilezas de la experiencia de la ceguera desde una perspectiva más personal y empática. Además, al abordar la ceguera en el contexto de su relación materna, Alesanco destaca la importancia de la experiencia compartida y de la transmisión intergeneracional de estas realidades sensoriales.

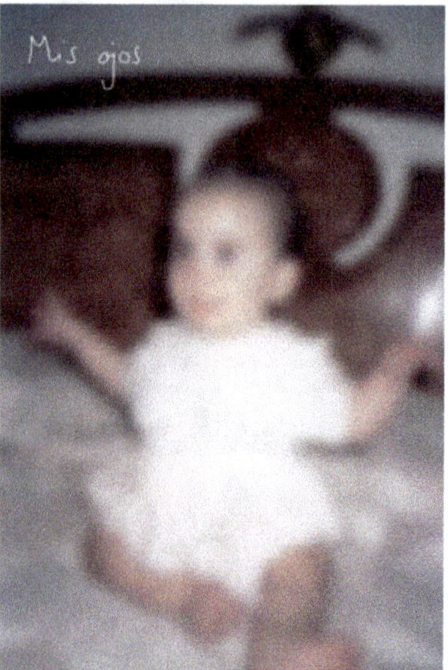

Figura 6

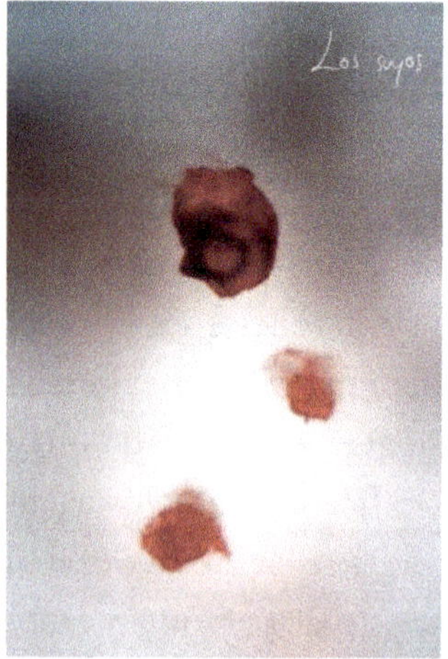

Figura 7

La fotografía de Alesanco permite a los lectores entender la mirada ajena de personas de la comunidad invidente. La obra *Magna* (2024) no es solamente una recopilación de archivo fotográfico familiar en donde se emula la forma de visión de una persona ciega desde la perspectiva de su hija vidente. El elemento didáctico de la obra al completo es también un llamamiento para un mayor entendimiento en la construcción de una definición más amplia e inclusiva del concepto de ceguera.

A modo de conclusión

Los estudios de discapacidad, y en particular los relacionados con la ceguera, ofrecen una perspectiva valiosa para entender cómo las personas con discapacidades son percibidas y representadas en la sociedad. A lo largo de este ensayo, se ha destacado cómo la ceguera, lejos de ser una simple deficiencia sensorial, puede convertirse en un campo fértil para cuestionar y desafiar las normas sociales de la visión, el conocimiento y la participación. La obra de Alesanco, al incorporar las limitaciones visuales de su madre, Mª Pilar, y al utilizar la fotografía como un medio para simular y compartir la experiencia de la ceguera, ofrece una poderosa herramienta de empatía y reflexión sobre la discapacidad.

A través de las fotografías y los códigos QR que acompañan su trabajo, Alesanco no solo retrata la forma en que su madre interactúa con las imágenes, sino que también invita al espectador a experimentar un mundo donde la visión no es el único medio para acceder a la realidad. La simulación de la ceguera materna a través de la fotografía digitalizada y la narración en audio desafía las convenciones de cómo se deben percibir y recordar las imágenes. Al mismo tiempo, este enfoque cuestiona las limitaciones impuestas por las normas sociales de lo que significa "ver" y "recordar", invitando a una reflexión más inclusiva y respetuosa hacia las experiencias de las personas con discapacidades sensoriales.

Además, el análisis de la ceguera desde una perspectiva feminista, como lo hacen Garland-Thomson y Davis, ilumina la intersección de la discapacidad con el género, revelando cómo las mujeres ciegas enfrentan una doble opresión: la de la discapacidad y la de los estereotipos de feminidad. En este sentido, la obra de Alesanco ofrece una crítica visual y cultural que no solo emula la visión de una persona ciega, sino que también subraya cómo las estructuras de poder y las normas sociales afectan la percepción y la experiencia de las mujeres con discapacidad.

En última instancia, *Magna* (2024) no solo es una obra de archivo fotográfico familiar, sino una intervención artística que propone una nueva forma de ver la ceguera y de entender la discapacidad en términos de diversidad y complejidad. Al involucrar al espectador en el proceso de simulación de la visión de una persona ciega, Alesanco hace un llamado a una mayor comprensión e inclusión, desafiando la mirada normada que históricamente ha invisibilizado a las personas con discapacidades y proponiendo una narrativa que abraza la diferencia como una parte integral de la humanidad.

Bibliografía

Alesanco Moncayo, Ana, Magna, UNO Editorial, 2024.

Dafdar, Pedram, et al. "The Power of Senses in the Artwork of the Disabled Photographers with Emphasis on the Philosophy of the Bodyless Body of Gilles Deleuze (Case Study of the Work of Pete Eckert and Ahmad Zolkarian)

Davis, Lennard J. *Enforcing Normalcy: Disability, Deafness, and the Body.* Verso, 1995.

Garland-Thomson, Rosemarie. "Disability and Representation." *PMLA* 120.2, 2005, 522-527.

---. *Extraordinary bodies: Figuring Physical Disability in American Culture and Literature.* Columbia University Press, 2017.

---. "Integrating Disability, Transforming Feminist Theory." *Feminist Theory Reader.* Routledge, 2020. 181-191.

McCulloh, Douglas. "Blind Photographers: Vision, Accessibility, and Empowerment in the Museum." *Disability Studies Quarterly* 33.3, 2013.

Shakespeare, Tom. "The Social Model of Disability." *The Disability Studies Reader* 2.3, 2006, 197-204.

Titchkosky, Tanya. *The Question of Access: Disability, space, meaning.* University of Toronto Press, 2011.

Recursos virtuales

Asociación de Miopía Magna con Retinopatías (AMIRES): miopiamagna.org

Organización Nacional de Ciegos de España (ONCE): once.es

Casas de *desolvido*. Cronotopos diaspóricos en las obras de tres fotógrafas venezolanas

Elena Cardona
Soka University of America

Desolvidar la casa

Un amplio panorama de los estudios de memoria y migración permite confirmar que la referencia a la casa (y/o el hogar) es uno de los *topoi* fundamentales de toda narrativa de migración y, por tanto, constituye un elemento clave para leer expresiones de nostalgia y manifestaciones de duelo; así como tensiones y conflictos entre el sentido de pertenencia al lugar de origen, el anhelo de retorno y la experiencia de desarraigo en el lugar de acogida en las memorias de las diásporas (Boccagni, Armanni y Santinello 2021; Hall 2020; Stock 2010; Bauman 2010). Por supuesto, se trata de un topos que tiene una notable recurrencia en la literatura de la diáspora venezolana, como puede advertirse en las antologías más recientes y los estudios críticos de la última década (Rivas Rojas 2021, 2022; Carreño2013).

En los proyectos fotográficos *Illusorium* (2019-2021) de Wendy Estrella Yannarella; *I Can't Hear the Birds* (2016 - en curso) de Fabiola Ferrero; y *Donde ya no eres nada* (2017- en curso) de Freisy González Portales, la casa emerge como tópico recurrente, que articula los desplazamientos y entre-lugares de las memorias de migración de las propias fotógrafas. Aunque en circunstancias parcialmente diferentes, estas tres fotógrafas tienen en común no solo el país de origen y la nacionalidad que las identifica, sino la experiencia de haber emigrado de Venezuela en el contexto de la crisis humanitaria que atraviesa el país desde 2016, como parte de la ola migratoria más numerosa de la región en la época contemporánea.[37]

[37] Según la Plataforma Regional de Coordinación Interinstitucional, liderada por la Organización Internacional para las Migraciones (OIM) y la agencia de las Naciones Unidas para los refugiados (ACNUR), de 2016 a noviembre de 2023 7.722.579 personas migrantes y refugiadas han salido de Venezuela y el 80% de ellas se encuentran en otros

Gestados desde distintas locaciones geográficas (Argentina, Colombia-Venezuela y Perú), que son o han sido los países de acogida de sus autoras, entre las imágenes de estos proyectos se deduce un correlato entre familia y nación, en el cual la casa (su imagen, su anhelo y su recuerdo) se manifiesta como evocación, contraste entre el pasado y el presente, o rasgo de lo pérdido. En extensión, en tanto coordenada espacio-temporal a partir de la cual simultáneamente es aprehendida la nueva experiencia en el país de acogida y re-inscrita la experiencia anterior del país de origen, la casa deriva función discursiva de una memoria dislocada, adquiriendo los rasgos de inestabilidad y enrarecimiento que viven las autoras de estas memorias en tanto migrantes. La casa trastocada, escindida y desplazada como el propio cuerpo en la experiencia de migración, adquiere así la cualidad de cronotopo diaspórico (Peeren 2006) en las obras de Wendy Estrella Yannarella, Fabiola Ferrero y Freisy González Portales.

Sostengo que sus elaboraciones fotográficas en torno a la casa y a los modos de habitar nos sitúan entre el testimonio y una reflexión crítica que excede la mera reconstrucción o evocación del pasado en la tarea de hacer memoria de la migración; puesta en evidencia por una exploración de los aspectos técnico-materiales del lenguaje fotográfico para hacerse cargo de la experiencia traumática de la pérdida en el tránsito de la migración[38]. En atención a este fundamento común entre las obras de las tres fotógrafas, propongo el término «desolvido»[39] para caracterizar sus imágenes y, por supuesto, la acción de «desolvidar» como estrategia poética

países de América Latina; siendo los cuatro principales receptores Colombia, Perú, Chile y Argentina.

38 En un estudio más extenso sobre el corpus ampliado de mi investigación argumento el rol de los álbumes familiares como dispositivo configurador de la memoria familiar y su reinterpretación puesta en juego como estrategia discursiva en estas poéticas de migración.

39 En el campo literario este término tiene sin duda un antecedente significativo en la novela *El desolvido* (1971) de Victoria de Stefano. Ninguna referencia en los proyectos fotográficos que estudio en este capítulo se vincula a esta obra literaria ni al contexto directo de su trama ubicada en los años 60 y en el fondo social de la guerrilla, de la que fue partícipe la autora. En tal sentido no pretendo establecer una genealogía con la introducción de este término y no estuvo motivado en mi investigación por ésta. Aunque

de extrañamiento en la que los materiales de una memoria anterior, restringida, afectada, negada, son intervenidos o transformados para remarcar los elementos críticos de la experiencia traumática que deben ser reelaborados; una operación estético-crítica para interrogarse por aquello que en la experiencia no puede ser capturado o clausurado, ni siquiera fijado, y que, sin embargo, nos demanda buscar un otro lenguaje para intentar comprenderlo o darle sentido.

Casa-álbum ilusoria. Illusorium de Wendy Estrella Yannarella

En el 2018, en medio de una prolongada crisis económica en Venezuela, acentuada además por la inseguridad y por las protestas de calle contra el gobierno de Nicolás Maduro que no cesaban desde el año anterior, Wendy Estrella Yannarella ya no podía sostener más el centro multidisciplinario de estimulación para niños que fundó como psicóloga, especializada en el trabajo con personas con autismo, en Caracas. Había logrado resistir precariamente hasta entonces, pero tuvo que dejar de percibir su propio salario para estar al día con la renta del lugar y no poner en riesgo el funcionamiento del centro, la atención a los niños ni los ingresos de los colegas a su cargo. Finalmente, cuando se agravó la crisis con la escasez de alimentos, Estrella Yannarella llegó a lo que ella misma denomina el "punto de quiebre", y decidió buscar otras condiciones de vida junto a su madre en Buenos Aires, Argentina donde se encuentra uno de sus hermanos.

Una vez instalada en Buenos Aires, y pasados los primeros meses en los que su ánimo y vitalidad, como los de cualquier migrante, estaban enfocados en entender el entorno, cómo adaptarse o negociar la experiencia propia para sobrevivir allí, Wendy Estrella Yannarella recibió su propio «baño de realidad» en el ámbito fotográfico y, como ella misma relata, con el reconocimiento de la pérdida:

---

se trató para mí de un hallazgo muy posterior, me pareció una sincronía afortunada descubrir que la novela de Victoria de Stefano narra ese país que fue y las violencias de entonces como lucha contra el olvido.

> Yo no me había dado cuenta de que al irme de mi país estaba dejando atrás mi objeto fotográfico. No lo entendí hasta que pasó toda esa adrenalina inicial [...] Y cuando quise tomar la cámara y hacer fotografía, no pude. Lo peor fue darme cuenta de que no podía porque lo que yo fotografiaba no iba a estar allá jamás [...] Fue el momento en que yo entendí, que yo fotografiaba solo desde esta casa en particular. Todo mi trabajo fotográfico fue hecho en esta casa y yo no había entendido eso hasta que me fui. [...] Y el día en que me di cuenta de hecho, ese día fue el día que comenzó mi depresión del migrante. (Estrella Yannarella)

Asumir esta pérdida le llevó un tiempo, pero fue precisamente desde allí que lo indecible de su experiencia se dio (¿y cedió?) a un nuevo lenguaje para ella. Es la experiencia fáctica de deslocalización que introduce la condición de migrante en esta nueva etapa de su vida, lo que le revela con más claridad su propio objeto fotográfico: la casa de la abuela. La casa que fue el lugar en el que creció, la casa que ha sido lugar de reunión de la familia, y sede principal de su memoria; la casa en la que asistió al encuentro con la fotografía: como espectadora, como creadora y como archivadora. El nudo de esto, por cuanto se deduce del testimonio de Wendy Estrella sobre su propio proceso migratorio, es que estar despojada de esta casa que era el lugar donde fotografiaba significó perder al mismo tiempo la fotografía como instrumento y lenguaje; entonces el duelo se tornó inabarcable porque no solo estaba distanciada de su familia y de su pareja que no había podido migrar con ella, había tenido que dejar atrás su historia, y adicionalmente no tenía a la fotografía como "tabla de salvación" desde donde elaborar estas pérdidas como en el pasado. La fotógrafa cuenta que siguió insistiendo en ver y fotografiar en Buenos Aires, sin realmente sentir que se encontraba a sí misma en estas nuevas imágenes. Mudarse a una casa de una edad semejante a la de su abuela, y cuya dueña era también una abuela, ayudó en parte a elaborar la experiencia, pero no lo suficiente en el proceso fotográfico. Fue finalmente el encuentro con la obra de otra fotógrafa migrante, Grete Stern[40], lo que iluminó su camino de vuelta a la fotografía vernacular y al álbum familiar desde la técnica del fotomontaje.

Emprendió entonces una nueva búsqueda en su propio proceso de creación teniendo como material de base el archivo fotográfico familiar que ella misma había creado, junto con dos de los álbumes familiares de su abuela que pudo llevar consigo al migrar a Argentina, y contando con el apoyo de su esposo, el fotógrafo Vladimir Marcano, quien digitalizaba algunas otras imágenes de aquellos otros álbumes que permanecieron en la casa de su abuela, y se los enviaba desde Caracas, Venezuela. Así, desde un "deseo decidido", como ella misma lo llama, comienza su experimentación técnica con el fotomontaje en el que las claves de amateurismo, sentido de comunidad o familia ampliada y experiencia ficcional(izada) se materializan en una poética en clave ilusoria, como anuncia el título que le ha dado a la serie que se desprende de los años recientes de este proyecto: *Illusorium* (2019-2021).

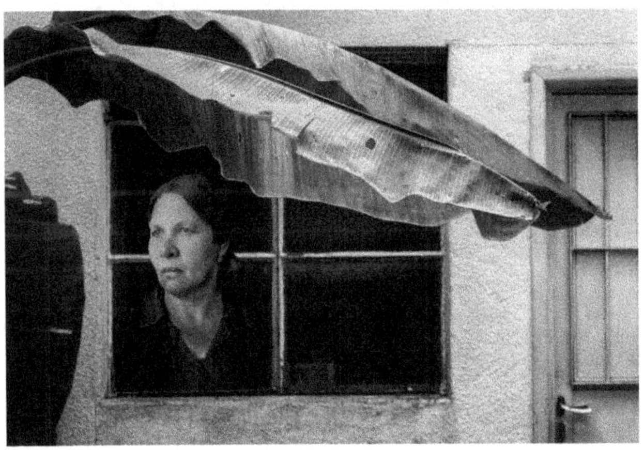

Figura 1 Illusorium ©*Wendy Estrella Yannarella*

[40] La fotógrafa alemana Grete Stern, emigró a Argentina en 1933 debido a su origen judío. Entre 1949 y 1951 realizó una serie de fotomontajes titulados *Sueños* que fueron publicados en la revista femenina *Idilio*. Su trabajo jugó un papel fundamental en la modernización de la fotografía argentina.

Las imágenes de esta etapa inmediatamente llaman la atención por su efecto de realidad trastocada. Aunque las gestualidades y poses puedan ser reconocidas por el espectador como propias de situaciones cotidianas o incluso remitan a codificaciones socialmente extendidas del retrato familia, la situación en su conjunto se ofrece extraña dados lugares insólitos donde aparecen situadas las personas retratadas y la desproporción de escalas entre sujetos, objetos y espacios: medio cuerpo de mujer que sale por la ventana y se abriga a la sombra de una palmera (Fig. 1), una pareja de aspecto serio que posan uno al lado del otro, incrustados en un escaparate (Fig. 2); infantes de distintas edades y género confundidos entre las figuras del altar (Fig. 3); son apenas una muestra de una serie de imágenes paradójicas en varios aspectos.

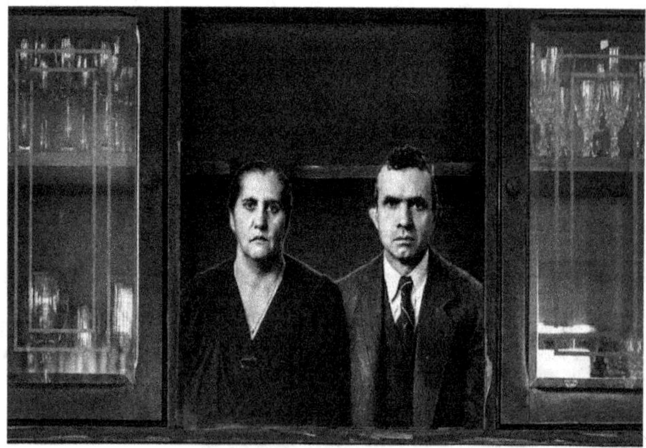

Figura 2 Illusorium ©*Wendy Estrella Yannarella*

Como en todo fotomontaje, encontramos en estas imágenes una composición que actúa por superposición de capas en las que los elementos que conforman cada capa son fragmentos extraídos de fuentes diferentes. En este caso la procedencia general de los elementos parece lo único seguro de identificar. Wendy Estrella Yannarella extrae de los álbumes de su abuela los retratos a los miembros de su familia, los descontextualiza de la situación originalmente fotografiada y los reterritorializa en un nuevo espacio-tiempo. En la primera operación en ocasiones separa a los sujetos de sus grupos originales, y luego los reagrupa con familiares de distintas generaciones, juntando personas que posiblemente no se hayan conocido entre sí o no hayan al menos compartido la escena original del registro fotográfico que fue asentado en el álbum de la abuela. En la segunda operación, la fotógrafa les da un nuevo espacio-tiempo a esa figura y a los parentescos abriéndolos a una experiencia imaginativa más que restaurativa del pasado (Boym 2008). Ciertamente, los espacios en que se escenifican estas nuevas situaciones tienen a su vez un sustrato fáctico pues son imágenes totales o parciales del registro de la casa de la abuela Hortensia que Wendy Estrella Yannarella fotografió antes de emigrar. Para quien haya visto imágenes de la cuenta de IG @laestrellawendy no es difícil identificar algunas de las habitaciones, muebles, ventanas en estas nuevas imágenes. Por ejemplo, la ventana y la puerta que dan al patio, la repisa de la entrada, el escaparate de la sala, las escaleras e incluso las grietas de los muros son llevados a otra escala por la artista, y sirven de locación en la nueva escena. Sin embargo, sustraídos de color y ahora re-poblados con las fotografías extraídas del álbum familiar, los espacios de la casa de la abuela se desrealizan y se desprenden de sus coordenadas espacio-temporales específicas en favor de un efecto de «lugar otro fuera del tiempo» que permea toda la serie *Illusorium*.

Los familiares del presente y los que ya han muerto se juntan[41]; primas y tías o abuelos, e incluso los amigos extienden sus relaciones de parentesco, más allá del pasado que los vinculaba en la narrativa del álbum fotográfico compuesto por la abuela Hortensia. En la misma cuenta de IG @laestrellawendy donde la autora había publicado previamente los registros de la casa y los álbumes de su abuela, en junio de 2019 aparecerán las primeras imágenes de esta serie de fotomontajes acompañados del mismo título general "Álbum de familia" que inscribía las secuencias de publicaciones anteriores. En esta nueva etapa los miembros de la familia

[41] Los retratos que utiliza Wendy Estrella Yannarella para estos fotomontajes son todos retratos de personas con vida en el momento de la toma fotográfica; sin embargo, conviene destacar que en la suerte de vida extendida hacia otro tiempo-espacio que estas imágenes ofrecen puede rastrearse otro hito importante de la historia de la fotografía familiar en la época victoriana durante la cual la fotografía *post mortem* se popularizó como una práctica para honrar a los fallecidos retratándolos junto a sus familiares como si en realidad aún estuvieran vivos.

expresan sus impresiones sobre las imágenes en los comentarios, de los que van surgiendo no solo interrogantes y confirmaciones acerca de las personas y lugares que las imágenes muestran, sino expresiones de afecto de los hijos, sobrinos o nietos de los retratados. Como en otras culturas diaspóricas, también este álbum fotográfico ilusorio opera como objeto cultural que contribuye al mantenimiento de los lazos familiares y al recuerdo de la vida anterior en el país de origen (Fitzpatrick 2021). En estas interacciones virtuales y en la distancia se va construyendo un lugar abierto y significativo en el que se reiteran vínculos sociales, psicológicos y afectivos como resistencia a la disgregación de la familia; una suerte de casa de la memoria en la que todos pueden entrar y encontrarse, desde distintos países y zonas horarias, no solo para recordar sino para permitirse el asombro de volver a ver aquellas imágenes del álbum de la abuela Hortensia, e incluso los espacios mismos de su casa, como quien mira por primera vez algo que paradójicamente le es tan propio como ajeno.

> Entonces, en algún punto, primero entendí que atravesar todo este proceso, es encarar el olvido, es hacerle frente al olvido. Es un acto de resistencia, realmente, ante el olvido. Es una batalla. Lo que me gusta de lo ilusorio, es que es irreverente. Y aunque se sirve de la memoria, a su modo, le gana la batalla al olvido y a las ausencias. Se la gana. Estas fotografías yo las hago para mí y, por supuesto, las personas que más vibran con estas fotografías son mi familia. Mi familia que son la mayoría migrantes actualmente. (Estrella Yannarella)

Es en este sentido planteado por la autora que interpreto en *Illusorium* una labor de cuidado propio que inicia por la necesidad de dar lugar a las ausencias concretas y que luego se extiende a otras capas de la familia como acto conjunto de imaginación y creación de ese tiempo afectivo posible, más allá de los hechos del pasado y del presente. Se trata de la elaboración de la herida propia y compartida, mediante la puesta del retrato, en tanto cuerpo fotográfico, en el lugar de la(s) ausencia(s). Esta operación de ocupación del lugar del / lo ausente, e incluso la reunión provisional de miembros de la familia en un tercer espacio creado fotográficamente y con temporalidad propia en el que he venido insistiendo al describir los fotomontajes de esta serie, tiene antecedentes significativos en un horizonte más amplio en el que la fotografía ha acompañado la indagación por la memoria y la identidad ante experiencias de violencia traumática en Latinoamérica. Pienso en concreto en la "ceremonia de encuentro" que produce Lucila Quieto en su trabajo *Arqueología de la ausencia* (2011) al juntar en un mismo espacio fotográfico, mediante collage, los retratos de padres desaparecidos y retratos de sus hijos sobrevivientes[42]. A quienes la dictadura les negó la posibilidad de tener una memoria familiar efectiva, Quieto les ofrece, y se ofrece a ella misma, «la foto que nunca tuvieron», fotos soñadas o imaginadas; de hecho, son fotografías de un momento nunca ocurrido antes de la toma fotográfica; un recuerdo ficticio que reinscribe los lazos de parentesco de manera reflexiva en estos cronotopos fotográficos como lugar-tiempo de una memoria posible y necesaria para afrontar el presente. La ausencia concreta y las circunstancias de ambas fotógrafas son distintas, no se trata del padre o la madre desaparecidos por la dictadura en las fotografías de *Illusorium*, pero sí la pérdida de una familia entera e incluso, por extensión, la ausencia del país que le es negado y del que migra en condiciones forzadas por la crisis social y humanitaria como es el caso de Wendy Estrella Yannarella y su familia. En lo sustancial ambos trabajos se encuentran en la creación fotográfica de lo memorable que a su vez expande el horizonte de expectativas en el desborde del presente.

Una otra narrativa familiar que desolvida el pasado interviniendo el presente, o como diría Wendy que "le gana la batalla al olvido" sin restaurar nostálgicamente lo perdido. Pues, aunque tiene como punto de partida el archivo familiar propio, su intención transgrede la testificación de la realidad factual pasada desde el descentramiento y la fractura teleológica

[42] El proyecto de Lucila Quieto surgió desde su propia impronta como hija de un desaparecido y militante de la agrupación H.I.J.O.S. (Hijos e Hijas por la Identidad y la Justicia contra el Olvido y el Silencio), la cual se formó en 1995 y ha reunido desde entonces a hijos e hijas de detenidos y/o desaparecidos de la dictadura cívico-militar argentina.

que la experiencia de migración acentúa. Las imágenes de *Ilusorium*, aunque gestadas durante la experiencia de migración, no articulan una narrativa aspiracional o anticipatoria como es recurrente en los álbumes familiares de migrantes (Fitzpatrick 2021; Campt 2017). Estos fotomontajes resisten la representación (y auto-representación) aspiracional tanto de integración o asimilación al nuevo país como de retorno al origen. Por nostálgica que pueda parecer la labor de hacer imágenes a partir de viejas fotografías, en la operación sucesiva de desprendimiento y posterior superposición de capas, en esas imágenes y lo que en ellas se ofrecen se dejan trazas para evidenciar su naturaleza no real, por lo cual la realidad anterior queda desplazada de tal modo que ya no hay posible origen que reconstruir. En este sentido, producen un efecto de percepción más bien fuera del tiempo y fuera del espacio conocido. A diferencia de lo que lo que indican los estudios acerca del modo espacio temporal en el que la migración organiza la noción de familia en bloques divididos entre las configuraciones del antes y después y/o allá y aquí (Long 249), *Illusorium* despliega un espacio-tiempo liminal que no se ancla a ninguna de estas dos coordenadas ni tampoco se resuelve en la sumatoria de ambas.

> Me interesa que se vea el recorte porque es un fotomontaje, es decir, eso no pasó de verdad, pero tengo que conservar bien esa ese límite entre lo real y lo ilusorio es decir [...] cuando ya terminé y tomé distancia, la sensación primera es que esto no me pertenece, esto tiene vida, esa esto se está revelando ante mí y es algo que estoy viendo [...] Como si yo misma estuviera viendo por primera vez algo. Es decir, el fotomontaje cuando realmente desde el punto de vista personal lo resuelves se te revela, o sea, se independiza de ti. (Estrella Yannarella)

Estos fotomontajes, como declara la autora, no tienen una intención de apropiación artística, y sin embargo comparten con la tradición del fotomontaje en la historia del arte y de la fotografía, enfocarse en los efectos crudos de la yuxtaposición más que en los contenidos separados de sus fragmentos (Laxton 2019). En este orden de ideas es necesario señalar que no hay mención verbal alguna a la migración en los textos complementarios de este álbum, ni se contrastan el país de origen y el de destino o acogida entre sus imágenes o comentarios. Tampoco puede deducirse el tópico de la migración en ninguna de las imágenes con precisión. A diferencia de la reflexión expresa y directa que encontraremos en los proyectos de Fabiola Ferrero y Freisy González Portales que abordaré en las siguientes secciones de este ensayo, en *Illusorium* asistimos a una elaboración más bien silenciosa, en sombra. La migración es el espacio-tiempo intersticial desde la cual se gestan las imágenes de la serie y ello se trasluce en la técnica y en la búsqueda de otro tiempo-espacio, pero no está tematizado en los comentarios ni se representa visualmente en los motivos de los montajes. Aunque los retratos utilizados provienen del álbum familiar previo, como sabemos, y por tanto remiten a personas existentes y eventos ocurridos, en el fotomontaje se desplazan hacia una existencia otra que no es pasado ni presente, que en efecto es forjada, ficticia si se quiere. Es en ese forzar la existencia en el límite que estas imágenes performan la experiencia de migración, y la memoria como resistencia.

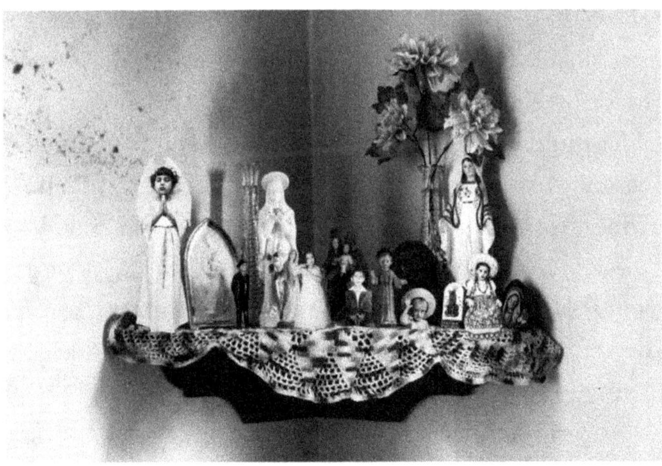

Figura 3 Illusorium ©*Wendy Estrella Yannarella*

Ni aquí ni allá, el álbum familiar-casa ilusoria que se le revela a Wendy Estrella Yannarella abriga una memoria desprendida, portátil y en transformación. En particular, en cuanto a la transformación que sufrieron sus procesos fotográficos precisamente debido a la condición de distancia que su migración a Argentina le impuso frente a sus «objetos fotográficos» (la casa de su abuela y sus álbumes, además de los miembros de su familia). No poder acceder directamente a éstos significó en su caso una migración técnico-material de los procedimientos analógicos a los digitales y de la fotografía al fotomontaje, por ejemplo, como enunciación otra desde la misma materia vernacular con la que venía trabajando; y desde la cual ahora agencia una transfiguración a la vez literal y metafórica de sus espacios cotidianos y de propios lazos familiares re-inventando espacios imaginales en los recontextualiza retratos que ahora fuera del álbum ocupan virtualmente espacios de la casa de la abuela en el pasado reciente antes de la migración (Figs. 1 y 2) o los de otra casa en la que vivió la fotógrafa en Argentina; también reúne a miembros de la familia que históricamente no podían coincidir en el mismo espacio-tiempo factual (Fig. 3); y los hace habitar espacios que tienen una particular historia en la familia, como el cuartito prohibido debajo de la escalera en el que pone el cuerpo fotográfico de su tía siendo niña para que juegue, como deseaban la autora y sus primas a edades similares. Desde los fragmentos de la casa de la abuela y con la familia multiplicada fotográficamente, Wendy Estrella Yannarella erige una casa ilusoria en la distancia, impermanente y susceptible de nuevas mutaciones. Como apunta Raquel Rivas Rojas, siguiendo los planteamientos de Silvia Molloy, en su lectura panorámica de las narrativas de la diáspora venezolana del siglo XXI, la imagen de la casa traza un entrelugar que sirve de refugio a la intemperie de la experiencia migratoria:

> un *home away from home*, una casa fuera de casa; en suma, un lugar provisorio, aun cuando llegue a ser permanente. El *imaginary homeland* se vuelve homeland portátil, como Venezuela para los venezolanos, casa a la que se acude en el recuerdo, fuente inagotable de relatos que permiten asentarse. (Molloy citada en Rivas Rojas 67)

Entre la casa familiar y el álbum que es casa de la memoria (ahora fuera de la casa concreta), lo vernacular del «antes-allá» (Venezuela) y del «aquí-ahora» (Argentina) se encuentran en las imágenes de Wendy Estrella Yannarella como proceso metonímico que extiende fragmentos de una totalidad en un nuevo espacio heterotópico, en el que a la vez van quedando indexicalizados los tipos familiares, las generaciones e incluso la clase social, mediante rasgos como las poses de los retratos, la vestimenta y los objetos, de los cuales pueden deducirse épocas e imaginarios sociales asociados. Sin embargo, diría que esto es una condición que se considera propia de los archivos o colecciones vernaculares y que no remite con especificidad a un «vernacular venezolano». Se requeriría de un conocimiento archivístico muy especializado para advertir tal dimensión en su trabajo o en todo caso de una experiencia compartida que puede revelar coincidencias entre lo visto y el propio álbum familiar. En todo caso esta aproximación parece apelar más bien a la recepción afectiva desde lo cotidiano e íntimo que se ha tornado en «extrañamiento», en un doble movimiento. Porque se ha vuelto extraño en la experiencia y porque se nos devuelve a quien lo vemos como un acto de extrañar. En esa dualidad opera el desolvido para hacer memoria futura sobre un presente que aún está siendo procesado anímicamente.

Atravesada por la migración, la práctica fotográfica de Wendy Estrella Yannarella se desplaza del álbum familiar y las imágenes de la casa de la abuela, hacia la re-elaboración de la memoria familiar en la que el gesto de fotografiar supone a la vez poner el cuerpo propio allí en lo que exige presencia y acción, y poner el cuerpo de los otros, ocupar las ausencias, hace derivar el álbum como objeto testimonial de la memoria a casa-ilusoria del desolvido en los fotomontajes. Desde tales dimensiones materiales, se potencia este proceso intersubjetivo como voluntad de cuidado y afecto: "deseo decidido" de memoria con el que se encara la batalla contra la amenaza del olvido.

Casa velada y espectral. I Can't Heart he Birds *de Fabiola Ferrero*

En el proyecto *I Can't Hear the Birds* (2016-en curso), la fotoperiodista venezolana Fabiola Ferrero aborda la reciente crisis migratoria venezolana a la luz de las sutiles tramas entre la memoria familiar (la suya propia inicialmente), la complejidad del colapso económico y la inestabilidad política del país que le dan marco. En la intersección entre lo familiar y lo nacional anida la potencia de una memoria que es profundamente personal y que sin embargo no es individual, sino que nos involucra en el presente de un país y de la gente que lo vive dentro y fuera de los límites geográficos del territorio nacional.

Entre el 2016 y 2023 son muchas las capas que han ido sumándose en este trabajo de largo aliento. Imágenes que transitan entre la violencia evidente y reconocible de un presente inmediato y otra forma de violencia sostenida en el tiempo. Al primer caso atienden fotografías como las que retratan civiles detenidos por la policía durante las protestas por el referéndum para revocar a Nicolás Maduro de la presidencia (2016), o mujeres migrantes venezolanas en situación de vulnerabilidad o víctimas de violencia (2020). De la segunda encontramos imágenes que remiten a décadas de malas políticas públicas, desatención y corrupción de las instituciones de gobierno, expresadas en el deterioro de las infraestructuras y la inseguridad; así como en la falta de mantenimiento de Parque Central, en Caracas, uno de los complejos arquitectónicos más emblemáticos de la modernidad venezolana; o el desastre ecológico causado por derrames de petróleo en el Lago de Maracaibo durante 2018, debido a fallas de mantenimiento en la infraestructura; también en las filas de personas en los mercados, farmacias y estaciones de gasolina por el desabastecimiento; y por supuesto, las imágenes desoladoras de migrantes cruzando a pie el río Táchira en la frontera entre Colombia y Venezuela (2020).

De estas capas me interesa destacar en este capítulo cómo la casa emerge como cronotopo de la memoria en la experiencia de migración en tanto constituye el espacio físico en el que se materializa la ausencia que es imperioso ocupar literal y simbólicamente, tanto para testimoniar fotográficamente el momento del presente y los rastros del pasado, como para hacerse cargo de la transformación necesaria. La imagen de la casa, y de lo familiar como pérdida, surge entre las líneas de este reportaje de la nacional como espacio de gestación que abriga el propio proceso de duelo migratorio de Fabiola Ferrero y anuda desde el presente el rastreo de su memoria de infancia como contrapunto del abordaje fotoperiodístico de esta realidad más amplia sobre la situación actual de Venezuela. En palabras de su autora, Fabiola Ferrero, este proyecto "busca retratar a Venezuela como un estado mental, donde vuelan las memorias alrededor de un espacio físico abandonado" (8 de junio de 2021).

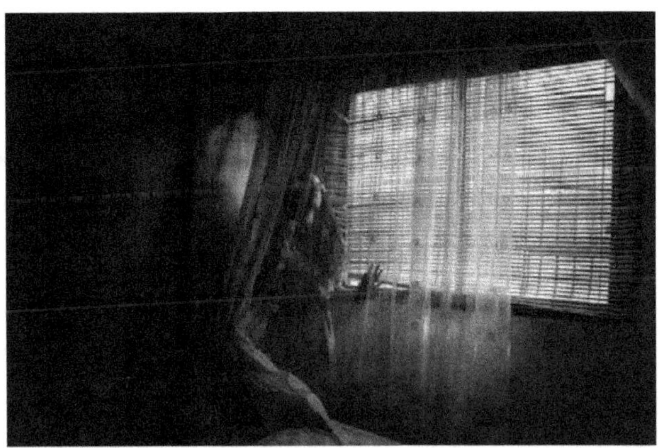

Figura 4. 11 de junio de 2021. @fabiolaferrero

Siguiendo esta premisa que acompaña el amplio y diverso archivo de *I Can't Hear the Birds*, pero sin pretender trazar una genealogía entre sus imágenes, propongo como punto de partida situarnos en la casa de la abuela a la que Ferrero vuelve después de haber emigrado de Venezuela, y desde allí apuntar los rasgos principales de su poética fotográfica en la que el cuerpo hace memoria en la casa y la memoria se corporiza. En la imagen que precede estas líneas vemos a Fabiola Ferrero en la esquina de una habitación, junto a la ventana, a media luz, sutilmente cubierta por el velo de una cortina (Fig. 4). Su rostro luce ligeramente levantado como quien intenta recibir la luz de la ventana, con los ojos cerrados, acaso recordando. La imagen ofrece así un signo múltiple en el que la fotógrafa ha puesto su propio cuerpo en el lugar para dar testimonio de lo vivido; a la vez que sugiere en su gesto la evocación de un tiempo anterior; e inscribe como materialidad la posibilidad de un recuerdo futuro mediante la toma fotográfica. Bajo el acompañamiento del texto extraído de su diario personal se expanden simultáneamente la lectura testimonial y el carácter performativo de su autorretrato.

> Han pasado 5 años desde que crucé esa puerta, pero la casa de mi abuela se ve como si alguien hubiese dicho: "ya vuelvo" y luego decidió no hacerlo. Las fotos siguen en el mismo lugar, la pijama de mi abuela todavía está sobre su cama y la nevera está prendida. Mi mamá dejó eso y las luces encendidas durante años, dijo. "Para que parezca que hay alguien". Quedé desorientada cuando escuché eso: para que parezca que todavía hay alguien aquí. (Ferrero, 11 de junio de 2021)

Las palabras de Fabiola Ferrero no solo nos permiten situar la imagen en la casa de la abuela y aproximarnos a lo que queda fuera del campo de la visión: todo aquello material que según ella misma todavía estaba allí y que no es ofrecido fotográficamente en este avance del proyecto en su cuenta de *Instagram* @fabiolaferrero. Su mínimo relato de la ocasión refuerza la introducción de la dimensión afectiva de la experiencia en la que habíamos sido inducidos por la imagen, y sobre todo en lo que a la misma autora le interpela: la contradicción de un lugar que parece haberse quedado suspendido en el tiempo; que está lleno y, sin embargo, nadie lo ocupa. La clave se erige en el doblez de la evocación de las palabras de la abuela ahora repetidas por ella misma en su desorientación. Imagen y palabra se corresponden entre el autorretrato y el diario no por una literalidad ilustrativa sino por la reiteración de un pacto afectivo que rinde honor a las palabras de la abuela: "para que parezca que hay alguien".

Interpreto en este acto de autoretratarse en la habitación de la abuela un gesto de afecto expandido, que también es un rito de paso frente a la muerte simbólica de una organización de la familia que ha sido desagregada por la crisis nacional. Ella, que fue allí en su rol de nieta a ocuparse de las pertenencias de su abuela y de la casa en la que ya no hay nadie, ofrece su propia presencia para hacer parecer que alguien habita el lugar. Por su puesto, en efecto ella está allí en el momento de la toma fotográfica, y en esa acción desolvida la casa de la memoria anterior porque transforma "la posibilidad de dar forma a las experiencias a través de su narración, convirtiendo lo que 'pudo haber ocurrido' en 'algo sucedido'" (Sanjuán 57). Más eso sucedido se hace sólo parcialmente visible en la fotografía, y esta será una clave reiterada como poética fotográfica de la migración en su proyecto. La Fabiola Ferrero en cuerpo presente está allí y a la vez no del todo; la cubre un velo que hace de su cuerpo una realidad intermediaria, difícil de percibir en su densidad propia; una «presencia ausentada». Así, ella está allí para cuidar del paso de la memoria familiar a otro estado, acaso como rito funerario, y a la vez su imagen velada adquiere como conjunto las propiedades inmateriales de esas memorias invisibles que circundan el lugar.

En tanto objeto testimonial, esta fotografía entra en el orden suspendido y pretendido de la casa de la abuela. Otra foto para acompañar acaso a las que siguen en las repisas; otro rastro que hace (a)aparecer una suerte de normalidad cotidiana en la casa. Pero este objeto testimonial se ofrece ya trastocado por la experiencia migratoria. O más específicamente lo que comunica es la mirada de la migrante que regresa después de cinco años minada por el dislocamiento espacio-temporal, que no se reconoce del todo en ese presente inmediato que le rodea, y que más allá de la aparente totalidad unificada percibe capas de tiempo y experiencia disyuntivas. Este autorretrato de Ferrero nos interpela con un modo de «estar en ausencia», una filiación ambivalente (Bardenstein 2007) con el hogar, que es también retorno a la patria desde lo familiar vuelto extraño en el presente.

En cuanto al recurso estético de cubrir el cuerpo retratado con una tela traslúcida[43] y al resultante efecto de «presencia ausentada» que he descrito en las líneas precedentes, el autorretrato de Fabiola Ferrero en la casa

[43] Una lectura de las connotaciones ampliadas de este recurso en la obra de Ferrero permite sugerir el vínculo con una historia visual de la simbolización de la idea de nación. Una larga tradición de la iconología escultórica inscribe la representación de figuras femeninas cubiertas por velos como alegorías de virginidad o fe, principalmente. *La Velata* (1743) del escultor veneziano Antonio Corradini es uno de los referentes de mayor notoriedad y fama. A mediados del XIX, influenciados por su obra otros escultores como

de su abuela no es un caso aislado entre las imágenes de *I Can't Hear the Birds*. El recurso opera en otros retratos con espacios y decisiones de iluminación y composición semejantes. Tal es el caso del retrato a Luis Luzardo ex trabajador de PDVSA[44], quién también posa junto a una ventana y cubierto por las cortinas (Fig 5). Por lo que puede apreciarse a través de las telas, la pose de Luzardo es distinta a la de Ferrero: con el rostro casi completamente girado hacia la ventana, y cabizbajo, su figura puede leerse como la de alguien que mira un afuera desolador o cuando menos ajeno. Lo vemos en un lugar entremedio interior; literalmente, entre la cortina y la ventana; con el cuerpo dentro de la casa, pero la mirada (y la atención) afuera. Con una mayor opacidad que en el autorretrato de Fabiola, resulta mucho más difícil identificar rasgos específicos e incluso detalles de su expresión facial.

En términos de representación visual este retrato niega los aspectos iconográficos (forma, dimensión, volumen, textura) que, en tanto reproducción de los aspectos perceptibles de la realidad, le darían identidad (visual) al sujeto ante la mirada de otros. Todavía más, oculta deliberadamente el rostro que consideramos zona de identidad de cuerpo y lugar del reconocimiento con los semejantes. En consideración a esto, resulta obvio que no se trata de un retrato descriptivo; sino de uno que aspira conectar al espectador con una situación y un estado de ánimo que corresponden a lo no visible en la imagen. Ferrero tiende un puente material entre la imagen en la que no podemos del todo ver y la tragedia silenciosa de la crisis económica y política a la que alude el caso de Luzardo, como un modo de habitar ese territorio en falta que es la casa. De este modo,

---

Giovanni Strazza, Pietro Rossi y Raffaello Monti dieron continuidad renovada a la representación de vírgenes veladas en el contexto del Risorgimento con lo que este motivo deviene alegoría de Italia como nuevo país unificado.

[44] En la descripción completa con la que Fabiola Ferrero acompaña a esta fotografía puede leerse: "The neighborhood was built specifically for workers with the now-ailing state oil company PDVSA, though these days many residents no longer work for the company. Once seen as a symbol of the rising Venezuelan middle class, many such neighborhoods are now falling apart due to subsidence caused by oil drilling, and residents experience lack of basic services".https://www.worldpressphoto.org/collection/photo-contest/2023/Fabiola-Ferrero/8

advierto, en la repetición del recurso también se refuerzan simultáneamente el entrelazamiento de la dimensión personal y la dimensión nacional en ambas historias, la de la fotógrafa y la del fotografiado. Pues éstas, aunque diferentes en sus contextos específicos, confluyen precisamente en la pérdida común del país.

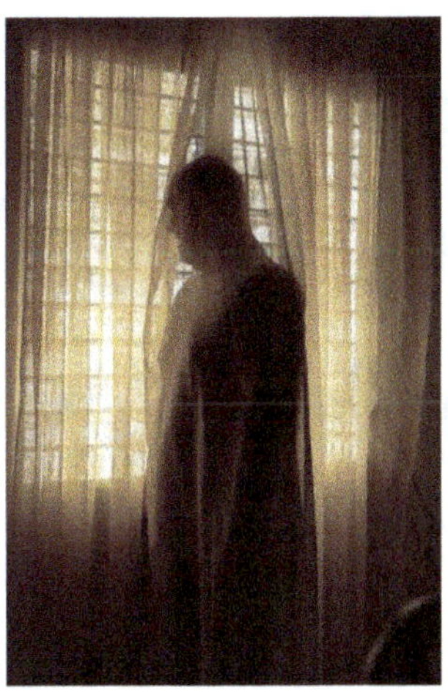

Figura 5. "Luis Luzardo, a former oil worker, poses for a portrait inside his home in Campo Alegría, an oil community in Cabimas, Zulia State, Venezuela". 14 de febrero de 2022. I Can't Hear the Birds © *Fabiola Ferrero*

En el «extrañamiento» de la experiencia y de la mirada, los velos tienen una doble función reiterada en el conjunto de las imágenes de *I Can't Hear the Birds*, como parte del sistema de signos visuales que configuran el tratamiento de la ausencia como vacío, abandono y silencio; pero sobre todo, se trata de estrategia estética que contribuye a performar en la imagen una existencia intersticial creando espacios intermedios donde habitan los cuerpos y las miradas, como sugieren las imágenes anteriores (Figs. 4 y 5). También estas capas aparecen en otros conjuntos de imágenes como evidencias del cuidado, de la protección de los bienes y de la memoria. Telas, cortinas y plásticos aparecen en el registro fotográfico que hace Fabiola Ferrero de las casas de personas que tuvieron que dejar Venezuela (Fig. 6) cubriendo lo que todavía queda en ellas.

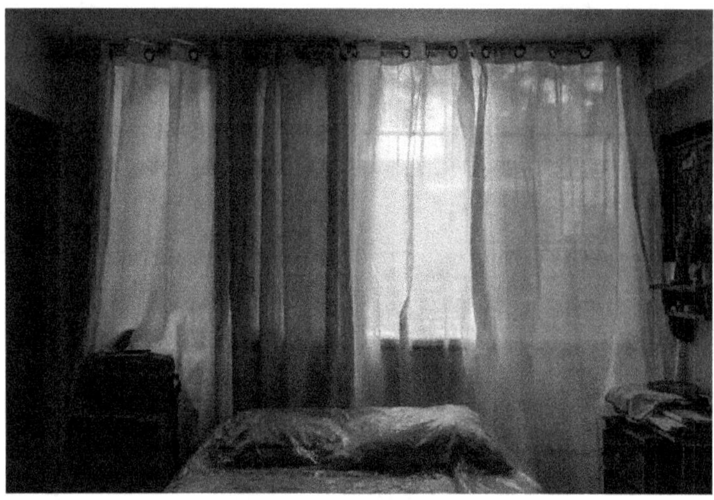

Figura 6. I Can't Hear the Birds. © *Fabiola Ferrero*

A diferencia de los retratos a los que me he referido con antelación, las fotografías de las casas muestran espacios literalmente vacíos o meramente ocupados por los muebles y las pertenencias de los migrantes venezolanos que antes vivieron en estas casas. En tanto testimonio de la migración de este siglo, Ferrero asemeja su propia experiencia personal y familiar con la experiencia de otras familias en cuyas casas todavía permanecen los objetos y mobiliario a la espera de un retorno o de la resolución final de venderla a nuevos propietarios. En las fotografías se puede notar como algunas de las casas permanecen casi intactas por algún tiempo, como en el testimonio que relata Fabiola Ferrero acerca de la casa de su abuela; en otras imágenes resulta mucho más evidente que se trata de lugares inhabitados, en los que los que se van acumulando los rastros del paso del tiempo en combinación con la ausencia física de personas.

Cubrir con estos materiales las pertenencias dejadas en la casa se trata en estos casos, sin duda, de una decisión práctica que, en principio, no tiene un carácter estético y la intención de hacer una declaración sobre la experiencia. En el sentido más literal posible éstas son imágenes directas, pues provienen de la realidad inmediata captada por la cámara de Ferrero para mostrar el fenómeno de migración desde una de sus aristas que es el notable vaciamiento de las viviendas. La reiteración, sin embargo, apunta tanto a la dimensión inabarcable del fenómeno de migración como a las intrínsecas filiaciones entre casa, familia y memoria que cifran este retrato psíquico y afectivo de la crisis venezolana. Ocultando materialmente, también estas imágenes nos interpelan sobre lo que no podemos ver: Sobre las historias pasadas de quienes habitaban estos espacios; sobre sus hogares transicionales en el presente y, como diría Fabiola Ferrero, sobre las memorias que revolotean alrededor de estos espacios abandonados. Entre sus silencios de telas y a media luz, estas casas nos interrogan así mismo sobre el «aquí y ahora» escindido en el que ellas mismas como lugares y fenómeno social reciente están transformando los modos de vivir en Venezuela.

Otras historias todavía por contar de esta migración venezolana remiten a los desafíos que la desocupación de viviendas ha representado para la población venezolana en la dimensión familiar, en términos tanto afectivos como económicos, y su paralelo en la dimensión social extendida como secuelas de la migración y el colapso económico. Es notable cómo este fenómeno sin precedentes en la historia contemporánea de Venezuela ha orientado nuevas estrategias de socialización que van desde las rutinas que los familiares deben implementar para hacer parecer que en las viviendas desocupadas todavía vive alguien, hasta el desarrollo de modelos de negocio para hacerse cargo del mantenimiento de la infraestructura y del sostenimiento económico de estos lugares en ausencia de sus propietarios, e incluso ocuparse de la venta en caso de ser necesario[45].

A propósito de la deslocalización como existencia intersticial simbolizada por este «velamiento», encuentro resonancias significativas entre los retratos que he comentado hasta ahora, el registro de las casas de per-

---

[45] En la descripción de la fotografía del 18 de marzo de 2022, la propia Ferrero hace referencia explícita al respecto: "Many middle-class families leave their belongings behind when they migrate, hoping eventually to return. Local entrepreneur Mairín Reyes has built a business around this practice. Migrants call her when they realize they won't return to Venezuela, and she catalogs and sells the contents of their homes for them, and eventually the house itself" https://www.worldpressphoto.org/collection/photo-contest/2023/Fabiola-Ferrero/20

sonas que emigraron y otra imagen del proyecto que también sitúa al espectador en la casa vaciada pero ahora intencionalmente habitada por el álbum familiar. En este caso se trata de la casa de los padres de la fotógrafa, también incluida en el registro previamente comentado. Con una estrategia distinta de superposición de capas, Ferrero explora otro modo de «poner el cuerpo» en la casa para sostener su propia vulnerabilidad ante esa realidad que le interpela desde la ausencia, y ocupa provisionalmente el presente vaciado de sentido desplegando imágenes de su propio pasado familiar (Fig. 7) para testimoniar la paradoja de su experiencia como migrante.

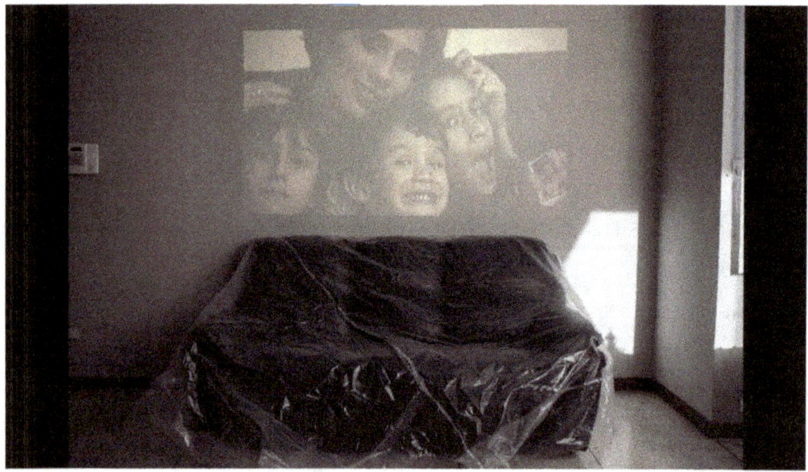

Figura 7 I Can't Hear the Birds © *Fabiola Ferrero*

> [F]ui como poco a poco vaciando la casa y, en ese proceso que fue un poco terapéutico, yo quise darle un espacio simbólico a la memoria y la proyecté en las paredes. Busqué un proyector y proyecté videos de mi infancia en las paredes de ese apartamento vacío como para darle un último chance a la normalidad de habitar esa casa. (Ferrero en Cardona).

Ferrero abre el archivo de sus memorias familiares y lo sobrepone en la casa como acto de resistencia[46] en el que se hace visible el encuentro inestable entre el espacio despojado y las ausencias hechas presencia espectral y anacrónica por la fotografía. El presente no puede ser revocado, ni siquiera restaurado por ese deseo de "normalidad" que invoca la autora en su testimonio al respecto. Esta capa de la imagen fotográfica proyectada en la pared hace de la casa un lugar de memoria velado. Y, sin embargo, no hay disimulo o enmascaramiento de la realidad; no se oculta la ausencia con las imágenes proyectadas de quienes vivían en la casa. Por el contrario, se remarca. La acción de encubrimiento está indefectiblemente ligada a hacer no solo visible sino experienciable la falta en su exceso. Allí, se espacializan fugazmente el pasado y el presente de manera conjunta sin conciliar, no obstante, su disyunción, que permanece ostensible en los rasgos singulares de los signos que indexicalizan cada uno de los tiempos: la materialidad concreta y volumétrica del sillón desocupado y envuelto en plástico; la superficie plana y ligeramente traslúcida del retrato, que hace de la presencia de la familia una suerte de segunda piel suspendida en ese espacio.

Joanna Long (2014) argumenta que la familia es central para la experiencia migratoria y para su estudio, no solo porque puede ser tanto el motivo de la movilización como el marco contextual en el que sus efectos son inmediatamente percibidos por los migrantes, sino porque "in diasporic contexts, experiencing multiple ways of family life can multiply ideas of family itself, adding it to the list of apparently singular things (home, homeland, identity, nation, belonging, etc.) that assume greater diversity through migration" (248). En consonancia con este argumento de Long, identifico en *I Can't Hear The Birds* una performación general de la migración como familia otra, extendida, dispersa, cuyos miembros se enlazan por la pérdida, por los afectos y por la voluntad de interrogarse en

[46] En un marco más extendido en torno a la fotografía contemporánea hecha por mujeres, esta estrategia en particular podría apuntar nodos en común entre el trabajo de Ferrero y otros proyectos como *Arqueología de la ausencia* (2011) de Lucila Quieto y *Family Frames* (2016) de Muriel Hasbun.

ellos y no sólo por vínculos de sangre, por el lugar de origen o por la etnicidad.

> El archivo que yo utilizo dentro del proyecto *I Can't Hear the Birds*, que es de mis compañeros, en tu archivo,[47] estas fotografías que son de los álbumes familiares de las personas que visito [...] obviamente tiene un lugar fundamental porque tomo este objeto que habla de la Venezuela que fuimos y que ya no existe. (F. Ferrero, entrevista personal, 2 de febrero de 2022)

La proliferación de imágenes provenientes de estos álbumes familiares de otros venezolanos cuyas familias también transitan la crisis migratoria y humanitaria multiplica una suerte de mosaico compartido e incompleto del país de origen: Venezuela. Pequeñas piezas parciales que no pueden dar cuenta por sí solas de la dimensión masiva e inédita de la crisis migratoria venezolana pero que al ponerse en relación unas con otras ofrecen un otro país disperso y en movimiento; difícil de ver y de asir, difícil de comprender o clasificar, por supuesto.

Casa residual obrada. Donde ya no eres nada *de Freisy González Portales*

También de multiplicaciones y diversas proliferaciones del archivo propio y apropiado se compone la constelación rizomática y abierta de *Donde ya no eres nada* (2017- en proceso), de la fotógrafa, antropóloga y música venezolana Freisy González Portales. Un proyecto en curso que se abre desde la migración de su autora a Perú en 2017, y se diversifica hacia otros proyectos con su experiencia de migrante retornada desde 2022. En su amplio conjunto de imágenes coexisten diversos formatos, así como técnicas fotomontaje y procedimientos experimentales que po-

[47] Fabiola Ferrero se refiere acá a mis álbumes familiares, diarios y otros objetos personales que ella fotografió en la casa de mi abuela durante 2020, a ese conjunto de fotografías pertenecen algunas de las imágenes de las figuras 2.20 y 2.22.

nen en diálogo la fotografía con el bordado, el collage, la música y la escritura.

Mediante estos recursos, se gesta un espacio-tiempo indecidible, sin horizonte conocido ni bordes concretos que guía también la reflexión sobre el hogar y los modos de habitar, desde el cual va tramando la autora una memoria otra, del presente en curso, que tensiona la memoria que llevó consigo desde Venezuela. Algunas pocas fotografías del álbum familiar que pudo llevar consigo en el viaje, y otras que pudo recuperar después digitalmente, serán la reiteración omnipresente de lo que no está, de lo que ya no es. El «allá-entonces» del país de origen se superpone incesantemente en la mirada de la fotógrafa como puede notarse en algunos de sus fotomontajes, en los que literalmente emplaza paisajes de Venezuela, retratos de sus familiares y hasta conversaciones de mensajería de texto, sobre imágenes de las playas o montañas que fotografía en Perú. De estos encuentros forjados fotográficamente se patentiza un diálogo inconcluso entre el «allá-entonces» y el «aquí-ahora», asumiendo la dimensión de un tercer espacio-tiempo que solo la fotografía hace posible realizado y que, sin embargo, no tiene un referente unificado y concreto fuera de ella. Por el contrario, en estos casos, la fotografía se convierte gracias a la intervención del fotomontaje en un paralelo visible de la experiencia intangible de escisión que la fotógrafa está vivenciando. Considerando además la inclusión de los documentos de identidad entre los materiales empleados en los fotomontajes, sin duda, esta estrategia tiene implicaciones sustantivas en los modos en que Freisy González Portales indaga sobre su propio rol en la configuración de la historia familiar, su identidad ciudadana, su sentido de pertenencia y su condición de mujer migrante.

En lo que respecta a la representación de la casa y los espacios de la cotidianidad esta poética de superposiciones emerge en rasgos más sutiles. Como filtrada por un estadio imaginario u onírico desde donde se abre también la incertidumbre del futuro. Lo inolvidable de su propia dislocación como migrante retorna en sus imágenes de la casa calladamente, como una vibración que altera la atmósfera y sus modos de estar allí. Los espacios y ella misma en tanto sujeto que los habita se perciben permeados por un carácter de transitoriedad que los desrealiza y los engendra a la vez.

Un aspecto inicial, acaso iniciático, de este trabajo en proceso también estuvo relacionado con la indexicalización y simbolización de la casa como cronotopo real y concreto de la experiencia de migración, como exploración de la identidad en duelo, un testimonio del desarraigo. No obstante, esa inserción opera en la poética de este tercer proyecto fotográfico desde una perspectiva distinta a los dos casos que he abordado previamente. Pues, en primera instancia, en estas imágenes no se trata de la casa de la abuela ni de la remisión a la infancia, como en efecto ocurre tanto en el trabajo de Wendy Estrella Yannarella como en el de Fabiola Ferrero, aunque con estratégias fotográficas y propósitos estéticos diferentes entre sí. En este proyecto, el gesto de fotografiar tiene que ver con documentar los lugares en los que la fotógrafa vivió durante los cuatro años de su estancia en Lima, Perú. Esos lugares que ella llama paisajes/paraísos migrantes, y en los que es notable la condensación entre la precariedad de las condiciones materiales de las habitaciones en sí mismas y la vulnerabilidad de su estar-allí: buscando acomodarse en un lugar intermedio entre las sombras y la luz, entre el afuera y el adentro.

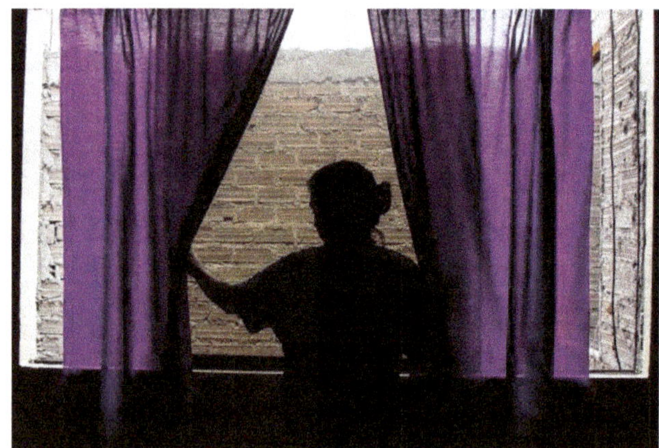

Figura 8. "La primera habitación que pude alquilar en Lima". Lima, Perú. 2017. Donde ya no eres nada. ©*Freisy González Portales*

En esta serie fotográfica, las imágenes de la casa muestran cómo la fotógrafa empieza a hacerse lugar entre los recuerdos difusos del pasado que se muestran propensos a la desaparición frente al paso del tiempo, y los lugares intersticiales del presente (Figs. 8 y 9) los cuales lucen más concretos en términos materiales, pero también inciertos en sus posibilidades de permanencia. En esas condiciones nítidamente se exacerba el deseo de memoria y, en el caso de Freisy González Portales, el afianzamiento de los lazos afectivos.

Unas veces su cuerpo se ofrece a contraluz, con la mirada ligeramente esquiva frente la rudeza de un muro que le impide provisionalmente ver por sí misma el horizonte (Fig. 8). Otras veces la veremos difusa, y en transición (Fig. 9), y en otras completamente transfigurada en sombra (Fig. 10). En todos los casos, su rostro como lugar de identidad nos es negado de manera directa, y el cuerpo se presenta como una opacidad elusiva, presencia ausentada que se resiste a la desaparición, pero no puede ser del todo capturada en sus aspectos visibles o reconocibles como entidad diferenciada. Como una suerte de diario visual de la impermanencia, estas imágenes testimonian nuevos comienzos en sus sucesivas mudanzas, al tiempo que van dando cuenta de su modo de empezar a «poner el cuerpo» en los espacios y en su situación, tratando de hacer la casa. En esta tarea la práctica fotográfica será tanto herramienta de documentación como práctica reflexiva. En el primer caso, la fotografía sirve de testificación en la construcción de cierta nueva «normalidad» mediante los detalles, como las cortinas que la fotógrafa se empeña en poner para dar color a la habitación y sentirla un poco más propia (F. González Portales, Comunicación personal, 17 de diciembre de 2022), a pesar de que funcionalmente no es necesaria puesto que no hay exterior desde el cual pueda ser vista. En el segundo caso, la fotografía es el instrumento mismo mediante el cual se procura el entendimiento de la realidad exterior e interior, pues observar el comportamiento de la luz procurando explorar los rincones fue también un modo de habitar esos nuevos espacios, interrogándose fotográficamente sobre sus modos de experimentar el tiempo y el espacio directamente en el cuerpo.

Esa exploración silenciosa de los modos de habitar las casas transitorias en las que iba procurándose un lugar propio, de afuera hacia adentro y viceversa, van dando cuenta de la reflexión y transfiguración vital de la misma fotógrafa. En estas imágenes que son al mismo tiempo paisajes de migración (puertas adentro) y autorretratos, los sujetos fotográficos se funden y confunden en un espacio-tiempo residual. Casa y cuerpo se encuentran en las intersecciones de la luz y la sombra, materias fundamentales del lenguaje fotográfico, hasta extenderse uno en el otro recíprocamente: la luz/sombra de la casa proyectada como segunda piel sobre el cuerpo de la fotógrafa; la sombra del cuerpo especializada en la pared. Sentirse arrojada a un lugar-tiempo donde se ha perdido la identidad y consistencia del ser, como decididamente declara el título de esta serie fotográfica, se expresa en una estética de superposiciones y solapamientos de distintas materias, vueltas rastros en este caso. Mediante estas sincronías visuales, la fotografía va haciendo ostensible una existencia intersticial en la que los contornos de la realidad material se perciben difusos en correspondencia a la disyunción que se experimenta psíquicamente.

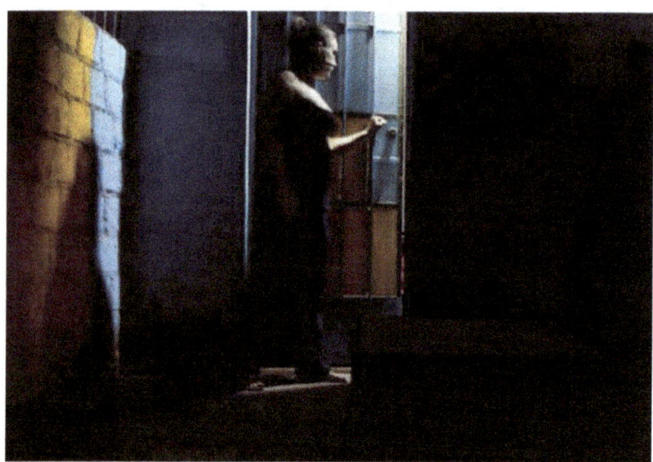

Figura 9. "Un cuartico en una terraza" Lima, Perú. 2018.
Donde ya no eres nada. ©*Freisy González Portales*

Casi dos años después de la toma fotográfica de la "primera habitación", la autora publica la imagen en su cuenta de *Instagram* y declara cómo esa vista del muro la paralizaba por momentos, pero también la impulsó a buscar conexión con otros migrantes para documentar sus "paisaje/paraíso" y continuar interrogándose sobre los modos de habitar un lugar y qué consideramos un hogar (González Portales, 14 de enero de 2020). En la elaboración impulsiva de esta cortina en particular, que antecede el acto decidido de ocupar el lugar dejando testimonio fotográfico mediante el autorretrato, se vislumbra para mí un modo de cuidado que apuntala la poética de memoria migrante de Freisy en este proyecto desde el inicio y que se fue haciendo más ostensible en los siguientes años. En la necesidad de asir el mundo nuevo, procurando tomar el control de su vida que parece desgajada de todo orden anterior, la autora desolvida la casa combinando los procedimientos fotográficos con la costura o el bordado como labores de cuidado aprendidas de su madre.

Figura 10. "Sin sombra no hay luz". 12 de mayo de 2020. @freisygonzalez

En el caso de las cortinas, como es evidente se trata de un acto previo que sin embargo se acompañará con el registro fotográfico posteriormente. En otros casos más notorios el bordado no solo es posterior a la imagen, sino que funciona más bien como reelaboración de la memoria para construir una realidad otra. En ambos casos se trata de una implicación directa del cuerpo en el proceso de reflexión sobre la permanencia y estabilidad de la existencia.

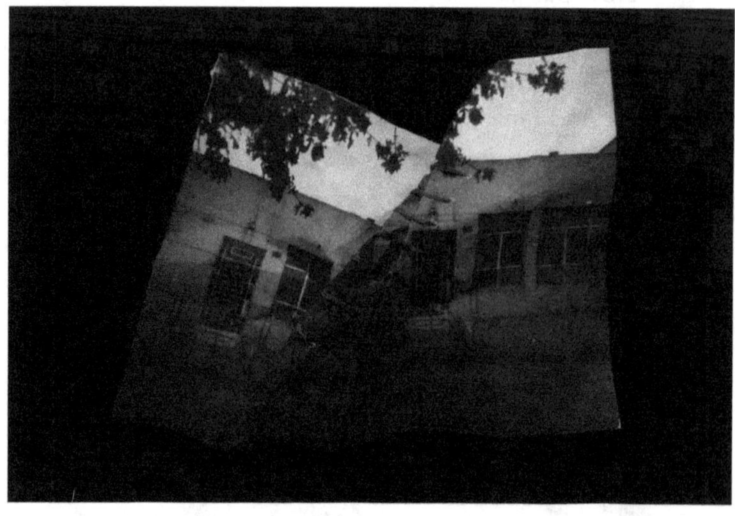

Figura 11. "Colapso". 21 de abril de 2021. Donde ya no eres nada. ©*Freisy González Portales*

La interrogación de la autora por los modos en que nos relacionamos con los espacios que habitamos, se expande en el encuentro entre fotografía y bordado ante el colapso (Fig.11). Más que la reproducción del anhelo de casa, o la tematización de la nostalgia, en esta imagen la fotógrafa literalmente aborda la casa desde afuera, debilitada, desprendida de su contexto, y ablandada. No es ya la casa fáctica concreta que se ha dejado en Venezuela, ni es el pasado recuperado parcialmente por los recuerdos fotográficos. Sino la casa como concepto que es colocada ahora sobre un fondo negro gestacional para repensarlo reconociendo sus fracturas. El bordado en esta ocasión no es un gesto que intenta restituir o reparar. Freisy González Portales pone el cuerpo propio allí para coser la imagen que no está visiblemente rota, no procura juntar partes desprendidas; al contrario, su bordado literalmente hace colapsar la casa, mientras declara en su intención la analogía entre la casa y la vida: "De la destrucción, de los restos y de lo que a veces intento hacer con ellos... Como la vida misma" (González Portales, 21 de abril de 2021).

Donde ya no eres nada reúne, como he señalado anteriormente, un conjunto de imágenes de diversa naturaleza técnico-material. Tanto en su conjunto como en lo que respecta a las imágenes consideradas individualmente, ofrece una poética difícil de clasificar, elusiva, como la experiencia de duelo y desarraigo de la que da cuenta en su elaboración. La representación de la casa no escapa a esta complejidad, sino que se hace y se deshace en ella, entre residuos, sin lugar ni tiempo determinados. Impermanente, mutable, en tránsito, la casa que emerge provisionalmente entre estas imágenes es una casa residual obrada; una casa sin paredes que emerge en la obra en tanto práctica vital para poder habitar la experiencia deslocalizante de la migración.

Final sin fin, entre el residuo y el desborde

En estos proyectos de Wendy Estrella Yannarella, Fabiola Ferrero y Freisy González Portales, las casas que emergen de una zona entremedia a punto de ser olvidadas, pero no son recuperadas por el recuerdo sino re-habitadas, ocupadas de un otro modo desplazado, desde adentro hacia afuera para luego re-insertarse en el cuerpo como memoria futura. Entre el residuo y el desborde de estas unidades espacio-temporales, se expresa la paradoja de la memoria en migración más allá de la nostalgia o la asimilación. En sus imágenes se manifiesta una realidad dislocada que excede lo conocido previamente como elaboración de aquello que aún no puede ser nombrado. Atestiguan el intersticio indecible (e indecidible) que no se resuelve en la síntesis de dos opuestos: «pasado/presente», «allá/aquí», sino que se ofrece como interpelación en su brecha irreductible.

En estos trabajos se va gestando calladamente la pregunta sustancial del migrante por su propia existencia. Habitar la casa-álbum ilusoria, la casa-velada, la casa-residual obrada, es una labor de memoria en resistencia para sostenerse a sí mismas y a los suyos desde aquellos lugares acechados por la inminencia del olvido, de cuyas borraduras también sobrevendría la idealización del pasado. Desde su paradoja, estas casas de desolvido abren las condiciones de posibilidad para habitar un tercer espacio-tiempo inaugurado por la disconformidad entre quién se fue en el pasado y quien se está siendo en el presente, y desde allí nos interpela a propósito de la función constitutiva de las constelaciones espacio-temporales en relación a los sujetos, sus comunidades y sus memorias (Peeren 71) en su dimensión afectiva y también política, indisolublemente ligada a la fluidez de la diáspora misma; condición en la que el «entonces-allá» del país de origen y el «aquí-ahora» del nuevo país de residencia (o tránsito) coexisten en el discurso intersubjetivo, en la experiencia directa (o fáctica) de la vida cotidiana y, por tanto, en la performatividad de la identidad. Desolvidar la casa como lugar asidero nuclear de la comunidad política territorializada de la nación, para interrogarnos sobre nuestros modos de habitar y estar juntos, es una tarea política del presente a la que nos invitan estos proyectos.

Bibliografía

Bauman, Martin. "Exile". *Diasporas: concepts, identities, intersections.*, editado por Kim Knott y Seán MacLoughlin, Zed Books, 2010, pp. 19–23.

Bardenstein, Carol. "Figures of Diasporic Cultural Production: Some Entries from the Palestinian Lexicon". *Diaspora and memory figures of displacement in contemporary literature, arts and politics.*, editado por Baronian, Besser, S., & Jansen, Y., Rodopi, 2007, pp. 17–32.

Boccagni, Paolo, et al. "A place migrants would call home: open-ended constructions and social determinants over time among Ecuadorians in three European cities". *Comparative Migration Studies*, vol. 9, núm. 1, Oct. 2021, p. 47, https://doi.org/10.1186/s40878-021-00256-y.

Boym, Svetlana. *The Future of Nostalgia.* Basic Books, 2008.

Campt, Tina M. *Listening to images.* Duke University Press, 2017.

Cardona, Elena. *Inauditas: Conversación con las artistas.* Youtube, 12 de mayo de 2023, https://www.youtube.com/watch?v=DoeAdtP0faE.

Estrella Yannarella, Wendy. Entrevista personal. 3 de septiembre de 2022

Ferrero, Fabiola. *I Can't Hear the Birds.* Worldpress Photo. Recuperado el 22 de julio de 2023, a partir de https://www.worldpress-photo.org/collection/photo-contest/2023/Fabiola-Ferrero/24

---. Entrevista personal. 2 de febrero de 2022.

---. [@fabiolaferrero]. *Instagram,* 8 de junio de 2021 https://www.instagram.com/p/CP3OBfwnkq3/?img_index=1

---. [@fabiolaferrero]. *Instagram,* 11 de junio de 2021 https://www.instagram.com/p/CP-8slnHuZa/?img_index=1

Fitzpatrick, Orla. "From Cavan to Kansas: A Photographic Album of Family Migration from Ireland to North America". *Contact Zones. Photography, Migration, and Cultural Encounters in the United States,* editado por Justin Carville And Lien, Leuven University Press, 2021, pp. 57–78, https://www.jstor.org/stable/pdf/j.ctv1qdqzmr.6.pdf?refreqid=excesior%3Ab3f5f1ea128326c457dfbed4dc8beb9b&ab_segments=&origin=

González Portales, Freisy. Entrevista personal. 17 de diciembre de 2022.

---. [@freisygonzalez]. "La primera habitación que pude alquilar en Lima". *Instagram*,14 de enero de 2020. https://www.instagram.com/p/B7UJo3YhNqp/

---. [@freisygonzalez] "Esta es la segunda habitación que pude". *Instagram*,12 de mayo de 2020 https://www.instagram.com/p/B7UL-vDABgaX/

---. [@freisygonzalez] "Sin sombra no hay luz". *Instagram*,14 de enero de 2020 https://www.instagram.com/p/CAG1eUGBXHV/

Hall, Stuart. "Cultural Identity and Diaspora". *Undoing Place?*, 1st Edition, Routledge, 2020, pp. 231–42, https://doi.org/10.4324/9781003058885-22.

Laxton, Susan. "Photomontage in the Present Perfect Continuous". *History of Photography*, vol. 43, núm. 2, Apr. 2019, pp. 191–205, https://doi.org/10.1080/03087298.2019.1678292.

Long, Joanna C. "Diasporic Families: Cultures of Relatedness in Migration". *Annals of the Association of American Geographers. Association of American Geographers*, vol. 104, núm. 2, 2014, pp. 243–52, http://www.jstor.org/stable/24537716.

Peeren, Esther. "Through the Lens of the Chronotope: Suggestions for a Spatio-Temporal Perspective on Diaspora". *Diaspora and Memory*, Brill, 2006, pp. 67–77, https://doi.org/10.1163/9789401203807_007.

Rivas Rojas, Raquel. "Escrituras en diáspora. Una lectura panorámica de los cuentos que nos contamos sobre el destierro". *Baciyelmo*, vol. 16, núm. 3, marzo-septiembre 2022, pp. 60–74.

---. "Electronic Diasporas: Identity and Postliterary Fictions in the Blogs of Three Venezuelan Exiles". *Review: Literature and Arts of the Americas*, vol. 54, núm. 2, July 2021, pp. 187–93, https://doi.org/10.1080/08905762.2021.1990549.

Sanjuán, Ruth. "Archivos familiares, propios y apropiados como cuerpos narrativos para una memoria genealógica". *Arte y políticas de identidad*, vol. 22, June 2020, pp. 56–72 pp.

Stock, Femke. "Home and Memory". *Diasporas: concepts, identities, intersections*, editado por Kim Knott y Seán MacLoughlin, Zed Books, 2010, pp. 24–28.

III
Visibilildad de materiales alternativos

Mujeres en la calle: arte urbano como herramienta feminista

Judit Palencia Gutiérrez
California State University - Fullerton

Introducción

A finales de la década de 1970, Sandra Fabara, más conocida por su nombre artístico *Lady Pink*, comenzó a dibujar grafiti en la ciudad de Nueva York. La artista, de origen ecuatoriano, se convertiría en una de las figuras más predominantes de la escena grafitera, siendo reconocida a nivel mundial, y en un referente para las mujeres que realizan este tipo de arte.

La práctica del arte urbano – término que englosa grafiti, pintura urbana, muralismo urbano, y otros tipos de arte en la esfera pública - muestra una predominancia de participantes masculinos, en gran parte debido a dinámicas de legalidad y seguridad asociadas a estas actividades. Las personas que practican estos tipos de arte suelen destacarse por desafiar las normativas infraestructurales, circular en espacios públicos durante la noche y exponerse a riesgos físicos. Estas condiciones han propiciado una mayor presencia masculina en la intervención gráfica de los entornos urbanos. No obstante, en los últimos años, se ha observado un aumento gradual de la participación femenina en la creación de obras callejeras, aunque en menor medida. Esto se atribuye a los estereotipos de género arraigados en las sociedades contemporáneas, que influyen en los roles y comportamientos de ambos géneros.

En su ensayo "Un cuarto propio", Virginia Woolf argumentaba que, a pesar de ser la mujer el objeto de estudio más analizado en el mundo, se le ha privado de tener voz y no se le ha tenido en cuenta. El Arte Urbano, al ser una expresión artística que impacta palpablemente en el entorno urbano, tiene el potencial de influir en la política del espacio y en los sujetos que lo experimentan, al presentar imágenes alternativas que promuevan, en nuestro contexto, la igualdad de género.

En este capítulo exploramos la presencia de las mujeres en el mundo del arte urbano. Defendemos que el arte urbano puede funcionar como una herramienta en defensa del feminismo, garantizando visibilidad de mujeres artistas, e interrumpiendo políticas del espacio masculinas en el contexto de la ciudad moderna. Para ello veremos la obra de distintas artistas españolas de arte urbano, centrándonos en la mujer como sujeto agente y creador, y reflexionaremos sobre el concepto "representación", "voz", y "visibilidad" desde la teoría del filósofo francés Jacques Ranciere, nociones del arte urbano de Lyman Chaffee e ideas de espacialidad de Alison Young.

Mujeres en el arte urbano

Históricamente, los hombres han dominado la esfera pública. Tradicionalmente y en diversas culturas, las actividades del hombre, de índole intelectual o artesanal, han tomado lugar en el exterior, fuera de la casa, en lugares como el campo o la ciudad. El hogar queda así relegado a lo femenino: la casa es el espacio emblemático donde se inscribe la mujer, quien lo administra y cuida lo interior, lo familiar. Así, culturalmente, la calle se ha caracterizado como un espacio masculino. Esto ha tenido efectos prácticos en la conceptualización de la ciudad moderna, planificada para satisfacer necesidades masculinas. Este fenómeno trasciende, además, en la división sexual del trabajo, debido a que las mujeres han sido relegadas a espacios privados, mientras que los hombres han gozado de mayores libertades a la hora de circular y tener poder sobre los espacios públicos.

La marginación femenina de cualquier participación en actividades públicas no comienza a cambiar hasta los siglos XVIII y XIX, con el nacimiento de los movimientos feministas. En la época contemporánea, el espacio público ha sido el escenario desde el cual se han gestado las demandas que han impulsado la democracia, los derechos, y las libertades. Para las mujeres, tener lugar en este espacio ha sido un desafío. En un momento de disidencia, las mujeres comienzan a salir a la calle para apropiarse del espacio público y reivindicar derechos sociales.

La exclusión de las mujeres en la esfera pública también ha sido reflejada en el ámbito artístico. A lo largo de los siglos, la pintura ha representado a la mujer dentro de su entorno convencional, el doméstico, saliendo de este para figurar como musa o en contextos relacionados con la prostitución. En la década de 1960, durante la Segunda Ola Feminista, vemos el comienzo de un diálogo disciplinario entre dos campos: la historia del arte y los estudios de género. Comienza entonces una corriente artística protagonizada por mujeres que ven el arte como herramienta de protesta y denuncia. Cobra en este momento una gran importancia la performance, al ser un tipo de arte que hace uso del cuerpo propio, facilitando así el diálogo arte-feminismo. Así, la presencia de la mujer empieza a extenderse al ámbito urbano, también a través del arte.

Resulta particularmente provechoso, para nuestro estudio del arte urbano, el análisis de la ciudad que hace Elizabeth Wilson en su obra *The Sphinx in the City* (1990). La ciudad, de acuerdo con Wilson, es un espacio de contradicciones: marginaliza y reduce la experiencia femenina, dado que se encuentra en una posición desfavorable y que además están invisibilizadas en las representaciones urbanas, pero a la vez, crea oportunidades de liberación de la mujer. Esta relación dialéctica nos ayuda a pensar tensiones que surgen en el campo de los estudios urbanos feministas: las mujeres, como agentes, tienen la capacidad de modificar la política de espacio y representación en el espacio urbano mediante prácticas que denuncian su marginalización en la esfera pública. Más en concreto, en nuestro caso, estamos interesados en prácticas artísticas urbanas.

El arte urbano se presenta como una formidable herramienta de comunicación, ya que permite llegar directamente a los ciudadanos que habitan el espacio urbano. Su inscripción en los muros de la ciudad, directa y sin censura, adquiere especial importancia si pensamos en su utilidad como medio para dar visibilidad a demandas sociales y cuerpos marginalizados. Así, el arte urbano resulta una práctica provechosa en la lucha feminista y en la reivindicación de la inserción de la mujer en el espacio urbano.

Las artistas de arte urbano reivindican su presencia en la historia, en el arte y en la historia del arte, y en el espacio al disgredir los límites entre lo masculino y lo femenino, para incorporar una lectura de género inclusiva. En las siguientes páginas, veremos ejemplos del trabajo de artistas españolas de distinto tipo de arte urbano: Hilando Vidas, Iris Serrano, Saltin Panki, ICAT y BTOY.

Hilando Vidas

La asociación cultural Hilando Vidas, una entidad sin fines de lucro, fue fundada en la localidad valenciana de Alcublas en el año 2016, con el propósito de promover la igualdad y diversidad a través del arte colaborativo, centrándose especialmente en la valoración y visibilización de la mujer, en particular de la mujer rural, mediante obras de arte urbano. Iniciado como una manera de conmemorar el 25 aniversario de la Asociación de Mujeres Atenea de Alcublas, este colectivo independiente ha evolucionado hasta convertirse en un proyecto artístico consolidado que busca dignificar el arte del tejido, llevándolo de lo privado a lo público mediante la creación de instalaciones artísticas tejidas con materiales como lana, plástico y telas recicladas. De esta manera, se otorga visibilidad a los artistas locales y se promueve la apreciación del arte en todas sus formas en el espacio urbano (Hilando Vidas).

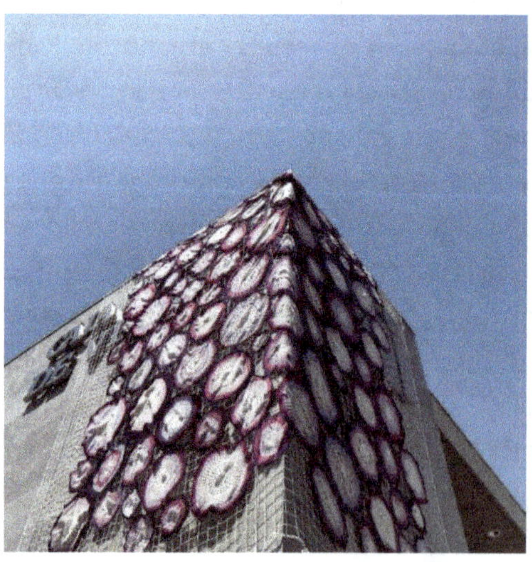

Imagen 1: ejemplo de tejido de Hilando Vidas

Su intervención "Sororidad Serranía", que ha contado con un total de 650 mujeres provenientes de 18 localidades en la comarca valenciana de La Serranía, representa un tributo a aquellas mujeres que históricamente carecieron de oportunidades, al tiempo que denuncia las dificultades que enfrentan muchas mujeres en la actualidad debido a su residencia en pequeñas comunidades rurales del interior (Hilando Vidas).

Hilando Vidas promueve eventos masivos donde se teje en público. Uno de los principios fundamentales de la asociación es llevar el arte del ámbito privado a la esfera pública. Durante décadas, las mujeres trabajaban en sus tejidos en casa, sin reconocer el valor de su trabajo. Así, Hilando Vidas lleva el arte de esas mujeres a la calle, para que el mundo pueda reconocer su labor (Hilando Vidas).

Su intervención Bosque de Sororidad consiste en un recorrido por 18 esculturas, cada una representando uno de los 18 municipios de La Serranía, elaboradas por mujeres de la región (ver imagen 2). Las piezas han sido tejidas a mano en diferentes tonalidades de morado, color que simboliza lo femenino. Las distintas gamas del color que se pueden ver en las obras son una reflexión de la diversidad de las mujeres. Además, las esculturas incluyen pequeños hexágonos, simulando paneles de abejas, simbolizando así el trabajo en equipo. Esas diminutas piezas se unen para crear colmenas, representando sororidad y unión (Hilando Vidas). La exposición de estas piezas va acompañada con un panel con código QR que explica el significado de la obra.

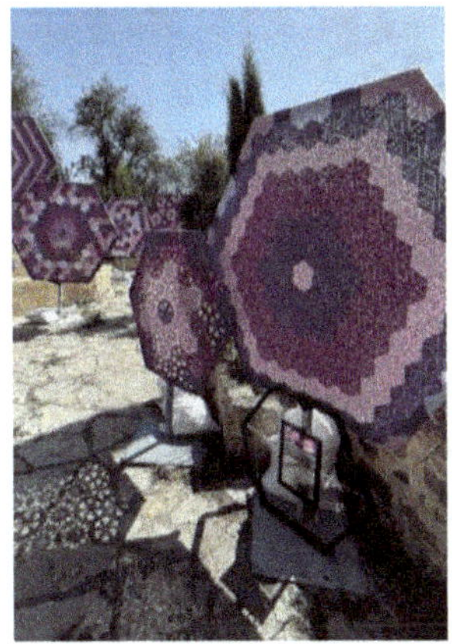

Imagen 2: Bosque de Sororidad

Iris Serrano

Iris Serrano se crió entre las Islas Canarias y Valencia. Organiza festivales artísticos y lleva a cabo proyectos en barrios marginados. Sus obras de arte se caracterizan por retratar a mujeres con una belleza única que emana energía, fortaleza y serenidad. A través de sus pinturas, estéticamente coloridas, transmite mensajes de justicia social y activismo. Sus piezas defienden una transformación social y revolución femenina, impulsando la equidad de género y la autonomía de las mujeres en la sociedad (21distritos).

Para que su mensaje de defensa de causas sociales le pudiera llegar a un mayor número de personas, Serrano comienza en 2010 a pintar muros. Desde entonces, ha realizado diversos trabajos de muralismo urbano, en ciudades como Valencia, Barcelona, Belén y México DF. Este formato le permite llegar a un público más diverso, reivindicando así la calle como lugar de encuentro y de intercambio de opiniones, donde para ver arte no hay que sacar un billete de entrada (López Giménez 139). Así, se posiciona dentro del *Artivismo*, es decir, la combinación de arte y activismo.

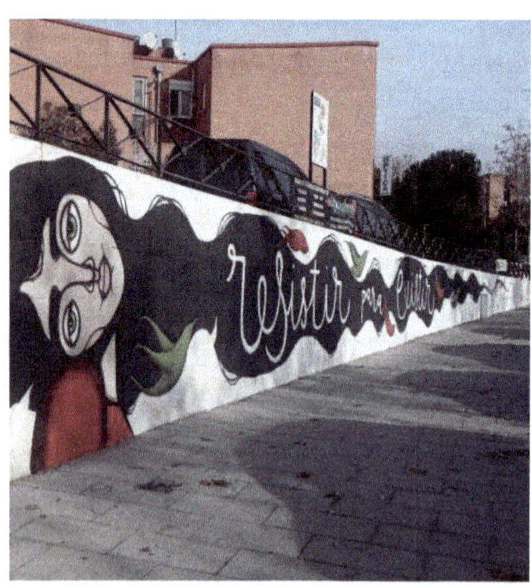

Imagen 3: pieza de Iris Serrano

El feminismo, maternidad y activismo son temas pilares en la obra de Serrano. Las ilustraciones de Iris generalmente presentan a mujeres, dotadas de una belleza inusual. Son mujeres que aparentan fragilidad, pero irradian una combinación de energía, fortaleza y serenidad. Muchas veces incluye figuras históricas femeninas para darles visibilidad y reclamar su contribución en la historia, como su mural para el proyecto HerStory (ver imagen 4).

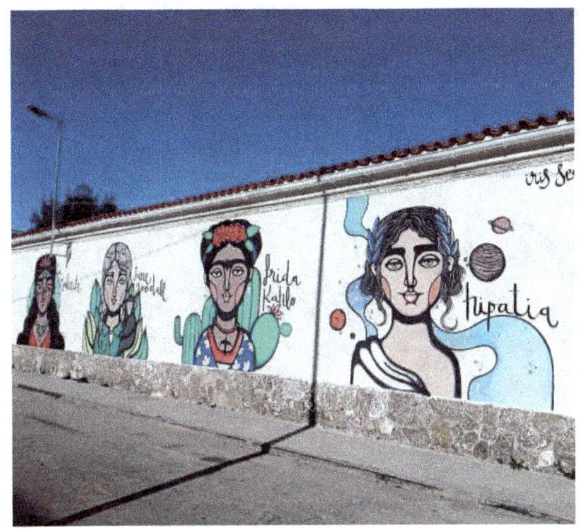

Imagen 4: mural HerStory

Saltin Panki

Saltin Panki es una artista que recurre al arte urbano para que su arte tenga un mayor alcance, en sus propias palabras: "Hay muchas cosas que me motivan a la hora de pintar en la calle, pero, sobre todo, es que el arte en las calles toma vida propia. La calle es un lienzo vivo con un sinfín de posibilidades" (Diego Lopez Gimenez 233). A través de sus pintadas urbanas, intenta denunciar y mostrar realidades que han sido invisibilizadas, haciendo de lo privado algo público. Así, parte de su trabajo busca brindarles visibilidad a conceptos relacionados con el feminismo (ver imagen 5).

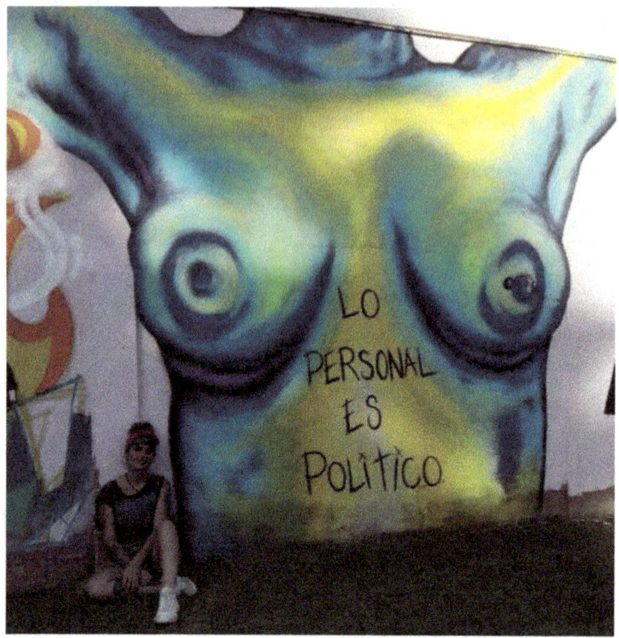

Imagen 5 – "Lo personal es político"

Como planteó la escritora feminista Kate Millett, pensadora crucial en la Segunda Ola Feminista: lo personal es político. Es decir, aquello que tradicionalmente circulaba en el ámbito personal, en el ámbito privado, debe visibilizarse y circular en la esfera pública para así poder entrar en la discusión política y renegociarse. En esta pintada, la consigna feminista va está inscrita en el torso desnudo de una mujer, dejando a la vista sus senos. Así, la oración "lo personal es político" es contextualizada dentro del feminismo. Las dos partes de la pieza, expresión y dibujo, se complementan para hacer una denuncia social que pueda llegarle al viandante de una manera directa y clara. "Lo personal" quiere decir lo femenino, lo relativo a la mujer.

ICAT

Mónica Gómez Martínez, conocida bajo su pseudónimo artístico Icat, lleva más de una década elaborando grafitis y murales urbanos. Icat desarrolla murales con presencia de cuerpos femeninos, a veces incluyendo mujeres con una lata de spray, pintando grafiti, para promover el reconocimiento del rol de las mujeres en el ámbito del arte urbano. Por ello, la artista, originaria de Jaén, trata de aprovechar el alcance comunicativo de la pintura urbana para mostrar la presencia femenina en el mundo del grafiti y acercarlo, sobre todo, a las niñas. Destaca la importancia de la sororidad dentro del arte urbano, no necesariamente como respuesta a una opresión directa, sino como medio para visibilizar y acercar esta disciplina a otras mujeres. En ese sentido, para Icat, el desafío para las mujeres no es simplemente acceder al ámbito del arte urbano, sino lidiar con la inseguridad y sentimiento de duda que puede surgir ante la invisibilización a la que se enfrentan las artistas existentes. Cree, pues, que el arte urbano puede ser una herramienta importante en el fortalecimiento de la figura femenina, ya que es una disciplina que implica aprendizaje continuo, evolución de la técnica, expansión de la forma de pensar, y aceptación de nuevos desafíos. En su opinión, el arte urbano puede contrarrestar imágenes estereotipadas de roles tradicionales femeninos que se pueden ver en el espacio urbano, como en vallas publicitarias, por ejemplo (Luque Rodrigo 78).

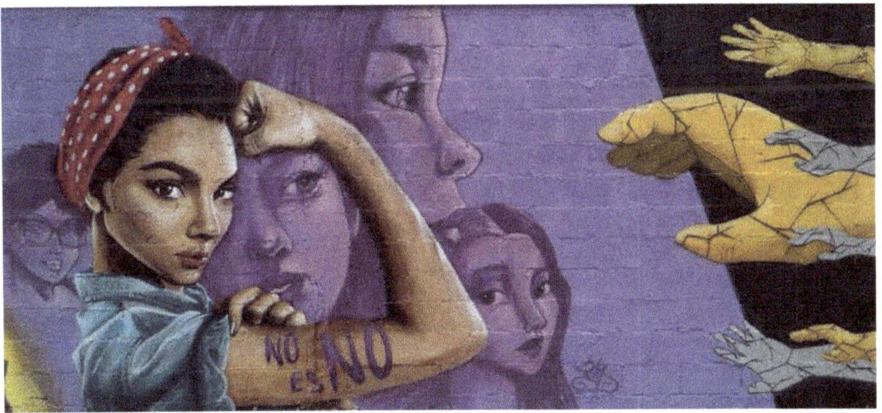

Imagen 6 – Pieza de Icat

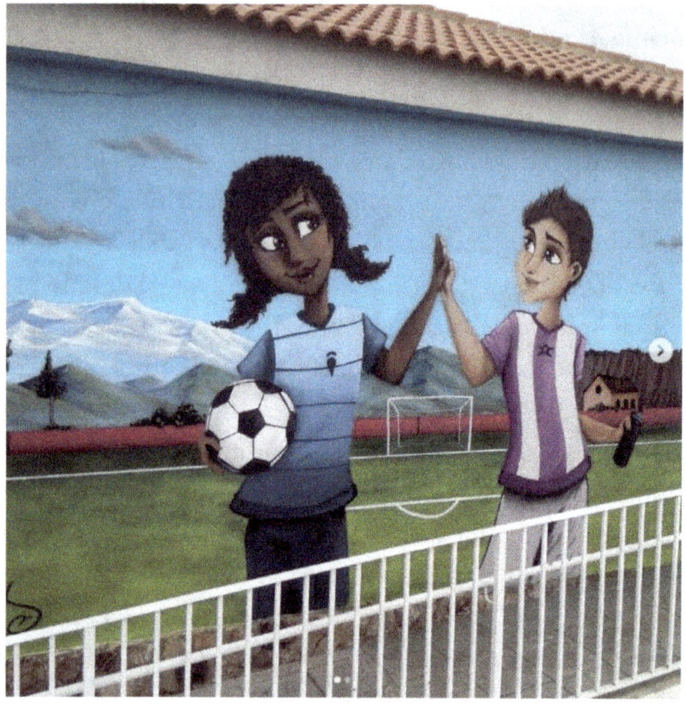

Imagen 7 – Pieza de Icat

Btoy

Andrea Michaelsson, mejor conocida como Btoy, es una artista que utiliza plantillas para reproducir fotografías de figuras históricas femeninas, sobre todo de las décadas comprendidas entre 1920 y 1950 y la época dorada de Hollywood (Somerville 107). Muchas de las mujeres que representa son iconos de la lucha por la igualdad de género y *flappers* – mujeres de los años de la prohibición, con una estética y comportamiento que ponía en cuestión los roles de género tradicionales.

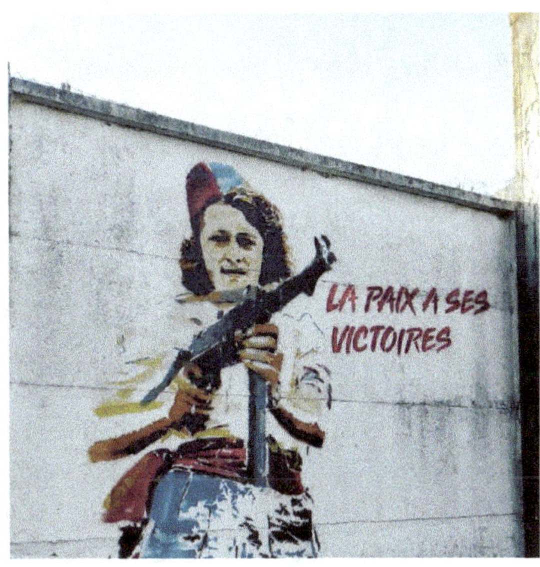

Imagen 8 – Pieza de Btoy

Tras estudiar fotografía en el Instituto de Estudios Fotográficos de Barcelona, comenzó a dedicarse al arte urbano en 2002. Su educación fotográfica le permitió perfeccionar su técnica con plantillas, mezclando fotografía y Photoshop para identificar más fácilmente las luces y sombras. También utiliza pintura de spray, pintura acrílica y otras técnicas (Street Art Bio).

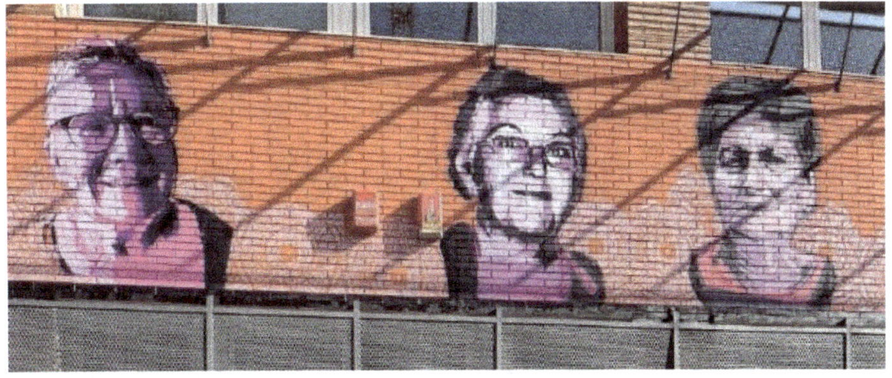

Imagen 9 – Pieza de Btoy

La obra de Jacques Rancière desempeña una importancia clave en el vínculo indisociable entre política y estética. Tradicionalmente, la política es entendida como estrategia de resolución de conflictos, como producción de orden, como administración, como gestión del orden. En otras palabras, la política entendida como el tipo de gestión gubernamental de la población que intenta apaciguar el conflicto. Esa comprensión de lo político ve en el no acuerdo –conflicto, disputa, etc.– un error que debe ser solucionado. Por el contrario, Rancière entiende el concepto como la lucha agonal y conflictiva entre identidades social y políticamente marginadas por su inclusión y reconocimiento. Es decir, lo que la política tiene que eliminar en una comprensión tradicional del término –transgresiones, litigios, agonías, batallas, etc.– es precisamente lo que la política es para Rancière. El conflicto no es un fracaso, un error, una ruptura de lo político, sino la esencia misma de lo que se llama política. Lo político es la diferencia, el desacuerdo:

> Hay política cuando hay una parte de los que no tienen parte, una parte o un partido de los pobres. No hay política simplemente porque los pobres se opongan a los ricos. Antes bien, hay que decir sin duda que es la política – esto es, la interrupción de los meros efectos de la dominación de los ricos – la que hace existir a los pobres como entidad. La pretensión exorbitante del *demos* a ser el todo de la comunidad no hace más que realizar a su manera – la de un *partido* – la condición de la política. La política existe cuando el orden natural de la dominación es interrumpido por la institución de una parte de los que no tienen parte. Esta institución es el todo de la política como forma específica de vínculo. La misma define lo común de la comunidad como comunidad política, es decir dividida, fundada sobre una distorsión que escapa a la aritmética de los intercambios y las reparaciones. Al margen de

> esta institución, no hay política. No hay más que el orden de la dominación o el desorden de la revuelta. (Ranciere, 1996, 25-26)

La distribución es contingente, no es natural. Como tal, la desigualdad se instituye, se naturaliza y sobre esa desigualdad se ficcionaliza un cierto sentido de igualdad. En términos *rancierreanos*, nuevamente, contrariamente a la noción tradicional, "policía" se refiere a la configuración y preservación del orden y la ficción de la sociedad. Cuando los sectores social y políticamente marginados de la población –la parte sin parte– ganan visibilidad, esto implica una alteración del orden, un cambio en el paradigma de la distribución de lo sensible: este es un concepto central en la teoría de Rancière. eso se refiere a cómo el orden social dominante determina qué identidades son vistas y reconocidas como si tuvieran algún tipo de importancia política y con voces que valen la pena escuchar. Él lo define como:

> Llamo reparto de lo sensible a ese sistema de evidencias sensibles que permite ver al mismo tiempo la existencia de un común y los recortes que definen sus lugares y partes respectivas. Un reparto de lo sensible fija al mismo tiempo algo común repartido y ciertas partes exclusivas. (Ranciere, 2014, 19)

La distribución de lo sensible es, pues, un concepto que debe entenderse en su doble sentido, es decir, un término paradójico que se refiere tanto a compartir como a dividir. El sistema difunde y organiza las condiciones de percepción común dentro de una colectividad. Sin embargo, también divide lo que es común y fija el espacio y las funciones de los cuerpos. La distribución de lo sensible se refiere, entonces, a esa línea divisoria vulnerable que crea las condiciones de percepción que hacen posible la existencia de una comunidad política y el surgimiento del desacuerdo.

Cuando la distribución de lo sensible se encuentra con el disenso, nuestra clasificación anterior del espacio y el tiempo ya no se aplica de manera efectiva. Para Rancière, formas estéticas como el cine, la fotografía o las instalaciones artísticas apuntan a desacuerdos y desafían nuestra percepción de la realidad y contribuyen a replantear nuestra percepción de nuestros afectos. De ahí que las prácticas artísticas ayuden a transitar de una determinada distribución de lo sensible a otra, ubicando a los sujetos en otro espacio.

Rancière se distancia de las nociones tradicionales del arte como dispositivo de representación mimética. La mimesis platónica cae dentro de la reproducibilidad; no confiere una nueva distribución de lo sensible –como vimos, un componente crucial del arte según la teoría estética ranceriana–. Por el contrario, la potencialidad del arte reside en sus posibilidades de reconfigurar la distribución de lo sensible a través de la aparición sensible de una directriz que conduzca a la emancipación. El arte necesita, en última instancia, potencializar todas sus fuerzas en la creación de un nuevo tiempo y una nueva espacialidad para redistribuir las relaciones entre lo visible y lo decible, es decir, el arte reconfigura los parámetros de lo que puede ser representado y, así, ser legítimamente reconocido en una sociedad.

El arte urbano puede leerse como un dispositivo artístico dentro de la teoría estética de Rancière, con capacidad de generar competencia, de crear nuevas formas de mirar y de decir, así como de reconfigurar las propiedades de los espacios. El arte urbano, como herramienta, sitúa la corporalidad en un nuevo tiempo y espacio, produciendo así una disrupción en la distribución de lo sensible que se impone como un campo sensorial predeterminado por el campo policial.

El componente visual del arte urbano, como dispositivo que se impone en la esfera pública, apunta a su función de mostrar, de hacer visible, de captar la atención del público. El arte urbano es un arte exhibicionista: su deseo de ser mirado es anterior a su materialización. Significa visualmente la capacidad de trascender los límites de la representación y visibilizar una sensibilidad y un régimen de representación excluidos. Como tal, exige el reconocimiento de lo no reconocido.

A través de su inscripción, a través de su mensaje en la narrativa espacial, el arte urbano interviene también en el orden de lo decible. Recordemos que, para Rancière, la constitución simbólica de lo social define la distribución de los modos de decir. En su obra plantea que, desde la antigüedad griega, los seres humanos viven en comunidades divididas entre aquellos cuya voz es socialmente reconocida y aquellos condenados a que su palabra sea normalmente entendida como ruido o silencio. Esta división tiene sus raíces en la filosofía aristotélica, según la cual los seres humanos son animales parlantes, pero su capacidad para hablar puede clasificarse en una de dos categorías: *logos* y *phoné*. El primero "nunca es meramente la palabra, [...] siempre es indisolublemente la cuenta en que se tiene esa palabra: la cuenta por la cual una emisión sonora es entendida como palabra, apta para enunciar lo justo, mientras que otra sólo se percibe como ruido" (Ranciere 1996, 37). Es decir, quienes poseen logos tienen la capacidad de utilizar el lenguaje para expresarse en una comunidad de sujetos que lo entienden. Su palabra es aceptada como tal y, en consecuencia, pueden comunicar lo que es justo e injusto en una determinada sociedad. Por otro lado, phoné se refiere a una voz percibida como un ruido no legible que imita logotipos para indicar placer y dolor. Aquellos que caen dentro del ámbito del phoné tienen una voz que les permite hacer ruido y pronunciar palabras que ninguna otra parte de la comunidad considera verdaderas o legítimas.

El logos es lo que diferencia al ser humano de los animales y los convierte en animales políticos. Sin embargo, paradójicamente, en una comunidad política, aunque los seres humanos sean seres hablantes, la sociedad no siempre considera legítima su voz. La distinción original entre humanos y animales, entre logos y phoné, que funda la comunidad política, implica un movimiento por el cual un gran número de seres hablantes son desplazados y situados dentro de la esfera de la animalidad. Así, la dialéctica logos-phoné marca una distribución simbólica en la sociedad que da cuenta de quienes son vistos y quienes no, aquellos cuya voz se entiende como habla y aquellos cuya emisión sonora es descalificada e ignorada. Es decir, en toda comunidad política hay una parte que no tiene parte de lo que le corresponde a esa comunidad, lo que implica una distorsión en la cuenta de las partes de la comunidad. Esta división es, dice Rancière, una característica de toda comunidad política y produce un cierto mal.

La política consiste en la lucha por la igualdad y el reconocimiento para superar el mal que experimenta una parte de la sociedad: aquellos desplazados al ámbito de lo phoné. Para ocupar un espacio de diferencia, quienes sufren el mal de origen lingüístico tienen que presentar argumentos lógicos –entendiendo el adjetivo "lógico" como relativo al logos – para demostrar su pertenencia al logos. Esto implica una reordenación de la configuración sensible de los dominios del logos y del phoné, mediante la cual los sujetos escapan de su condena al silencio, toman la palabra y se hacen parte de la comunidad.

El espacio público, allá donde reside el arte urbano, es el lugar de la esfera pública; es el lugar de expresión, intercambio, y visibilización de diferencias y del *desacuerdo* – en términos *ranciereanos*. Sin embargo, este espacio sigue siendo predominantemente dominado por lo masculino, y, como hemos visto, esto no es accidental. Aunque el liberalismo ha promovido una ciudadanía "universal", esta supuesta universalidad invisibiliza disparidades de género, entre muchas otras. Esto ha resultado en limitaciones a la hora de moverse libremente, participar en la toma e intercambio de opiniones, y ser reconocido. Así, las violencias que existen en el plano del espacio público y en el sistema patriarcal, a menudo confinan individuos al ámbito privado. Sin embargo, en los últimos años, ha aumentado la emergencia de cuerpos marginalizados en el espacio público, para resistir su desplazamiento.

El arte público puede representar una disidencia, un desacuerdo, una confrontación al discurso hegemónico, que se politiza en la calle para permitir transformaciones. Presenta alternativas al sujeto masculino institucionalmente imaginado en el espacio urbano. El hecho de que las mujeres se posicionen como artistas de grafiti, muralismo urbano o cualquier otro tipo de arte urbano para reivindicar su lugar en este tipo de arte, tiene una carga simbólica. El espacio urbano que retoman es resultado de la construcción social, está constantemente en disputa debido a los distintos intereses espaciales que existen. Estas artistas están defendiendo su derecho de tomar el espacio, y con ello la palabra, el logos.

Desde la teoría de Ranciere, podemos ver que se está privando a la mujer de logos, se le está negando su poder de enunciación de lo justo y su capacidad de entrar en el espacio de la negociación política. Se está distorsionando su voz, tachándola de phoné, delimitando su derecho de ser parte del litigio político.

Cuando estas mujeres irrumpen en el espacio público con su arte, están manifestando su inclusión en un sistema –lingüístico– del que forma parte. Los cuerpos excluidos y dañados refuerzan la igualdad antropológica que les otorga el lenguaje, para que puedan ser escuchados y considerados parte de la comunidad política. En este contexto, estas mujeres artistas han podido ser parte de la negociación, tanto en el ámbito físico como en el simbólico, de la esfera política. Los muros de la ciudad les abren la posibilidad de traer a la arena pública cuestiones que atraviesan plenamente su experiencia, aunque hayan sido ignoradas en el plano colectivo: temas como, por ejemplo, el acoso callejero, la brecha salarial, el derecho al aborto, o violencia de género.

Es posible que, en el momento de su ejecución, estas intervenciones *artivistas* – artistas y activistas – busquen, más allá que la expresión artística, la denuncia social, y la demanda del reconocimiento en la vida ciudadana. Estas expresiones buscan ponerle fin al silencio y a la invisibilización, a la deslegitimación de la capacidad de participar en el espacio y su experiencia política.

En *Political Protest and Street Art: Popular Tools for Democratization in Hispanic Counties*, Lyman Chaffee explora el uso del arte urbano en España, Argentina y Brasil durante sus dictaduras y transiciones democráticas. Chaffee analiza la forma y el contenido de diferentes formas de arte urbano en sus contextos históricos y culturales específicos. Así, estudia cómo estas herramientas fueron utilizadas históricamente en estos países durante sus regímenes dictatoriales y en sus sociedades posdictatoriales y para diferentes objetivos entre ellos protestar contra la autoridad, reclamar el derecho a utilizar lenguas prohibidas, dar visibilidad a organizaciones terroristas, levantar políticas concienciación y publicidad de partidos políticos, entre otros usos.

Por ejemplo, en España, los grafitis y los gráficos callejeros se utilizaban comúnmente para publicitar las huelgas durante el régimen de Franco (Chaffee 42) y las huelgas generales en la España posfranquista, como las de diciembre de 1988 y la primavera de 1992 (Chaffee 14). Los nacionalistas catalanes, vascos y gallegos escribirían lemas en sus lenguas regionales para reclamar su derecho a hablarla y difundir su presencia lingüística después de décadas de represión lingüística franquista (Chaffee 11). Los grupos marginados de los medios de comunicación dominantes, como la Asamblea de Mujeres, utilizarían gráficos callejeros para lograr una expresión sociopolítica (Chaffee 12). El arte urbano también tenía como objetivo luchar contra el dominio de una cultura castellana centralizada sobre las culturas regionales (Chaffee 44).

Más específicamente sobre el grafiti, Chaffee afirma que fue el medio principal en sociedades autoritarias donde el gobierno dominaba el espacio público (Chaffee 9), y se convirtió en una herramienta popular para abrir espacios para la expresión política durante la era Franco (Chaffee 41). Se utilizaron grafitis para comunicar mensajes antisistema en barrios de clase trabajadora, como la oposición a la celebración del N-20 o la oposición al sindicato estudiantil falangista Sindicato Español Universitario (SEU) (Chaffee 42). Los grafitis franquistas también eran comunes, con lemas "Viva Franco" o "Viva España" que durarían años y mostraban la presencia visual de los falangistas y el respaldo estatal a la propaganda franquista. Los grafitis también eran comunes para realzar perfiles de nacionalistas regionales, contrarrestar el arte urbano, pintar el logo o siglas de grupos y asociaciones políticas como el logo del Movimiento de Defensa de la Terra (MDT) y las siglas de Bases Autónomas (BBAA). Movimientos como el Okupación elegirían el grafiti para publicitarse y comunicar sus preocupaciones.

Si bien los regímenes dominantes tienden a utilizar el arte urbano con fines propagandísticos – por ejemplo, los falangistas españoles solían utilizar gráficos callejeros después de la Guerra Civil (Chaffee 15) –, Chaffee considera que ese arte es una forma de protesta popular que jugó un papel crucial en el proceso de democratización de las sociedades dictatoriales de España, Argentina y Brasil.

El archivo histórico de Chaffee sobre los usos políticos del arte urbano en los países hispanos, en sus usos heterogéneos, señala ciertas cualidades que marcan su elección como herramienta de protesta y democratización. Chaffee sostiene que, en regímenes represivos con usos limitados del espacio público, el arte urbano forma conciencia social debido a sus posibilidades de expresar sentimientos disidentes. Chaffee escribe:

> Bajo regímenes autoritarios, la producción clandestine de arte urbano connota un sentido activista y colectivo. En esencia, se convierte en una forma de guerra psicológica contra la cultura y la élite dominantes y revela un movimiento subterráneo emergente. Esto es amenazador porque connota el preludio de una oposición organizada, o la existencia de una. La represión del arte urbano puede no estar dirigida al mensaje sino al símbolo que transmite el acto (30, mi traducción)[48]

Los regímenes autoritarios, en su búsqueda de la homogeneización y unificación social, pretenden ignorar la existencia de una cultura de resistencia. La reapropiación del espacio público por parte del arte urbano pone de manifiesto esa resistencia, constantemente reprimida desde el régimen de visibilidad. Como sostiene Chaffee, esto es peligroso para el Estado porque simboliza la posibilidad de su desmantelamiento. El arte urbano tiene un impacto en la percepción de quién controla la esfera pública, lo que equivale a la opinión urbana.

Pese a un aumento en la participación de las mujeres en el ámbito del arte urbano, persiste la tendencia a retratar a la mujer como musa u objeto, asignándole un papel de espectadora o fuente de inspiración, en lugar de reconocerla como sujeto agente y creador. La historia del arte que se enseña en instituciones educativas de todo el mundo está repleta de representaciones de mujeres, pero esto no implica que se reconozca la creación artística realizada por mujeres. En otras palabras, la presencia

[48] En el original: "under authoritarian regimes, the underground production of street art connotes an activist, collective sense. In essence, it becomes a form of psychological warfare against the dominant culture and elite and reveals an emerging subterranean movement. This is threatening because it connotes a prelude to an organized opposition, or the existence of one. The repression of street art may not be directed at the message but at the symbol the act conveys".

simbólica femenina, pese a ser notable, es limitada: no son reconocidas como escultoras, pintoras o artistas, sino más bien como objeto de admiración o modelos. Incluso si son consideradas artistas, su obra raramente alcanza el mismo reconocimiento y divulgación que la de artistas masculinos. Esta construcción de la figura de la artista femenina es lo que podríamos considerar dentro de la teoría de Ranciere, una imagen cliché.

En *El destino de las imágenes* (2011), Ranciere intenta reconfigurar un nuevo arte crítico que confiere una nueva distribución de lo sensible, desarrollando un concepto de imagen que muestra la relación entre política y estética. Como se expresa en el primer capítulo, Rancière plantea que la imagen no es exclusiva de lo visible: la imagen está presente en todas las manifestaciones artísticas, no sólo en la fotografía y el cine, sino también en la poesía, la novela y la pintura. La imagen no sólo se relaciona con la representación mimética, sino que es un dispositivo que permea todas las prácticas artísticas y que significa dos cosas: una es un sentido de semejanza con el original que no le atribuye copia alguna, sino que produce efectos; y dos, el conjunto de operaciones que produce lo que llamamos arte en alteración con semejanza. El futuro de la imagen, plantea Rancière, indica un entrelazamiento lógico y paradójico entre las operaciones del arte, los modos de circulación de las imágenes y el discurso crítico que devuelve su verdad oculta a las operaciones de uno y a las formas del otro.

Las imágenes remiten a la virtualidad, al agenciamiento, a la potencialidad. Hay una producción de "imágenes cliché", que se convierten en clichés; es decir, operan bajo el principio de organización de la imaginación. Es un cliché porque es compartido: hay una organización de la imaginación en el sentido de que la interpretación de la imagen es relativamente unívoca. Está predeterminado precisamente por el montaje del cliché, por lo que el cliché es imaginación organizada en ese sentido. Etimológicamente, imaginación proviene del latín imaginación, que se refiere al acto de formular una imagen mental; el concepto refiere la construcción de imágenes como una operación mental. La política de la imaginación es una expresión estética acorde al ámbito político (Castillo 88).

La visión del mundo del arte urbano como un mundo masculino, es un ejemplo de imagen cliché, pues sigue perpetuando ideas de comportamientos tradicionales. El grafiti, street art y muralismo urbano están relacionados mayoritariamente con la figura masculina, pues son prácticas que están relacionadas con varios riesgos. Aparte de los riesgos legales vinculados con este tipo de arte, las mujeres están expuestas a otro tipo de peligros relacionados con el espacio urbano, tales como acoso sexual, vejaciones o contacto físico no deseado. Además, tal y como analiza Sergio Raúl Recio Saucedo en su estudio sobre las grafiteras y muralistas en Aguascalientes, Mexico, las mujeres grafiteras se tienen que enfrentar a diversos prejuicios sociales heteronormativos asociados: el mito de la identidad femenina como figuras "buenas" y no alborotadoras – lo cual, en el mundo hispano, proviene en parte de la influencia del catolicismo – y la sexualización de la mujer en el mundo grafitero-callejero (297-302).

El ámbito del arte urbano es un entorno en el que el rol de las mujeres y su trabajo artístico es continuamente deslegitimado y menospreciado. De una parte, las mujeres no son reconocidas como sujetos agentes y creadores, sino como acompañantes de los artistas; se cosifica así a las artistas urbanas, ya que su integración en ese ámbito es sexualizada, reduciéndolas a pareja de los hombres artistas o considerándola promíscua. De otra parte, la masculinidad es considerada un privilegio, lo que significa que los hombres necesariamente gozan de un mayor número de oportunidades en el ámbito artístico y cultural.

La narrativa del arte urbano como algo masculino es una imagen cliché. Esta imagen se utiliza para conservar la ficción de la facticidad. Sus implicaciones estéticas implican un sentimiento político (policial) y una subjetividad construidos; lo que define el proceso de subjetivación bajo el discurso (policial) de quienes están en el poder no es diferente de una producción de imágenes cliché. Como tal, quienes controlan la producción de clichés tienen el poder de movilizar a la gente. Como afirma Chaffee: "[…] el arte callejero puede moldear y mover las emociones humanas y medir los sentimientos políticos. El lenguaje y los símbolos visuales ayudan a dar forma a la percepción. Los clichés, lemas y símbolos (la sustancia de la retórica política) ayudan a movilizar a la gente. Aquellos que dominan los clichés políticos mantienen la ventaja" (Chaffee 4, mi traducción)[49]. En esta cita hay una interesante lectura estética del arte callejero. En términos generales, la estética se considera el ámbito donde se encuadran y distribuyen nuestros sentidos. El sentido, en este contexto, es el resultado de nuestras percepciones y sentidos. La organización de los sentidos implica la construcción de un marco sensorial que dicta lo que es perceptible (visible, audible, táctil) y lo que no, lo que tiene consecuencias políticas. Chaffee ve las posibilidades estéticas del arte callejero como un dispositivo que puede mover y dar forma a las emociones humanas, y considera que "el lenguaje y los símbolos visuales ayudan a dar forma a la percepción" (4).

En el mundo del arte urbano, las artistas representan una imagen de feminidad y de artista urbano que se aleja del ideal masculino, de la imagen cliché de mujer y artista. Estos sujetos luchan, activa y pasivamente, contra características pre-establecidas de dos campos: el espacio público y el artístico.

En oposición a la imagen cliché, Rancière contempla la *imagen pensativa* –concepto que recorre toda su obra–, la imagen que no sería expresión de una imaginación organizada, sino más bien expresión del poder de la imaginación. En *El espectador emancipado*, Rancière define el término:

> La expresión "imagen pensativa" no es algo que se da por descontado. Son los individuos lo que uno califica, llegado el caso, de pensativos. Este adjetivo designa un estado singular: aquel que está pensativo está "lleno de pensamientos", pero eso no quiere decir que los piense. En la pensatividad, el acto del pensamiento parece capturado por una cierta pasividad. La cosa se complica si uno dice de una imagen que es pensativa. Se supone que una imagen no piensa. Una imagen pensativa es entonces una imagen que oculta el pensamiento no pensado, un pensamiento que no puede

[49] En el original: street art can shape and move human emotions and gauge political sentiments. Language and visual symbols help shape perception. Clichés, slogans, and symbols - the substance of political rhetoric - help mobilize people. Those who dominate political clichés maintain the edge".

> asignarse a la intención de aquel que lo ha producido y que hace efecto sobre aquel que la ve sin que él la ligue a un objeto determinado. La pensatividad designaría así a un estado indeterminado entre lo activo y lo pasivo. Esta indeterminación replantea la divergencia que he intentado señalar en otra parte entre dos ideas de la imagen: la noción común de la imagen como doble de una cosa y la imagen concebida como operación de un arte. Hablar de imagen pensativa es señalar, a la inversa, la existencia de una zona de indeterminación entre esos dos tipos de imágenes. Es hablar de una zona de indeterminación entre pensado y no pensado, entre actividad y pasividad, pero también entre arte y no-arte (Ranciere, 2010, 105)

La imagen pensativa tiene que ver fundamentalmente con quitarle a la crítica su posibilidad de determinar siempre cuándo el espectador (de la imagen) está alienado por el poder oculto de la imagen y cuándo la imagen está funcionando como dispositivo de liberación de la conciencia del espectador. Las imágenes, entonces, son siempre algo más que un mero dispositivo que cumple una función de pensamiento. En otras palabras, la imagen pensativa está en tensión con la imaginación en la medida en que no implica la configuración política y la estructura del cliché. Esta imagen establece nuevos paradigmas en la relación entre mirada y palabra, creando nuevos medios de unión de palabras y cosas que nos llevarán a la creación de una nueva perspectiva política. De esta manera, son imágenes que sacan a relucir algo que está constantemente reprimido desde el régimen de visibilidad y que funciona en el régimen de la imagen como régimen de visibilidad en el campo del discurso como régimen discursivo.

Rancière piensa la imagen pensativa en relación con la política, con lo que llama la irrupción popular o la irrupción de esa parte del populo sin parte, cuya voz era ruido y ahora es palabra, se hace visible, cuyas imágenes eran subterráneas y ahora pueblan la ciudad, pueblan las paredes... Cuando las mujeres hacen arte urbano, toda la ciudad se transforma en un gran cine, dando cuenta de muchas realidades que fueron absolutamente reprimidas desde el régimen de visibilidad mediática, denunciando la violencia, burlándose de la autoridad, transformando toda la realidad en una especie de carnaval de significados, pero a partir de algo que tiene que ver con el sangriento escenario matrimonial de la historia, con la violencia.

Los muros de la ciudad les permiten exigir su reconocimiento en la historia del arte. Nos permiten pensar alternativas a la construcción narrativa de la historia del arte que se distancien del cliché de lo femenino en el arte como figura sumisa, pasiva y dócil. Frente a la carencia histórica de referentes artistas femeninos, la emergencia de un mayor número de artistas urbanas nos permite establecer una diferente genealogía artística donde las mujeres se presentan como agentes y sujetos creadores.

En *Street Art, Public City. Law Crime and the Urban Imagination* (2014), Alison Young analiza las intersecciones del arte urbano, la ley y la cultura espacial en la ciudad, a partir de las 64 entrevistas que realizó con artistas de arte urbano – sobre todo de grafiti. Young propone una forma muy interesante de leer el espacio público de la ciudad. Considera que cada esfera urbana consta de tres tipos diferentes de ciudad: la ciudad legislada, la ciudad no comisionada y la ciudad pública. Young define a la primera como:

> un espacio en el que se encapsula y produce un tipo particular de experiencia a través de la regulación del espacio, las temporalidades y los comportamientos. Dentro de la ciudad legislada, las experiencias de los ciudadanos están enmarcadas por discursos de cartografía, planificación, derecho penal, regulación municipal y civismo. La ciudad legislada tiene mapeabilidad, tiene cualidades aspiracionales expresadas a través de políticas sociales, estatutos, leyes locales y planes estratégicos. Una ciudad así depende en gran medida de la ley (ya sea penal o civil). (41-42, mi traducción)[50]

[50] En el original: "a space in which a particular kind of experience is encapsulated and produced through the regulation of space, temporalities and behaviors. Within the legislated city, citizens' experiences are framed by discourses of cartography, planning, criminal law, municipal regulation and civility. The legislated city has mappability, it has

En este tipo de ciudad, las líneas físicas y geográficas de la cartografía de la ciudad coinciden con las trazadas por la ley. Este modelo de organización de una ciudad responde al deseo institucional de controlar el desorden percibido del espacio. El ámbito urbano se entiende como una cartografía de edificios, normativas y leyes identificables. La ciudad se construye como una colección de lugares y cosas que siguen el discurso capitalista dominante de propiedad: los derechos de propiedad reemplazan a los derechos comunitarios. Por lo tanto, la ciudad legislada autoriza la acción de ciertas maneras permitidas, al tiempo que criminaliza diferentes comportamientos (Young 43). En esta ciudad, los ciudadanos siguen una producción discursiva que implica una especie de ceguera: el acercamiento a la cartografía de la ciudad enmarcada en la ciudad legislada va en detrimento de la visibilidad de otras formas de lugares y cosas que no entran dentro del alcance. de propiedad, ley y reglamento municipal para fines de definición.

Sin embargo, esta ceguera se puede deshacer. Al contrario de la ciudad legislada, Young habla de la ciudad no-comisionada:

> Estas otras ciudades se fundan de forma peripatética, nómada y ambulatoria. Están construidos con materiales reutilizados, como cuando los patinadores convierten las escaleras en la base de lanzamiento para un kickflip. Se fundan cuando un artista utiliza objetos desechados para crear esculturas callejeras o convierte un nicho en un lugar de exhibición. Tales intervenciones reimaginan la ciudad como si estuviera basada en un terreno que "ni es propiedad ni está ocupado, sino más bien atravesado". [...] Tales intervenciones marcan la existencia de ciudades no comisionadas que coexisten en el espacio de la ciudad legislada. Aunque los ciudadanos hayan aprendido a no ver estas otras ciudades, a veces

aspirational qualities expressed through social policies, statutes, local laws and strategic plans. Such a city depends heavily upon law (whether criminal or civil)".

> vislumbran arquitectura prohibida y habitantes ocultos. (Young 52, mi traducción)[51]

En esta ciudad, los lugares y los objetos ya no están sujetos al discurso institucional en torno a la propiedad, el derecho, etcétera. En cambio, infinitas nuevas posibilidades espaciales se vuelven visibles y posibles: los objetos se convierten en intervenciones que re-imaginan el espacio y nos señalan nuevas formas de existir en la esfera urbana. En la ciudad no-comisionada, las cosas apuntan a multiplicidades, a representaciones alternativas que responden a valores, necesidades o definiciones asignados temporalmente. La ciudad, entonces, funciona como un espacio de espacios donde se crean diferentes significados, se enfrentan diferentes intereses, demandas y necesidades. En estos contextos urbanos la gente vive e interactúa de formas heterogéneas para la organización de la vida social; se desarrollan sinergias y prácticas sociales que contribuyen a la construcción de una cultura cívica común (Ramírez Kuri 103). Cada vez que alguien construye una ciudad sin encargo, el creador (o creadores) revela una forma de pensar la ciudad que permite la reconfiguración del espacio y la creación de nuevos paradigmas urbanos y sociales dentro de la ciudad pública.

La ciudad pública, considera Young, es un tercer espacio que resulta de la existencia simultánea de la ciudad legislada y la ciudad no comisionada. Este tercer espacio da cuenta de la intersección de varias ciudades que conviven juntas, aunque mantienen dinámicas diferentes. Cada calle, edificio y objeto existe en otro lugar. Su significado y función dependen de cómo los miran los ciudadanos y de cómo se establecen en

[51] En el original: "These other cities are founded peripatetically, nomadically and perambulatorily. They are built from repurposed materials as when skateboarders turn stairs into the launching base for a kickflip. They are founded when an artist uses discarded objects to create street sculptures or turns an alcove into a display site. Such interventions re-imagine the city as based on land that is 'neither owned nor occupied but rather crossed. [...] Such interventions mark the existence of *uncommissioned cities* coexisting in the space of the legislated city. Even though citizens may have learned not to see these other cities, at times they catch glimpses of forbidden architecture and hidden inhabitants".

relación con ellos. En otras palabras, la interpretación del espacio es múltiple y depende de la posición del sujeto.

El análisis de Young de la ciudad como una serie de ciudades articula la posibilidad de que diferentes lecturas de nuestra realidad social coexistan de una manera espacial original. Esta posibilidad de múltiples modos de existir, que depende de la perspectiva y la forma de mirar (legislada versus no comisionada), tiene implicaciones importantes para pensar el arte urbano como una herramienta feminista.

El arte urbano, con una especie de fuerza potencialmente contaminante (afectiva) susceptible de estallar en un tiempo y espacio impensable e impensado, lleva la potencialidad de la revuelta política. Las imágenes de diferentes formas de vida expresan una suerte de política identitaria, pero equilibrada con un sentido de lo común distinto de la explicación hegemónica de la ciudadanía. La abstracción de las diferencias se fragmenta entonces en la visibilidad de múltiples formas de vida, unidas en la revuelta –como lugar de encuentro de las diferencias en una lucha común por la vida– contra diversas opresiones. Las escrituras y pintadas en las paredes son la expresión de un estallido de imaginación popular que, con el poder de sus imágenes, trastocó el imaginario visible. En otras palabras, esta proliferación de imágenes y explosión del imaginario popular desorganiza los regímenes de representación que articulan el régimen de visibilidad de la ciudad, tanto en el sentido de la circulación de imágenes como en el campo de la ocupación de los espacios para revelarlos: las paredes, el espacio público.

Las mujeres dan forma a los paisajes, interactúan con ellos de una manera particular. Esto implica reconocer su marginalización en el entorno urbano y en la experiencia urbana de la ciudad legislada, su exclusión en las conversaciones sobre la creación de espacios públicos que satisfacen necesidades de los ciudadanos. Así, se abre la posibilidad de imaginar nuevas formas de espacialización y territorialización más inclusivas y diversas, tanto en la experiencia material como emocional del espacio urbano.

Las intervenciones de mujeres artistas urbanas reinterpretan el espacio como una vivencia emotiva y afectiva, como una experiencia imaginaria, como vía de resistencia, donde colectivos que han sido marginados pueden emerger en el escenario público para reimaginar y moldear la vida en el espacio público, que se entiende como lugar de (des)encuentros, (des)acuerdos, y transformación. Estas artistas ponen en evidencia la relación entre feminismo y espacio, permitiéndonos considerar los desafíos y oportunidades futuras para desarrollar una política espacial (urbana) feminista.

Bibliografía

21 distritos. "Iris Serrano "La perfección del caos"". *21distritos.es* Web. 6 de feb. 2024 https://21distritos.es/evento/iris-serrano-la-perfeccion-del-caos/

Castillo, Karla Yudit. "Política de la imaginación: ficción, disenso y el tiempo de la emancipación en Jacques Ranciere." *En-claves. Revista de filosofía, arte, literatura, historia*, vol. 29, 2021, pp. 86-104.

Chaffee, Lyman G. *Protest and Street Art. Popular Tools for Democratization in Hispanic Countries.* Greenwood Press, 1993.

Hilando Vidas. "Quiénes somos." *Hilandovidas.es.* Web. 7 de feb. 2024 <http://hilandovidas.es/quienes-somos/>

---. "Qué es." *Hilandovidas.es.* Web. 7 de feb. 2024 <http://hilandovidas.es/que-es/>

---. "Tejer la Visibilidad" *Hilandovidas.es.* Web. 7 de feb. 2024 <http://hilandovidas.es/tejer-la-visibilidad/>

---. "Bosque de Sororidad" *Hilandovidas.es.* Web. 7 de feb. 2024 <http://hilandovidas.es/bosque-de-sororidad/>

López Giménez, Diego. *Yo, grafitera. Grafiti, 'street art' y mmuralismo de mujeres.* Madrid, Editorial Fundamentos, 2022.

Luque Rodrigo, Laura. "Graffiti E Igualdad De género: La Artista Icat Y El Proyecto Educativo Del IES Trassierra (Córdoba)." *AusArt*, vol. 6, num. 1, 2018, pp. 73-82.

Ranciere, Jacques. *El reparto de lo sensible: estética y política.* Buenos Aires, Prometeo Libros, 2014.

---. *El destino de las imágenes.* Buenos Aires, Prometeo Libros, 2011.

---. *El espectador emancipado.* Buenos Aires, Ediciones Manantial, 2010.

---. *El desacuerdo. Política y filosofía.* Buenos Aires, Ediciones Nueva Visión, 1996.

Recío Saucedo, Sergio Raúl. "Las grafiteras, artistas y muralistas transgrediendo los roles de género dentro de la gráfica urbana de Aguascalientes." *Ambigua, Revista de Investigaciones sobre Género y Estudios Culturales*, vol. 7, 2020, pp. 289-312.

Somerville, Kristine. "The Urban Canvas and Its Artists." *The Missouri Review*, vol. 34, num. 3, 2011, pp. 97-108

Soto Villagrán, Paula. "Hacia la construcción de unas geografías de género de la ciudad. Formas plurales de habitar y significar los espacios urbanos en Latinoamérica." *Perspectiva Geográfica*, vol. 23, num. 2, 2018, pp. 13-31.

Street Art Bio. "Btoy". *Streetartbio.com*. Web. 6 de feb. 2024 <https://www.streetartbio.com/artists/btoy/>

Wilson, Elizabeth. *The Sphinx in the City: Urban Life, the Control of Disorder, and Women*. Londres, Virago, 1990.

Young, Alison. *Street Art, Public City. Law Crime and the Urban Imagination*. Abingdon, Oxon, Routledge, 2014.

Desafección emocional y desarraigo en el hogar: representación del trauma infantil en el código binario visual-textual de *El buen padre* de Nadia Hafid

Monserrat García Rodenas
Georgetown University

La subjetividad autobiográfica se engloba dentro de lo que se conoce desde finales del siglo XX e inicios del XXI como "giro afectivo", refiriendo a lo que Leonor Arfuch reconoce como "la creciente atención a las emociones como fuente privilegiada de verdad sobre el sujeto" (248).[52] Pero los afectos no solo son atribuidos al "yo", sino que como Sarah Ahmed aclara "emotions are not "in" the subject or object but result from their contact" (6), y añade "emotions are intentional in the sense that they are 'about' something: they involve a direction or orientation towards an object. . . . The 'aboutness' of emotions means they involve a stance on the world" (7). Gilles Deleuze y Félix Guattari elaboran su propia noción del afecto en el texto *What is Philosophy?* (1991/1996): "Affects are no longer feelings or affections; they go beyond the strength of those who undergo them. Sensations, percepts, and affects are beings whose validity lies in themselves and exceeds any lived." (164) A partir de estas puntualizaciones de Ahmed y Deleuze y Guattari sobre las emociones como resultados de determinadas prácticas sociales y/o culturales más allá del sujeto, el presente artículo analiza de qué manera, pese al escaso texto y la ausencia de expresiones faciales, Nadia Hafid consigue ilustrar el trauma infantil y las emociones de sus personajes configurando un cómic que conecta con sus lectores, dando respuesta a las siguientes preguntas: ¿cómo es posible, si la autora no se representa a sí misma de un modo reconocible ni realista, y ni siquiera ofrece una cronología clásica de los

[52] No es el objetivo de este ensayo profundizar en la teoría del afecto más allá de esta obra en particular, para mayor comprensión y conocimiento acerca del área y su desarrollo en los estudios peninsulares se recomienda el volumen editado por Luisa Elena Delgado, Pura Fernández y Jo Labanyi, *Engaging the Emotions in Spanish Culture and History (siglos XVIII-XXI)*, (2018).

hechos?[53] ¿De qué manera un 'minimalismo gráfico' consigue capturar unas vivencias personales y emocionalmente tan complejas y obtener la empatía del receptor?

La subjetividad de las emociones que la autora narra en el cómic parte de la base del trauma infantil, y lo revelador y complejo de asimilarlo en la edad adulta. Hillary Chute en *Disaster Drawn: Visual Witness, Comics, and Documentary Form* (2016) explora la capacidad estética del cómic para incorporar los traumas de los propios autores. A partir de la documentación de conflictos bélicos, la autora reflexiona acerca de la capacidad de comunicación de "lo invisible" del discurso del cómic, especialmente en la relación entre forma y ética:

> For if comics is a form about presence, it is also stippled with erasure—in the interruption provided by the ambiguous spaces of the gutter, its spaces of pause. My interest in comics is motivated in part by how these works push on conceptions of the unrepresentable and the unimaginable that have become commonplace in discourse about trauma. (17)

En efecto, la capacidad visual del cómic parar incorporar y hacer visible una historia traumática y colmada de sufrimiento viene dada por su disposición espacial (viñetas, cuadrículas, grafías y disposición de ángulos y tamaños) y textual. Por su parte, Scott McCloud define los comics como: "juxtaposed pictorial and other images in deliberate sequence, intended to convey information and/or to produce an aesthetic response in the viewer" (20). El lenguaje visual empleado por la autora en esta obra para navegar la supuesta 'irrepresentabilidad' de conflictos traumáticos como la violencia machista, el abandono paterno, el racismo y el conflicto psicológico se convierte así en la pieza fundamental para entender de qué manera se concilian las vivencias de la infancia en la adultez.

[53] En ningún lugar del cómic hay referencia a que sea una obra autobiográfica o que se trate de una vivencia cercana a la propia Hafid, es algo que se conoce a través de las entrevistas a la autora como la citada en MondoSonoro.

El buen padre es la ópera prima de Nadia Hafid (Terrassa, 1990) con la que fue galardonada en 2020 con el premio a Mejor Autor Emergente por la Asociación de Críticos y Divulgadores de Cómic (ACDCómic). Más recientemente, ha recibido el Premio Ojo Crítico de Cómic 2022 de RNE con su cómic *Chacales* (Sapristi, 2022). No obstante, anteriormente a estos reconocimientos, la autora ya tenía una larga carrera como ilustradora y fotógrafa como demuestran sus participaciones en el mundo del fanzine y en prestigiosos diarios como *El País*, *The New Yorker* o *The New York Times*, entre otros. *El buen padre* consta de 139 páginas y está dividida en cinco partes: un breve preludio, primera parte (que nos remonta al año 1995), un interludio (que nos transporta al año 2015), una segunda parte (de nuevo nos remonta al pasado, esta vez a 1997) y el final, de nuevo en 2015. Estas secciones están señaladas con una página-separador completamente azulada en la que una cifra en el margen inferior derecho nos indica el año en que discurre la historia que se muestra a continuación en esa sección. Con estas indicaciones Hafid altera la secuencialidad de los hechos cronológicos, lo que Scott McCloud denomina como "closure" (sutura o cierre, en español) para describir el proceso de rellenar los vacíos o huecos que se produce cuando la mente completa las imágenes o vacíos a partir de información limitada. La secuencialidad que Hafid crea requiere que el lector realice distintos cierres, tanto en conceptos temporales –flashbacks en los que se observa el pasado, la infancia, y el presente de la protagonista adulta separados por esos señaladores azules–; como espaciales –la vivienda de la infancia, el exterior, el bar y la casa de la vida adulta–, y conceptuales –por ejemplo, observar el contorno de una botella con líquido oscuro e imaginar que contiene un vino tinto y relacionarlo con problemas de alcoholemia–. Esos huecos y omisiones se rellenan basándose en la experiencia propia y compartida entre lector-autor, un proceso del que Hafid se aprovecha para conectar los saltos temporales y narrativos de los crudos hechos que suceden a lo largo de *El buen padre*. Al rellenar esos huecos entre viñetas, el lector se convierte en cómplice del trauma familiar y es capaz de inferir que, ya desde el título, la figura paterna tradicional como cabeza del hogar y sustento financiero y protector, tiene sus aristas y grietas en esta historia. La autora, convertida también en personaje protagonista de su obra, explora la fallida adaptación a una nueva tierra y cultura de un padre de orígenes marroquíes que termina por abandonar el hogar familiar para no volver. La crisis económica, las tensiones familiares, la identidad masculina y las complejas relaciones paterno y materno filiales enmarcan la infancia de Hafid. El lector es invitado a reconstruir estos recuerdos a través de los ojos del personaje principal de la historia. Pero, esto no es tarea sencilla puesto que, las dificultades para articular el propio trauma infantil requieren de mecanismos de representación alternativos. Todo el relato está focalizado bajo el punto de vista subjetivo de una hija adulta que tiende un puente conectivo desde sus problemas en el presente (2015) con su infancia (1995-1997). Para ello, la autora emplea en *El buen padre* un código narrativo que podría parecer incompleto, "depurado" como la misma autora afirma en su entrevista a MondoSonoro. Judite Rodrigues por su parte lo tilda de "sobriedad gráfica" y "dibujo aséptico" y lo justifica como "la voluntad de no enjuiciar, de no dar por resuelto un conflicto" (115). Como se desarrollará en la sección a continuación y sin contradecir ninguna de las anteriores acepciones, en este artículo se referirá a un estilo gráfico minimalista a causa de la desafección y la disonancia producida por el trauma infantil observado desde la distancia temporal.

Dibujando el trauma infantil con mirada adulta: del máximo al mínimo trazo

Cathy Caruth en su trabajo *Unclaimed Experience: Trauma, Narrative and History* (1996) definió el trauma como: "In its most general definition, trauma describes an overwhelming experience of sudden or catastrophic events in which the response to the event occurs in the often delayed, uncontrolled repetitive appearance of hallucinations and other intrusive phenomena" (11). El trauma funciona como la respuesta psicológica de un individuo a acontecimientos abrumadores, como guerras, desastres naturales, diversos actos de violencia o cambios profundos en la sociedad; y también distingue la posición especifica de cada individuo ante el acontecimiento traumático (víctima directa, familiar, testigo, cultural, etc.). Este concepto multidisciplinar que emergió en el estudio académico del Holocausto y en el que convergen áreas como el psicoanálisis, los estudios sobre la memoria y la teoría literaria, hace que sea imposible abarcar las múltiples formas en las que el trauma es representado, o lo que es igual de importante, no está representado. De la obra de Caruth, fundamental en el área de "trauma studies", también se extrae de la historia de Tancredo y Clorinda analizada por Sigmund Freud en el siglo XIX la idea del trauma como "doble herida".[54] Esta idea pone de manifiesto que una experiencia traumática no es plenamente asimilada en el momento que se produce, en el acontecimiento violento u original del pasado del individuo, sino en la forma en que, por su propia naturaleza, vuelve a perseguir al superviviente más adelante. Esta problemática es central en este cómic, puesto que los saltos temporales que introduce la autora demuestran el funcionamiento de la doble herida: en 1995 y 1997 encontramos los sucesos traumáticos originales de una niña que no entiende por completo lo que ocurre a su alrededor y no es capaz de asimilarlo en su totalidad, mientras en 2015 se confirman las secuelas que esa herida tiene en la niña convertida en adulta.

Al respecto, Caruth añade que un trauma presenta grietas, rupturas, en un revivir que no se opaca o diluye con el simple paso del tiempo. Psicológicamente, el trauma posee un impacto mutable a lo largo de una vida, va evolucionado, no tiene un solo matiz. Es más, la historia del propio trauma individual en ocasiones está ligado al trauma de un 'otro', como en este caso, el de la protagonista y los miembros de su familia nuclear, especialmente de los problemas de su padre. Al respecto del funcionamiento de los recuerdos traumáticos, añade el historiador Dominick LaCapra en su ensayo *Writing History, writing trauma*

[54] La historia de Tancredo y Clorinda es parte de una epopeya medieval italiana *Gerusalemme Liberata* escrita por Torquato Tasso en el siglo XVI. En ella, Tancredo, un caballero cristiano, mata en una batalla a su amada Clorinda, una guerrera musulmana al no reconocerla tras la armadura (canto 12.58). Tancredo se da cuenta demasiado tarde de lo que ha hecho, justo antes de que ella muera y revele su identidad. Freud menciona esta tragedia al final del ensayo "El principio del placer" (III.2516).

> In memory as an aspect of working through the past, one is both back there and here at the same time, and one is able to distinguish between (not dichotomize) the two. In other words, one remembers −perhaps to some extent still compulsively reliving or being possessed by− what happened then without losing a sense of existing and acting now. This duality (or double inscription) of being is essential for memory as a component of working over and through problems (LaCapra 90)

El ya mencionado ensayo de Chute es el primero de muchos otros posteriores que consolidaron la noción de que, precisamente el cómic por su capacidad de manipular el tiempo a través de la palabra y lo visual es un medio que favorece la representación de acontecimientos traumáticos a un nivel que otras formas narrativas y artísticas no consiguen realizar. Por citar algunos de los más recientes, *Comics, Trauma, and the New Art of War* (Earle 2017), *The Trauma Graphic Novel* (Romero-Jódar 2017), *Representing Acts of Violence in Comics* (Mickwitz et al. 2019) y *Documenting Trauma in Comics: Traumatic Pasts, Embodied Histories, and Graphic Reportage* (Davies & Rifkind 2020), son algunos de los volúmenes actuales encargados de que el marco teórico del cómic y el trauma vayan de la mano para explorar la relación entre el lenguaje, la psique y las experiencias complicadas a través del arte gráfico. Desde el Gernika de Pablo Picasso hasta *Maus* (Art Spiegelman 1991) pasando por las representaciones periodísticas de la primera Intifada realizada por Joe Sacco en la franja de Gaza entre 1991-1992, existe en la actualidad un gran corpus gráfico que recopila y acerca al público historias veraces con distintos objetivos y lentes. Ya sea como testigos observadores comprometidos con la objetividad –como Sacco– o como herederos de una postmemoria[55] trágica como Spiegelman, la conciencia personal y/o política de los propios narradores muestra un fuerte

[55] Marianne Hirsh define la postmemoria en *The Generation of Postmemory: Writing and Visual Culture After the Holocaust* como "the relationship that the 'generation after' bears to the personal, collective, and cultural trauma of those who came before" (5). El poder emocional que tienen los recuerdos familiares y la capacidad de adherirse a ellos pese al

compromiso con retratar su visión personal de los hechos y sensibilidad narrativa, un gesto que mantiene vivo y revaloriza el medio gráfico.

Asimismo, también es objeto de análisis en las citadas obras de Chute y Earle la representación de personajes femeninos y la prevalencia de la mujer en la industria del cómic. El interés de estas narrativas gráficas se debe a la popularidad general del cómic autobiográfico a principios del siglo XXI y, en segundo lugar, a las reivindicaciones de voces femeninas que expresen el malestar y la desigualdad imperante en la actual sociedad patriarcal. Lo cierto es que el número de mujeres, como personajes principales, lectoras y creadoras, ha ido en aumento y son muchos los especialistas que las reivindican.[56] Como manifestó Carol Hanish en su famoso ensayo sobre el feminismo para subrayar la importancia de acabar con las desigualdades diarias: "los problemas personales son problemas políticos. No hay soluciones personales en este momento. Solo hay acción colectiva para una solución colectiva", de modo que este acervo de autobiografías femeninas en el mundo del cómic pone de manifiesto la importancia de contar historias individuales –relaciones familiares e interpersonales, trabajo doméstico, la crianza de los hijos, la salud reproductiva y sexual, por

---

distanciamiento plantea uno de los muchos desafíos de estudio del trauma. En *Maus,* el historietista estadounidense desarrolla mediante una serie de técnicas posmodernas y géneros la vida de su padre, un judío polaco, como superviviente del Holocausto.

[56] Se pueden consultar diversos estadísticas y demografías sobre esta desigualdad en los Estados Unidos https://www.zippia.com/comic-jobs/demographics/ y las que recoge sobre España *El libro blanco del cómic en España* (2024). Acceso 30 de enero de 2024. https://sectorialcomic.com/web2021/wp-content/uploads/2024/01/LIBRO_BLANCO_COMIC_ESPAN%CC%83A.pdf

Recientemente, en el verano de 2023 en España, el Centro de Documentación del Museo Reina Sofía expuso una colección de trabajos realizados por autoras de cómic entre 1967 y 1993 bajo el título *¡Mujercitas del mundo entero, uníos!* En 2023 también se expuso en el centro cultural CentroCentro de Madrid la aproximación enciclopédica al cómic autobiográfico *Perdona, estoy hablando*, comisariada por Tevi de la Torre, Teresa Ferreiro Peleteiro y Roberta Vázquez que reunió obras de más de 80 autoras de todo el mundo. Ese mismo año se publicaron volúmenes teóricos como *Mujeres dibujantes del cómic español en los años del boom (1975-1992)* de Arantza Argudo Martínez, el monográfico "Discurso autobiográfico y proyección del yo en el cómic femenino en español (1970-2023)" dirigido por Tania Padilla Aguilera e Isabelle Touton, la antología *Voices that Count* (2022), y se han realizados coloquios con autoras españolas como el de AlcesXXI en septiembre de 2021 *Mujeres solidarias: Female Empowerment through Comics* coordinado por Joanne Britland.

poner algunos ejemplos– y de ocupar espacios artísticos tradicionalmente masculinos para lograr un cambio en las estructuras de poder.

Definitivamente, la narración de experiencias personales atañe intrínsecamente a cuestiones políticas y sociales más amplias. Ahora bien, antes de lograr cierta reforma de patrones, se requiere una vía de compromiso empático entre el artista y el lector, una relación de conciencia compartida entre ellos. El papel que juega la empatía en la articulación del trauma es un tema que trata E. Ann Kaplan, especialmente el relacionado al trauma vicario. Por trauma vicario se entiende aquel que es causado de forma secundaria, de la mera empatía e identificación con el sufrimiento de la víctima. Lo que interesa examinar en la siguiente sección es cómo es posible que se produzca dicha identificación a través del cómic, especialmente con un estilo gráfico minimalista y con qué finalidad, a partir de las palabras de Kaplan, quien respalda que:

> ...telling stories about trauma, even though the story can never actually repeat or represent what happened, may partly achieve a certain "working through" for the victim. It may also (my main concern in this book) permit a kind of empathic "sharing" that moves us forward, if only by inches. (Kaplan, 37)

Minimalismo gráfico en el código binario visual-textual

El estilo minimalista de Hafid, paradójicamente, pese a no percibirse como estrictamente realista, recrea un universo cotidiano y familiar con el que el lector puede empatizar e identificarse.[57] Este estilo ha sido comparado con el del historietista estadounidense Chris Ware que, entre otros autores contemporáneos, ha hecho del minimalismo su seña personal principal para explorar las complejas emociones de sus personajes, por

[57] Todas las imágenes incluidas en esta sección fueron aportadas y autorizadas por la propia autora Nadia Hafid, a quien estoy infinitamente agradecida por su amabilidad.

ejemplo, en obras como *Jimmy Corrigan* (2001) y *Building Stories* (2012). Alejado del estilo naturalista a mano alzada del que hablaba Berger[58] y reduciendo la imagen a los elementos más básicos y elementales de la geometría –las líneas vectoriales cerradas de igual grosor rellanas con colores uniformes y bien definidos– los espacios y personajes que crea Ware son completamente bidimensionales y exigen del lector un continuo compromiso y acto de empatía. Los fondos con colores sólidos (sin degradado, texturas ni matices para aportar volumen) crean un efecto similar a los planos arquitectónicos. Por este motivo, Ware es concebido por muchos como un "diseñador" más que un ilustrador. Al respecto de este nivel de abstracción en el dibujo del cómic, Groensteen puntualiza:

> "It is nonetheless true that the majority of abstract comics do not include speech balloons. What exactly is it, then, that we see on a comics page made up of abstract images? Two things—that need to be distinguished from each other. Firstly, visual content: colors, lines, forms organized into motifs. These abstract "images" interact with each other. They establish relationships of position, contiguity, intensity, repetition, variation, or contrast, as well as dynamic relationships of rhythm, interwovenness, etc." (20)

La predominancia de áreas geométricas y planas de un solo color sólido y uniforme carente de palabras se aleja de marcadores emotivos implicados en generar empatía e identificación – primeros planos detallados del rostro, ojos grandes, como en el manga japonés; detalles de lágrimas o gotas de sudor, pelo y ropa en movimiento, empleo de líneas cinéticas, transparencias visuales de colores y siluetas que se funden con otras, etc.– lo cual no quiere decir que la emoción no esté ahí. Está, pero representada de otra forma diferente. Davies y Rafkind sugieren que este modo alternativo de representar la expresión y emoción es propio de la representación estética del trauma.

---

58 Para John Berger la distinción fundamental entre dibujo y fotografía, como aclara en "Drawn To That Moment", es que cada trazo de un dibujo revela su propio proceso de fabricación, reuniendo en un solo vistazo diversos lapsos temporales subjetivos, una multitud de momentos experimentados que se han ido llevando al papel.

> The rise of trauma as a prominent cultural discourse for the representation of individual and collective injuries and catastrophic events in the twentieth century has transformed trauma from a specialized medical and psychoanalytical term into a household concept that permeates our culture. This has also produced what we might call a trauma aesthetic, certain tropes that are in widespread use in literary trauma narratives: negative tropes of disconnection and unavailability (the putative quasi-sacred inexpressibility of trauma and its unavailability to human understanding) and positive tropes of return (the uncontrollable return of an intact experience of overwhelming sensory impressions). (29)

En la novela gráfica *Sabrina*, nominada al Mann Booker Prize en 2018, su autor Nick Drnaso plasma las expresiones de sus personajes con un estilo similar, creando una atmósfera de peligro e incertidumbre en el lector. Utilizando el menor número posible de líneas y texto, Drnaso retrata cómo el asesinato de la joven Sabrina en Chicago acapara la atención de los medios y cómo esta vivencia traumática impacta de manera irreversible en la vida de sus allegados más cercanos. Bajo el halo de tristeza que rodea la trágica historia, Drnaso es capaz de enredar teorías conspirativas, viralidad y la deshumanización actual con un estilo minimalista en tonalidades grisáceas y marrones. En el caso de Hafid, si hubiera que escoger tres de los rasgos característicos de su representación gráfica que exigen la participación activa del lector para captar los detalles narrativos serían: la omisión casi total de cartuchos de texto explicativo y bocadillos –o globos– de diálogo, la representación vectorial geométrica y bidimensional y la paleta de colores sólidos. Como planteó McCloud, los cómics crean un mundo icónico que permiten la identificación: "When you look at a photo or realistic drawing of a face—you see it as the face of another. But when you enter the world of the cartoon—you see yourself". (36) *El buen padre* involucra al espectador a nivel ético, visual y textual como partícipe y testigo gracias a lo que en palabras de Polak es la "focalización" (27):

> Focalization offers a powerful distinction between how a panel is framed (i.e., what point of view it depicts) and how it is positioned (i.e., through which character's memory the scene is filtered or, alternatively, how the reader is connected to the characters in the scene).

Dado que la protagonista parte desde el presente para contar su trauma pasado, se crea una situación de negociación de experiencias repentinas y perturbadoras de violencia y dolor. La focalización permite discernir que, aunque el tiempo y la vida familiar siguieron, ciertas vivencias traumáticas y complicadas de la infancia permanecieron, hicieron mella y tuvieron consecuencias en sí misma, y a su vez los lectores pueden entender el estado emocional de la autora a través de un ejercicio de empatía.

Si Drnaso empleaba tonalidades grises y marrones para capturar un determinado estado de ánimo, en *El buen padre* es llamativo el empleo de diversos tonos de azules sólidos. Desde la portada a la contraportada, todo el cómic está plagado de silencios y ausencias en colores azulados, una gama amplia de tonalidades frías que contrastan con los afectos y pasiones que aparecen en tonos anaranjados. Hay pequeños toques de colores en la piel/pelo de personajes, muy sutiles y únicos que hacen reconocible a cada personaje, destacando la ligera variación cromática en el pelo de las hermanas y la piel del padre. El código de colores identificatorios de la familia protagonista queda resumido en la tabla a continuación:

Personaje	Identificación de la piel (Escala cromática de Von Luschan)	Identificación del pelo
Protagonista (Nadia Hafid)	Tonalidad melocotón	Ondulado y sin colorear/blanco (corto de niña, largo de adulta)
Hermana de la protagonista	Tonalidad melocotón	Ondulado y negro (corto de niña, largo de adulta)
Madre	Sincolorear/blanca	Liso y anaranjado

Padre	Tonalidad canela	Rizado y negro

El Preludio de *El buen padre* comienza con una página completa impar de la luna, enfatizada por los azules oscuros del fondo de modo que facilitan que el lector deduzca que es una escena nocturna y pueda divagar acerca de qué se aloja en ella. A continuación, una página completa refleja el neón del rótulo de un local que se identifica como "bar", del que se nos muestran características comunes de cualquier club nocturno en una retícula 3x3: un billar, gente en la barra, y una serie de tres paneles exactamente iguales ocupados simplemente por vasos, insinuando una elevada ingesta de alcohol nocturna. Esa insistencia reiterada en el vaso, similar a un plano fijo cinematográfico, cumple una función específica: dar sensación de paso del tiempo y también hacer hincapié en la acción (el alcohol como refugio de las carencias afectivas, un problema "heredado" del padre, como se verá posteriormente). Con la palabra "bar" y los repetidos vasos, el lector es capaz de figurar toda una serie de expectativas relacionadas con los excesos del ocio nocturno. (Fig. 1)

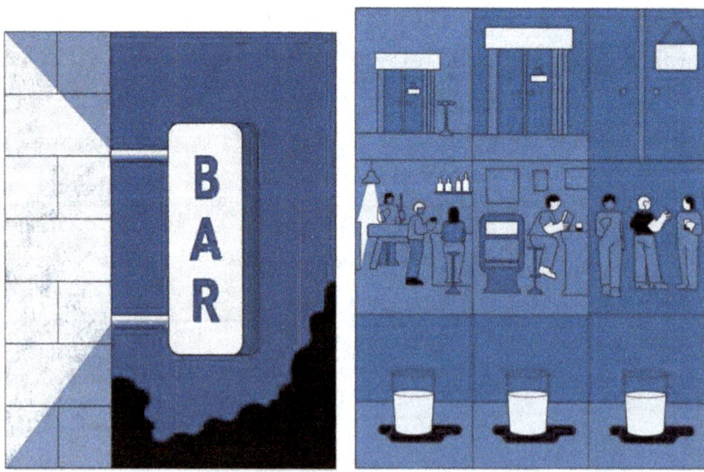

Fig. 1 – Bar nocturno y alcohol, pp. 8-9.

En las siguientes dos páginas, la protagonista que vimos en la portada pasa a la acción: apoya su vaso a medio terminar en la barra y sale del bar para fumar.[59] Entonces se produce el primer breve y fugaz diálogo del cómic y único del preludio: un individuo que podría reconocerse como masculino pide fuego a la protagonista, y ésta se lo ofrece. En las siguientes dos páginas solo vemos sus rostros (anteriormente ni el desconocido ni la protagonista tenían rasgos faciales, ahora ya tienen los más mínimos: nariz, ojos y boca representado con puntos y líneas) en una retícula clásica de 3x3, que concluye abruptamente cuando el desconocido le insinúa que tomen "una última copa" juntos. Justo en este momento se desvanecen de nuevo los rasgos faciales de ambos, como en un "zoom out" cinematográfico o desenfoque, se convierten en dos rostros inexpresivos, "vacíos", para que seguidamente y como muestra la portada, la protagonista desaparezca fumando en medio de la calle. Esta imagen, una mujer sola caminando a casa en medio de la noche se extiende en el tiempo gracias a una retícula 3x2 en toda una página, enfatizando que ha rechazado el plan y la problemática soledad de la protagonista. Esta reticencia ante el flirteo y su semblante pensativo (Fig. 2, el gesto con la mano apoyada en la barbilla universalizado por Rodin, que después se descubrirá como el gesto de su madre tras ser golpeada por su padre en la Fig. 11) deja espacio al lector para conjeturar sobre posibles problemas sociales y/o afectivos y recalca en la última viñeta una mueca con la boca que augura tristeza ante lo que está por venir, el flashback a 1995.

59 Un lector familiarizado con la vida nocturna de España conoce por asociación que esta acción es común desde el año 2011 que la ley antitabaco dejó de permitir fumar dentro de ningún tipo de establecimiento.

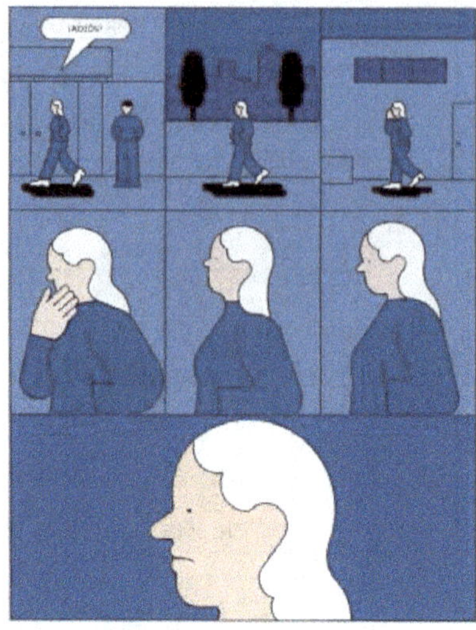

Fig. 2 – Huida nocturna de la protagonista a casa, pp.14.

A continuación, aparece el separador azulado que indica al lector que la historia se traslada en el tiempo. La sensación de soledad y "vacío" con que se había despedido a la protagonista del preludio anterior afecta al espacio geográfico del cómic de la siguiente parte de la historia. Con un encadenamiento de viñetas en una retícula 3x3, el grafismo muestra un paisaje urbano, de lo general a lo particular: los caminos, las fábricas, el parque, los edificios y, finalmente, el hogar. Estas secuencias de trazados planos en naranja y azul, semejantes a los que un urbanista haría en un proyecto arquitectónico preliminar, sugieren un campo semántico del extrarradio de cualquier barrio obrero de los cinturones industriales de las áreas urbanas españolas. Los años 90 en España, con los Juegos Olímpicos de Barcelona, la Exposición Universal de Sevilla, y las obras de construcción del tren de alta velocidad (AVE) fueron el pistoletazo de salida a la cartografía urbana homogénea neoliberal actual, a la inmersión en una sociedad globalizada que ha perdido las señas locales identitarias en el que la protagonista y su hermana crecieron. La secuencia de imágenes avanza de nivel macro a nivel micro, enfatizado por la presencia del tono azulado y la desaparición progresiva del naranja. La visión panorámica bitonal del barrio da paso a un piso azul al que accede el lector en una nueva secuencia: de la calle al portal, el acceso por las escaleras del rellano hasta una puerta determinada a la que se va a introducir por la ranura de la cerradura, como si fuera una llave. Así el lector, convertido de manera gráfica en la ganzúa que entra al interior del apartamento, ingresa a las pinceladas de fugaces recuerdos de la infancia de una niña que, como piezas inconexas de un rompecabezas comienzan a encajar en el presente. El barrio, el bloque de edificios y el piso convergen en el interior de las cuatro paredes del hogar y sus cuatro-cinco componentes nucleares y a través de ellos se reconstruye la infancia de Hafid. Por su parte, el espectador, debe unir mentalmente desde su propia interpretación e imaginación el presente y el pasado de la historia.

Desde la intimidad de los recuerdos familiares y sucesos de la vida cotidiana, Hafid confiesa en la entrevista a MondoSonoro que "tenía miedo (al ser una historia personal) de caer en cierto dramatismo excesivo, y quería alejarme de eso". Ese miedo personal de la autora de no caer en el victimismo y el solipsismo la lleva a articular una historia fragmentada que conecta su "doble herida" a través de los saltos temporales. El evento traumático de la infancia, que durante años parece reprimido o negado, se registra tardíamente en el cómic, pasado algún tiempo, con manifestaciones como los flashbacks y la memoria selectiva de fragmentos, acompañada de diversos síntomas en la adultez –disociación, escapismo, alcoholismo, depresión y alienación–. Sin duda, los cómics, al permitir jugar visualmente con las capas temporales y las emociones, favorecen lo que Chute denomina "simultaneidad de temporalidad traumática" (206). Gracias a las elipsis temporales Hafid clasifica y ordena sus recuerdos y memorias de la infancia en base a sus traumas del presente, compartiendo ambas esferas al mismo tiempo. La capacidad y madurez emocional del "yo" adulto converge con la extrañeza e inocencia del "yo" niña a través de los recuerdos hogareños, un espacio mental y emocional, un 'lugar de memoria' para la autora y su familia (Fig. 3). La intromisión al hogar infantil constituye la memoria emocional de la autora, que en la perspectiva freudiana implica la retención de experiencias emocionales pasadas que influyen en la vida psíquica de una persona adulta, incluso si no son conscientemente accesibles. Así, los saltos temporales del cómic son parte esencial del mismo acto de "revivir" desde el presente una historia traumática de la infancia.

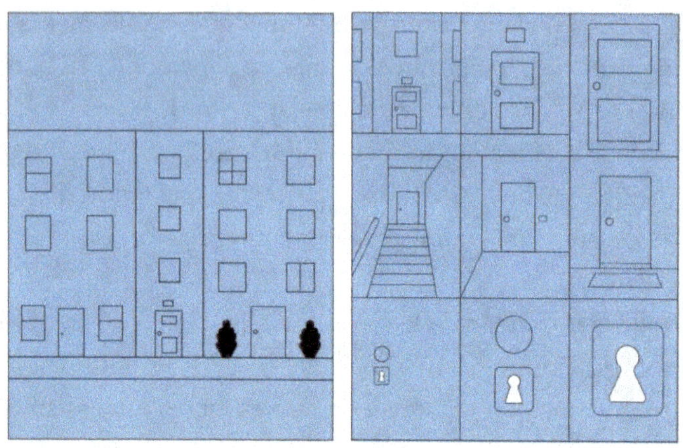

Fig. 3 – Secuencia de la calle al hogar de la protagonista, pp.18-19.

Una vez dentro del hogar y de los recuerdos de infancia de la protagonista, el lector encuentra cierta sensación de "peeping Tom" ante la intimidad de las escenas que va a presenciar a continuación: una representación del juego infantil de dos hermanas pequeñas. La pedagogía infantil afirma que los niños no solo se entretienen y aprenden a través del juego, sino que "expresan sus emociones y descargan tensiones e inhibiciones que forzarán su personalidad y modo de relacionarse con el medio" (Tierno, pp.160-161). Ambas hermanas, entretenidas con unos muñecos de plástico tipo Ken y Barbie, masculino y femenino, "juegan", pero su reacción a través de los muñecos esconde una tensa situación doméstica (pp. 20-24). El muñeco masculino, dirigido por una Hafid niña, 'estalla' en una reacción iracunda arrojando con un manotazo al aire los otros juguetes (un sofá anaranjado y un pequeño jarrón blanco). Las líneas cinéticas sobre estos objetos alrededor de su mano indican el repentino enfurecimiento de la protagonista, mientras que justifica ante su hermana que "se ha vuelto loco…". La hermana, completamente perpleja ante el repentino enojo, decide que no quiere continuar jugando con ella así. (Fig. 4)

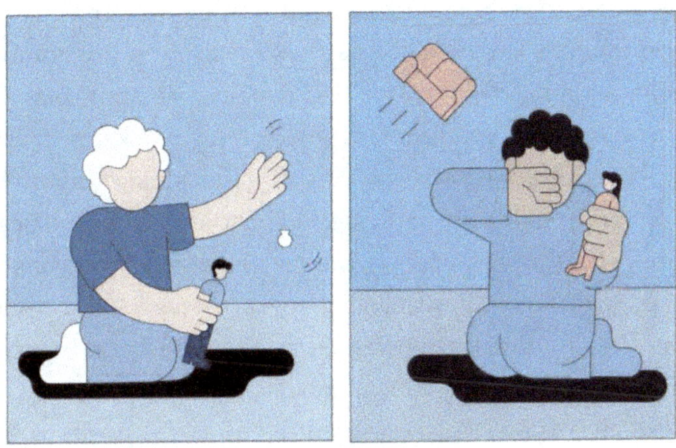

Fig. 4 – "Juego" entre hermanas, pp. 22-23.

Este desaire de la protagonista niña presagia el posterior comportamiento violento y maltratador del padre de la familia (pp. 89-91), y conecta a su vez con la desconfianza hacia el personaje masculino con el que interacciona la protagonista adulta en el bar en la sección anterior. En términos freudianos, las experiencias traumáticas o emocionalmente cargadas, aunque sean parcialmente reprimidas temporalmente, pueden manifestarse a través de síntomas neuróticos, sueños o actitudes posteriormente. Posiblemente expuesta a la violencia machista del padre y afectada desde su infancia de problemas de conexión emocional con él, este patrón de comportamiento abusivo en la infancia, canalizado a través del juego, pone de manifiesta las emociones traumáticas que ha ido interiorizando. Sin embargo, ya en la adultez y sin esas estrategias de desahogo, el alcohol y otras actitudes evitativas se convierten en la válvula de escape de un conflicto interno complejo de aliviar.

Al posar la vista en las apariciones del padre en 1995 realizadas a partir de los recuerdos de infancia de Hafid, siempre es representado en posiciones de reposo total: sentado/tumbado frente al televisor, en el sofá y en la cama fumando compulsivamente. Los aparentemente inocentes recuerdos de una niña sobre un padre algo triste y distante se convierten en las carencias de seguridad y confianza de una mujer adulta ante los individuos masculinos. Si bien es compatible que la autora en su madurez busque comprender la desazón de su padre sin juzgarlo, como propone Rodrigues, también es posible que los silencios, las omisiones y los inexpresivos rostros vacíos sin facciones sugieran un shock, un trauma en aras de ser resuelto ante las emociones privadas y ocultadas durante años. La escasa conexión afectiva del padre con el resto de los personajes que aparecen en los recuerdos infantiles combina en ocasiones con una sensación de distancia e irrealidad. Desde la apatía y la tristeza, el lector puede intuir que algo anormal podría estar sucediendo en el estado de ánimo del padre ya que no reacciona ni participa en la vida familiar ni trabaja. La desafección emocional que padece –se evitará tildar de depresión para no aventurarse con diagnósticos especializados– es otro de los recuerdos sustanciales de la infancia de la protagonista. Tras unas páginas, el lector puede inferir que esta desafección emocional bien podría guardar relacionar con el desarraigo que experimenta el padre. Enrique del Acebo Ibáñez plantea que el arraigo posee tridimensionalidad: espacial, social y cultural. Estos tres aspectos conllevan que un individuo se "fije" localmente en un espacio aun cuando el sujeto no esté 'físicamente' en él", que el sujeto participe activamente en "los asuntos de la comunidad local y de la sociedad global de pertenencia" y que se conforme con las normas y valores vigentes globalmente dentro de un ámbito fértil de sentidos compartidos (17). Es fácil sostener que el padre no encuentra arraigo en ninguna de las tres dimensiones propuestas por del Acebo. En contra, como sujeto desarraigado de España, de su rol paterno y del hogar familiar, se le observa como un individuo desarraigado y enajenado (Fig. 5 y 6).

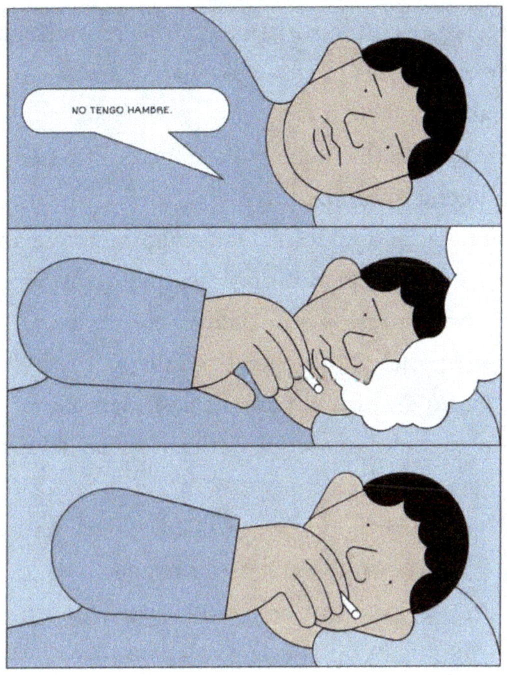

Fig. 5 y 6 – Padre fumando en el sofá, p. 36.

Aunque como lectores desconocemos con profundidad la relación de los padres y sus personalidades, el cómic permite intuir cómo a las niñas les afectó crecer dentro de un hogar hostil y las secuelas que esos recuerdos evocan en la autora ya adulta. (Fig. 7 y 8) Como observó Umberto Eco sobre los niños de la popular serie de tiras cómicas de Charles M. Schulz, *Peanuts*:

> "The poetry of these children arises from the fact that we find in them all the problems, all the sufferings of the adults, who remain offstage. These children affect us because in a certain sense they are monsters: they are the monstrous infantile reductions of all the neuroses of a modern citizen of industrial civilization".

En efecto, el cómic muestra los comportamientos de los padres para comparar el impacto profundo de las vivencias de la infancia de Hafid y su hermana. Por su fuera poco, el análisis retrospectivo de Hafid retrata el rol de una madre trabajando dentro y fuera del hogar, una toma de conciencia hecha en la madurez en torno al sistema patriarcal y la familia tradicional. La madre, desde el momento en que aparece por primera vez en el cómic, está enmarcada doblemente: por la viñeta y por la cocina. De espaldas y sin expresiones faciales, se enfatiza el rol doméstico que ocupa y su doble papel como cuidadora de las hijas y también del padre. En la cocina, Hafid emplea el recurso de mostrar a la madre siempre rodeada de una serie de objetos que evocan recuerdos universales de la infancia: la comida casera (un azucarero, una manzana y una cafetera italiana como iconos para representarlo en la Fig. 7). Una reunión familiar en torno a la mesa de la comida es una clásica alegoría de unión, de valores compartidos y de conexión que, particularmente en este cómic resulta falsa y vacua. Mientras que la relación entre madre-hijas brota como un recuerdo sencillo, pero cálido e inolvidable, las imágenes del desayuno en familia ponen de relieve las carencias: la ausencia del padre. De este modo, las experiencias personales e íntimas de la infancia en la que creció Hafid se narran como una situación cotidiana, con rutinas y códigos fácilmente compartidos con muchas otras familias occidentales de los noventa.

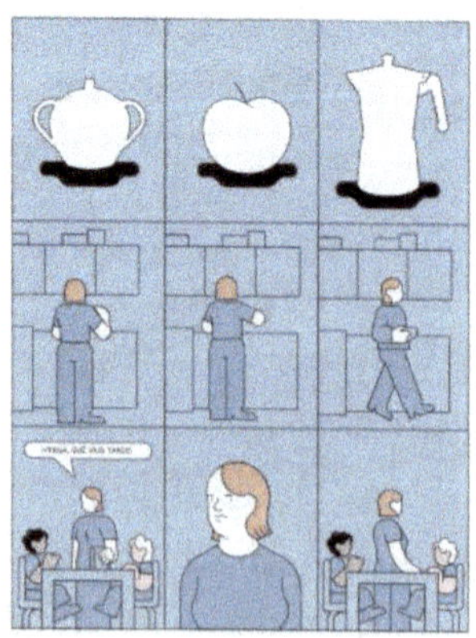

Fig. 7 - Secuencia del desayuno entre la madre y hermanas, p. 37.

Más adelante en la historia, pero todavía en el año 1995, la autora nos revela parte del origen de desarraigo espacial y cultural del padre cuando la familia recibe en su domicilio un paquete enviado por los abuelos paternos desde Marruecos (Fig. 8), y, después, cuando se refieren al padre como "el moro" tras solicitar éste un puesto de trabajo en una obra de construcción (Fig. 9). Estos dos detalles que Hafid elige dibujar y añadir premeditadamente en el cómic ponen sobre la mesa uno de los debates más recurrentes del país: el de la migración magrebí a España. Si bien el proceso migratorio ha evolucionado en los últimos años en forma y modo, la histórica desigualdad entre la relación Europa-África es acuciante en España por su cercanía geográfica. La inestabilidad laboral y el aprovechamiento por aquellas empresas que demandan mano de obra barata pone de manifiesto el porqué del trastorno anímico del padre. Posiblemente, víctima del racismo y la xenofobia diaria, la melancolía de estar lejos de su país, su familia de origen y sus raíces culturales sumado a la incapacidad de cumplir con el marcado rol patriarcal de "cabeza de familia" por la imposibilidad laboral de mantener el sustento económico, el padre parece desencantado por las expectativas no cumplidas de progreso y bienestar. Afectado por la falta de ilusión –y víctima también de un sistema androcentrista que mide el valor del hombre por su poder adquisitivo y material– y sin capacidad ni mecanismos para reponerse, su ausencia y mutismo encierran un elevado malestar creciente.

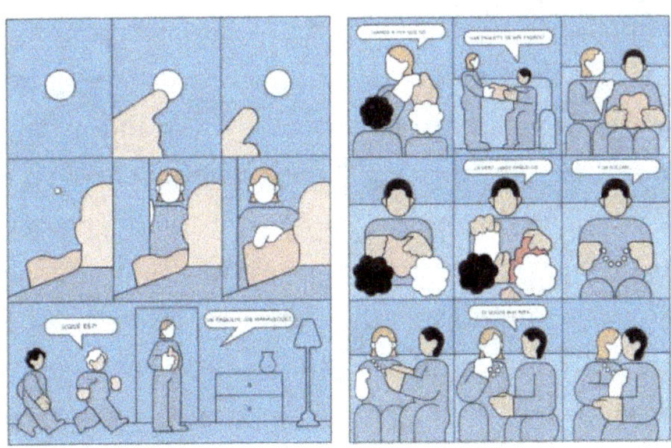

Fig. 8 – Llegada del paquete de Marruecos, pp. 68-69.

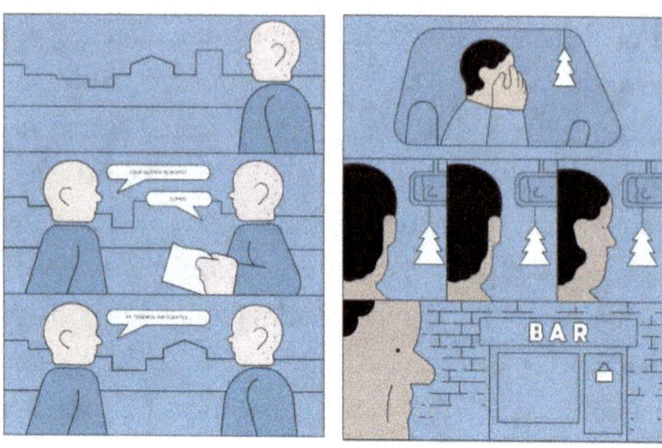

Fig. 9 – Rechazo de CV del padre, p. 78 y huida de éste hasta el bar, p.80.

El desánimo y frustración del padre por no poder encontrar un empleo para hacerse cargo económicamente de su familia, así como la poca receptividad social ante la inmigración evidencian que ese "buen padre" que da título al cómic de Hafid no es más que una ironía que emplea la autora para camuflar su dolor. La ambigüedad del adjetivo seleccionado –ya que una figura paterna que abandona el hogar para no volver nunca, como la última viñeta revela, no sería catalogado de "buen padre"– es explicada por Rodrigues como "una declaración de respeto y comprensión" de la autora hacia él (111). Sea como fuere, los gritos a las niñas y la esposa y su ausencia en los actos cotidianos de la vida familiar –no sentándose a la mesa a comer con ellas, por ejemplo– son hechos reprobables que, si bien no ocultan otros recuerdos más cálidos del padre –como las viñetas en que lleva a las niñas al colegio en coche y en el camino los tres van cantando una canción que suena del cassette, pp. 41-44– parecen ser estrategias que emplea Hafid para no resultar autoindulgente ni débil ante el lector. Consciente de su sufrimiento infantil retrospectivamente en la vida adulta y exteriorizándolo a través del cómic, se reconciliar con un aspecto de su pasado y da ejemplo de cómo ciertas circunstancias opresivas pueden ser abordadas –o, por el contrario, no.

Si bien en las secuencias anteriores la autora disemina pequeñas pistas verbales y visuales de lo que viene a continuación, como el padre dejando a las niñas solas en casa frente al televisor para regresar ebrio por la noche, o cuando una Hafid niña lo descubre bebiendo solo en la cocina, es apenas unas páginas antes de concluir el salto al año 1995 cuando por primera y única vez, una secuencia de objetos augura la violencia que el padre ejerce sobre la madre. De nuevo, tras volver de noche, presumiblemente ebrio y bebiendo solo en la cocina (las manillas de un reloj en la cocina marcan las 2:00, p. 88), mientras las niñas duermen, la madre en la cocina, visiblemente enfadada (Hafid añade a su rostro cejas fruncidas y un mohín en los labios) pide explicaciones por sus salidas nocturnas. La retícula de 3x3 refleja la mutación de su rostro: de una cara de enfado a una de preocupación y, finalmente, de terror. En la siguiente página y sobre un fondo anaranjado (coincidente con el color del pelo de la madre) se observa un plato cayéndose y rompiéndose, a lo largo de toda la página. Las líneas cinéticas de movimiento invierten el tiempo, pues prolonga en la secuencia de viñetas una acción tan rápida y fugaz como ésta (se demora más la lectura de la ruptura del objeto que lo que el plato tardaría en caer y romperse contra el suelo). Esta articulación del tiempo y la duración, recursos únicos del medio ilustrado, permite al lector sentir cierta inquietud, incluso compartir el temor de la madre, cuando la siguiente imagen que sigue a los añicos de la vajilla es la de un puño medio cerrado que corresponde al padre, mientras le grita "¡cállate!" a la madre (Fig. 10).

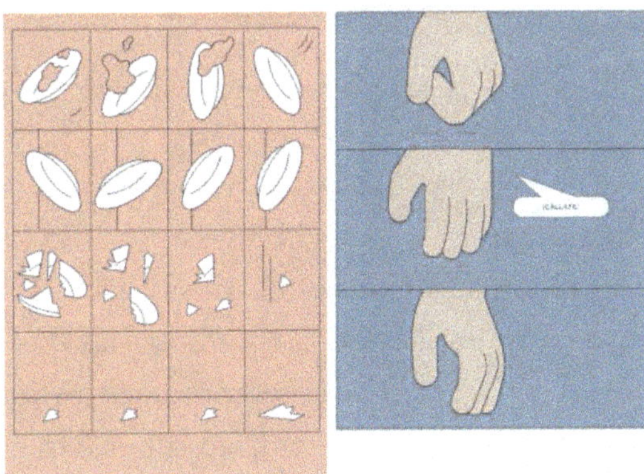

Fig. 10- Plato roto y primer plano de la mano del padre, pp. 90-91.

A continuación y de nuevo en azul, el padre, atraviesa la cocina, coge su abrigo de un perchero y da un fuerte portazo –como remarca el clásico uso de la onomatopeya "¡PAM!"– dejando a su espalda la vivienda familiar. Mientras, la madre en la cocina parece haber recibido un golpe en el rostro y se apura a recoger los añicos de vajilla del suelo (Fig. 11). La caída muda y casi a cámara lenta del plato en la cocina, con escasas líneas de movimiento y sin onomatopeyas congelan (y a la vez dilatan) un instante trascendental en el cómic y, por ende, en la vida de Hafid y su familia. Pese a la elipsis, el puño como evidente señal de amenaza física y el cierre de este flashback con la cara preocupada de ambas niñas recrea un ambiente hostil y violento. Aunque las niñas no fueron testigos directos en primera persona de la escena de maltrato, parecen haber escuchado todo desde la cama, sugiriendo cierta cotidianidad de este tipo de comportamientos y no un mero hecho aislado.

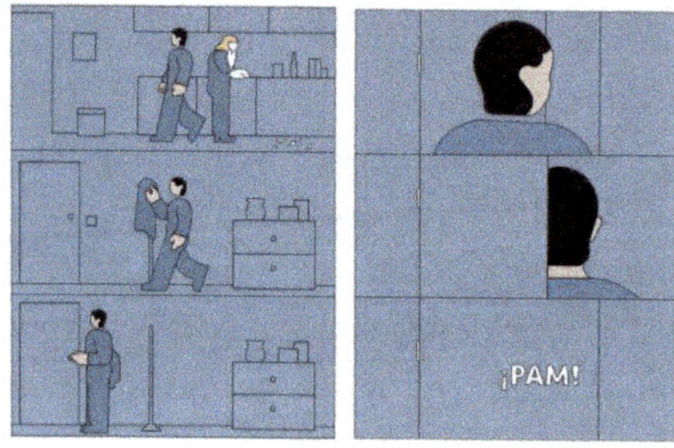

Fig. 11 – El padre abandona la vivienda familiar tras agredir a la madre en 1995, pp. 92-93.

De vuelta al "presente", en el breve interludio del año 2015 que separa los dos segmentos principales de 1995 y 1997, la protagonista adulta parece volver a casa después de la escena inicial del bar. La misma luna llena con la que se abría el cómic la acompaña en su llegada al apartamento en el que parece vivir sola e independizada de la familia. Tras unos instantes de duda, la autora representa una escena que resulta familiar y que conecta directamente con la parte anterior: la de la protagonista adulta en la cocina bebiendo sola a altas horas de la madrugada. A continuación, una serie de 3x3 onírica representa a la protagonista girando en el sentido contrario a las manillas del reloj sobre un fondo azul oscuro. No se puede saber si se encuentra tumbada en una cama, en el suelo o en una ensoñación producto de la embriaguez, pero simula estar sumida en una espiral que rebobina el tiempo, como ocurre con esta narración. (Fig. 12) Sea el malestar de los efectos del alcohol ingerido que podría estar experimentando, sea una licencia creativa sobre los recuerdos del pasado, o cierta sensación de insomnio, la viñeta que finaliza este salto temporal muestra a la autora tendida con los brazos en cruz sobre el pecho y el pelo derramado por la superficie. Este lenguaje corporal plantea una barrera afectiva, un miedo, una señal de protección ante situaciones adversas, como queriendo proteger(se) a esa niña que fue abandonada por su padre.

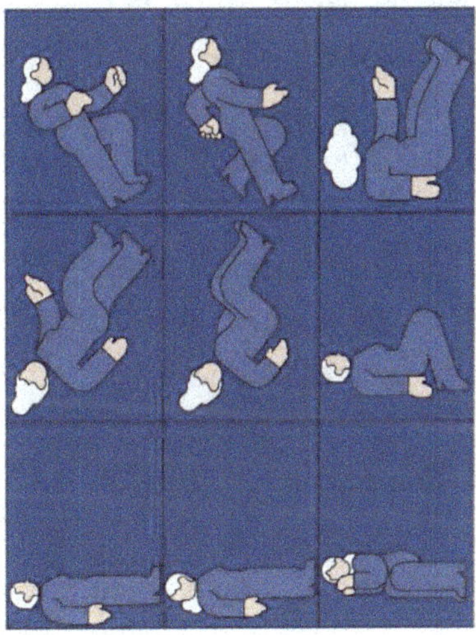

Fig. 12 – La protagonista adulta muestra dificultades para conciliar el sueño o tranquilizarse en 2015, p. 102.

Después, se produce otro salto en el tiempo, al año 1997. Una retícula 3x3 recoge icónicos y reconocibles ítems del veraneo: una sombrilla de playa, un sándwich, un termo y un traje de baño húmedo tendido al sol. Las siguientes páginas (111-114) muestran las costumbristas imágenes de un día de vacaciones de verano en familia en la playa con juegos en la arena y ahogadillas entre las olas, con la salvedad de que en esta familia el padre continúa ausente. Ahora la presencia masculina está ocupada por un pequeño bebé, un nuevo componente del clan del que, aprovechando la escena veraniega, se muestran sus genitales. Tras regresar del día en la playa con la madre, las niñas tropiezan con pedazos de cristales rotos –posiblemente de vasos o copas– esparcidos en el suelo de la vivienda, y la madre encuentra una llave –la llave que da acceso a la casa familiar– sobre un mueble. El padre parece haber desaparecido de nuevo, como tras la escena de agresión del flashback de 1995. Tras herirse en un pie con uno de los pedazos de cristal y ante el hallazgo de la llave, las tres mujeres concuerdan con que "papá no está" (Fig. 13). En la sucesión de viñetas las expresiones faciales de los tres rostros femeninos mutan como puede verse en cejas, y boca: la madre frunce el ceño, visiblemente más furiosa cuando apunta que "siempre hace lo mismo" ante las muecas de perplejidad y asombro de las niñas, concluyendo con un "… ya volverá" para tranquilizarlas. La niña Hafid parece ser la única en albergar esa esperanza, afirma frente al lector "sí, volverá", mientras que las espaldas de la madre y hermana parecen sugerir todo lo contrario.

Estas sospechas de madre y hermana son ciertas al observar la viñeta con que el cómic finaliza. Ante un primer plano del rostro de la protagonista, que al igual que la viñeta anterior parece estar lo que en términos cinematográficos se denomina "rompiendo la cuarta pared", mirando fijamente al lector confirmando que su padre nunca más volvió. Este diálogo consigo misma entre 2015 y 1997 es una licencia estética y artística de la creadora para conectar los hilos temporales de la historia. La gran elipsis que se produce, casi dos décadas que quedan abiertas a interpretación del lector, quedan resumidas en que las tres mujeres y el bebé siguieron adelante con sus vidas.

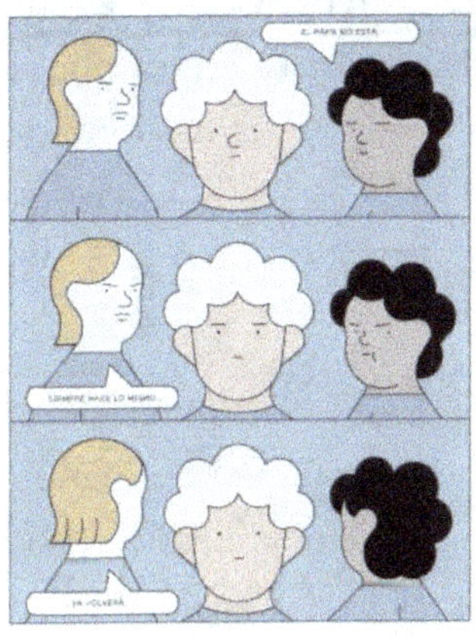

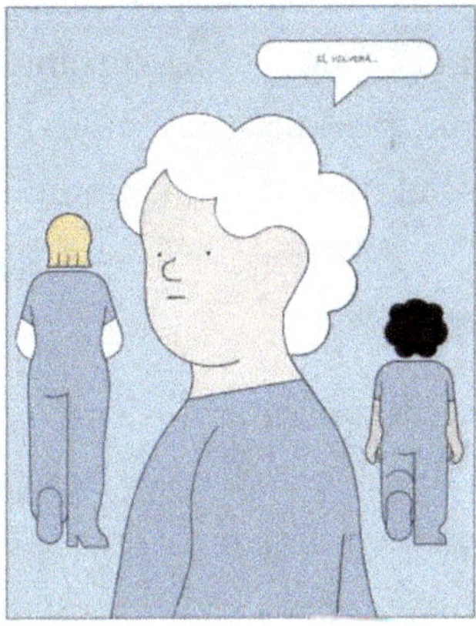

Fig. 13 – El padre abandona la vivienda familiar por segunda vez en 1997, pp. 120-121.

De nuevo el año 2015, después de la protagonista adulta 'girando' tras pasar una mala noche, decide tirar por el fregadero todas las bebidas alcohólicas que encuentra en su casa para no continuar con ese mal hábito y escapar de ese patrón heredado de conductas nocivas. Aún en la cama, recibe una notificación de mensaje nuevo en el teléfono que proviene de su madre "¡os espero para comer!", y tras una secuencia de acciones en las que la protagonista se ducha, friega el suelo y desayuna, coge el transporte público para desplazarse por la ciudad y reunirse finalmente con su familia en casa de su madre. Allí la esperan también su hermana y su hermano pequeño, y de nuevo, una secuencia anaranjada nos muestra un guiso casero y humeante, recién hecho. Reunidos los cuatro en esta escena en torno a la mesa la historia acaba con la revelación final de que el padre nunca más volvió a casa. Esta conclusión parece señalar que, tras reordenar sus recuerdos de infancia, especialmente las escenas traumáticas en las que su padre estaba borracho y maltrataba a su madre, se niega a repetir esos comportamientos destructivos y reacciona, tomando las riendas de su problema. Mientras que su padre optó por huir de la casa familiar, la autora se convierte en un sujeto que activa mecanismos dolorosos del pasado, pero que al mismo tiempo le ofrecen un valor terapéutico, la llevan a avanzar y superar el impacto traumático. Enfrentarse al sufrimiento de una infancia dolorosa canalizándola con una narración gráfica es una de las vías que, posiblemente junto a otros recursos, le ofrece esperanzas para reponerse al trauma emocional.

Conclusiones finales

Verdaderamente el cómic resulta un medio literario único para observar la teoría del afecto y la representación del trauma. Los lectores de cómics pueden detenerse en detalles imperceptibles que podrían perderse cuando únicamente son representados a través del lenguaje. La combinación de elementos visuales y textuales añaden un 'espacio extra' donde el lector puede observar el afecto que florece entre los personajes, incluso entre los personajes y el propio lector. Los cómics ofrecen un plano adicional en el que observar los cambios que se producen en el mundo de los personajes; también podemos utilizar la lente de la teoría del afecto para desentrañar la vitalidad de las imágenes, las palabras, las viñetas, los medianiles, las páginas y el color para ver cómo nos ayudan como lectores a "sintonizar" con las emociones de los personajes. Este artículo examina los aspectos no lingüísticos y de diseño del cómic empleados para lo que no puede representarse únicamente mediante el lenguaje. La fragmentación temporal y el minimalismo forman parte del amplio abanico de posibilidades visuales y textuales que ofrece el medio del cómic para la representación del trauma. A su vez, la capacidad de intercalar distintos puntos de vista (la escena de violencia en la cocina o el rechazo laboral del padre, recreaciones en las que la autora no actúa como testigo directo) crean un espacio de significados entre la relación simbiótica entre autor y lector que permiten el acceso a una experiencia personal que requiere que el lector interprete esos conflictos. El lector tiene un papel muy activo en la creación de significado y de los detalles que componen el cómic. Obviamente en el proceso de creación de éste, la autora ha debido tomar decisiones tras enfrentarse a hechos traumáticos, planteándose preguntas difíciles que reconcilian su infancia con su presente. A través de una profunda madurez emocional, ha tomado unas elecciones narrativas que imitan el proceso de reconstrucción de los eventos traumáticos. La fragmentación temporal, los tonos fríos y el mínimo detalle son las técnicas gráficas y estéticas que hay tras *El buen padre* para explorar y representar experiencias traumáticas complejas. Hafid demuestra con esta obra que el medio del cómic es capaz de ofrecer relatos emotivos y de ahondar en narrativas personales sin escarbar explícita y morbosamente en la intimidad de la propia historia familiar y el hogar.

Bibliografía

Ahmed, Sara. *The Cultural Politics of Emotion.* Routledge, 2013.

Arfuch, Leonor. "El 'giro afectivo'. Emociones, subjetividad y política", *DeSignis*, 24, 2016, pp. 245- 254.

Ball, David M., and Martha B. Kuhlman. *The Comics of Chris Ware: Drawing is a Way of Thinking.* Univ. Press of Mississippi, 2010.

Berger, John. *Sobre el dibujo.* Editado por Jim Savage, GGili, 2011.

Chute, Hillary L. *Disaster Drawn: Visual Witness, Comics, and Documentary Form.* Harvard UP, 2016.

Deleuze, Gilles, and Félix Guattari. *What Is Philosophy?* Columbia UP, 1996.

De Montfort, José. "Entrevistamos a Nadia Hafid, Premio Ojo Crítico de cómic 2022." *Mondo Sonoro*, 11 nov. 2022, www.mondosonoro.com/blog-musica/nadia-hafid/. Acceso 9 dic. 2022.

Eco, Umberto. "On 'Krazy Kat' and 'Peanuts'." *The New York Review of Books*, 13 jun. 1985 issue, shorturl.at/xKNZ6

Hanisch, Carol. "The Personal is Political." *Notes from the Second Year: Women's Liberation,* 1969, www.carolhanisch.org/CHwritings/PIP.html. Acceso 6 oct. 2020.

Hafid, Nadia. *El buen padre.* Sapristi, 2020.

Hafid, Nadia. "Nadia - Portfolio." *Nadia Hafid – Illustrator*, nadiahafid.com/. Acceso 1 nov. 2020.

Kaplan, E. Ann. *Trauma Culture: The Politics of Terror and Loss in Media and Literature.* Rutgers UP, 2005.

McCloud, Scott. *Understanding Comics.* HarperCollins, 1994.

Polak, Kate. *Ethics in the Gutter: Empathy and Historical Fiction in Comics.* Ohio State University Press, 2017.

Rodrigues, Judite. "Auto-biografismo por omisión: retrato familiar a trazo limpio en *El buen padre* de Nadia Hafid." *Creneida. Anuario de Literaturas Hispánicas*, no. 11, 2023, pp. 110-133.

Tierno, Bernabé. *La psicología del niño y su desarrollo.* 2a ed., SAN PABLO, Editorial, 2004.

Silvia Marsó en *La Gran Sultana*, de Miguel de Cervantes: Exploración y representación contemporánea de la identidad femenina

Tugba Sevin
Southwestern Oklahoma State University

Este capítulo examina una de las obras más importantes escritas por Miguel de Cervantes: *La gran Sultana: Doña Catalina de Oviedo*. Esta obra, junto con otras comedias escritas por Cervantes, refleja cómo el autor admiraba las intersecciones de identidad a lo largo del mar Mediterráneo donde la memoria e historia se mezclaron. A lo largo de la historia, el Mediterráneo ha sido un lugar de encuentro de muchas culturas e identidades; también ha sido testigo de numerosas guerras y migraciones. Debido a esta rica historia y por ser el cruce de identidades y culturas, el Mediterráneo ha sido el contexto de muchas novelas y obras de teatro en la literatura española, especialmente durante el Siglo de Oro.

El Mediterráneo ocupa un lugar especial, especialmente en la literatura cervantina. Como resumió Villanueva, el Mediterráneo es "un ámbito humano rico y hondamente problematizado en su carácter de crisol al rojo vivo de religiones, de pueblos y lenguajes" (18). Debido a su cautiverio durante cinco años, el Mediterráneo era un lugar lleno de recuerdos desafortunados para Cervantes. Impulsado por sus experiencias en cautiverio, escribió muchas obras literarias que combinan el tema de la cautividad que tiene lugar en el Mediterráneo; *Los baños de Argel, El gallardo español, Los tratos de Argel, La gran Sultana Doña Catalina de Oviedo, El amante liberal, Don Quijote, La Galatea, Persiles y Sigismunda* y *La española inglesa* son algunas de las obras más renombradas de Cervantes con el tema de la cautividad.

La experiencia de Cervantes en el Mediterráneo comenzó en octubre de 1571 cuando luchó en la Guerra de Lepanto, durante la cual resultó herido con varios disparos de bala que le hicieron perder la capacidad de usar su mano izquierda. Después de esta experiencia traumática, viajó como soldado a otras regiones del Mediterráneo como Túnez, Corfú, Argel e Italia. En 1575, durante su viaje de regreso a España, solicitado por el Virrey Duque de Sessa y el Capitán General Don Juan de Austria, el barco en el que navegaba junto con su hermano fue aprehendido por piratas berberiscos. Fue llevado a Argel como prisionero, donde permaneció durante cinco años después de cinco intentos de escapes fallidos. Mientras su hermano fue liberado pronto, los piratas solicitaron un rescate considerable para liberar a Cervantes porque creían que era una persona importante tras encontrar la correspondencia del Virrey Duque de Sessa y el Capitán Don Juan de Austria. Celsa Carmen García Valdés menciona que Cervantes debe haber pasado por verdaderas dificultades durante su cautiverio, y hay muchas evidencias que pueden testificar los sufrimientos y adversidades de los prisioneros (212).

Mientras estuvo en Argel durante cinco años, Cervantes conoció a muchas personas de diferentes culturas, aprendió sus costumbres y su idioma. También "experienced an environment of tolerance: the coexistence of cultures, of ethnic groups – Turkish, Andalusians or Moriscos, Moors …, Arabs, belonging to different religions: Muslims, Jews, Christians, which was not usual in Spain during Felipe II's last years"[60] (Valdés 217). Aunque traumático, el cautiverio de Cervantes también resultó ser una experiencia formativa para él, llevándolo a escribir muchas obras sobre la región mediterránea y los encuentros culturales durante su vida.

El cautiverio de Cervantes en Argel en 1575, una ciudad morisca bajo el dominio de los turcos, el trauma de ser enviado a Estambul con otros prisioneros después de esperar cinco años para ser rescatado, y finalmente ser libre cuando llegó el dinero del rescate desde España, son los bases emocionales y personales que hicieron posible la creación de *La gran Sultana: Doña Catalina de Oviedo*. Esta comedia de Miguel de Cervantes, publicada en 1615, ha recibido relativamente poca atención crítica, aunque contiene muchos aspectos únicos que la diferencian de otros textos de

---

[60] "experimentó un ambiente de tolerancia: la convivencia de culturas, de grupos étnicos –turcos, andaluces o moriscos, moros…, árabes, pertenecientes a diferentes religiones: musulmanes, judíos, cristianos, lo cual no era habitual en España durante los últimos años de Felipe II".

Cervantes y de otros autores del Siglo de Oro. Esta comedia refleja el interés del autor y de la sociedad española en lo que eran, para los cristianos, las tierras otomanas misteriosas. Según McCoy (2013), el autor transporta al lector a este lugar misterioso "by inscrib[ing] 'Turkey' upon the characters of the play through extravagant costuming and exotic stage directions"[61] (215). La obra "comienza con una escena provocadora para la España de aquellos años en la que se pone de relieve el esplendor del Imperio Otomano a través del desfile del sultán acompañado de «seis mil soldados de a pie y de a caballo» desde el Palacio de Topkapi hasta la mezquita de Santa Sofía, para hacer la habitual oración de viernes" (Yaycioglu 267).

En esta obra literaria, Cervantes narra su experiencia de cautiverio dando voz al alter ego de uno de los protagonistas de la obra, la cautiva española, Catalina de Oviedo. Otro aspecto importante de esta obra radica en la detallada descripción del estilo de la vida otomana y del harén ante el público. Uno podría preguntarse ¿cómo Cervantes, quien nunca visitó personalmente Estambul, puede ofrecer un retrato asombrosamente detallado del estilo de vida otomano? Como explica Valdés "during the five years his imprisonment in Algiers, Cervantes had the opportunity to get to know first-hand the customs and ways of life of another culture[62]." (212). También, antes de su cautiverio por los otomanos en Argel durante cinco años, Cervantes vivió en Italia durante un período prolongado de su vida. Por lo tanto, es posible mencionar que, mientras estaba en Argel, la interacción de Cervantes con otros cautivos y esclavos que viajaron a Estambul debe haberle enseñado todos los detalles de la ciudad. Además, mientras estaba en Italia, es muy probable que Cervantes haya estado expuesto a narrativas detalladas sobre la vida en el palacio otomano, el harén y prácticas contadas o escritas por comerciantes, espías y otros viajeros que visitaron frecuentemente Estambul. La fascinación de Cervantes por

---

61 "al inscribir 'Turquía' en los personajes de la obra a través de vestuarios extravagantes y direcciones escénicas exóticas".

62 "Durante los cinco años de su encarcelación en Argel, Cervantes tuvo la oportunidad de conocer de primera mano las costumbres y los modos de vida de otra cultura".

las tierras y el estilo de vida del imperio otomano también se puede ver en otras de sus obras literarias, como *Don Quijote* y *Los baños de Argel*.

En La gran Sultana, Cervantes aborda un tema que tuvo un fuerte impacto en su vida: el cautiverio, pero lo combina con otros temas como el choque de identidades, la resistencia, la tolerancia y el amor. La singularidad de la obra de Cervantes radica en colocar como protagonista a una mujer católica española: Catalina de Oviedo, una cautiva llevada a Constantinopla, al harén del sultán otomano. El Sultán o Gran Turco es una figura de autoridad que infunde miedo: "A ningún moro o turco se concede/ que levante los ojos a miralle, / y en esto a toda majestad excede" (30-33). Se sabe que él tiene un poder sin fin en todas las tierras que están bajo su dominio. Esta comedia se construye sobre contradicciones: una mujer católica en una ciudad musulmana, una cautiva española en la tierra enemiga, un poderoso Sultán enamorado de una cautiva, y también presencia una transformación mutua tanto de Catalina como del Sultán otomano. Catalina pasa de ser una cautiva a la esposa del Sultán otomano y, por lo tanto, se convierte en una de las mujeres más poderosas en el Mediterráneo y quizás en el mundo en ese momento, mientras que el Sultán pasa de ser el gobernante de un imperio a ser una figura de amor cortés.

Este capítulo analiza varios temas; principalmente, se enfoca en el conflicto principal de la obra que es la lucha interna de la protagonista, Catalina, entre su identidad, conformidad y amor. Ella es la representación femenina del poder y de la resistencia. Esta comedia se construye sobre contradicciones causadas por los conflictos de identidad de los protagonistas. Otro tema que se discute es cómo la interacción de la persistencia y la tolerancia da forma a la identidad de los protagonistas y cómo la tolerancia y el amor pueden superar las diferencias culturales, religiosas y socioeconómicas. Además, este capítulo tiene como objetivo demostrar cómo la determinación de Catalina para mantener su fe y su identidad española permite la transformación tanto de Catalina como del Sultán otomano. La determinación y la transformación abren una nueva perspectiva al representar un encuentro tolerante de dos mundos y culturas diferentes. Al situar la trama en Constantinopla, tierra enemiga según España, Cervantes convierte esta obra en una historia de amor exótica y eleva la identidad española al transformar a una mujer española cautiva en la esposa del gobernante del Imperio Otomano y en el personaje más poderoso del texto. Este capítulo termina con una comparación de la representación de Catalina en la obra escrita por Cervantes y su representación escénica por la actriz Silvia Marsó en la Compañía Nacional Española de teatro clásico. Esta comparación permitirá demonstrar la complejidad de la obra desde las perspectivas literarias y escénicas.

La narrativa se desenvuelve en el harén de Constantinopla del siglo XVI. El harén en Constantinopla del siglo XVI es donde avanza la trama. El harén que fue construido por el arquitecto Sinan por los órdenes del Sultán Amurates (Murat) III, un lugar exótico y misterioso, se convierte en un espacio intercultural donde todos los personajes se encuentran. Por ejemplo, Catalina de Oviedo es una mujer española capturada por el famoso pirata Morate Arráez (Murat Reis) a la edad de seis años cuando viajaba de Málaga a Óran con sus padres. Fue separada de su familia y llevada a Constantinopla. A los diez años, fue enviada al harén del sultán otomano y comenzó a vivir allí con muchas otras mujeres sin conocer personalmente al Sultán. En el mismo harén, los lectores conocen a otros españoles, incluido Roberto, un hombre vestido de mujer que se viste como griego para encontrar a otro español, Lamberto. Lamberto también se viste de mujer y se hace llamar Zelinda. Busca a su amada Clara, quien también es una cautiva en el harén con el nombre de Zaida. Este *cross-dressing*[63] de los personajes de la obra tiene solo un objetivo; ocultar su verdadera identidad. Éste puede notar en el siguiente diálogo entre Roberto y Salec:

SALEC	De mí no te escaparás, pues cuando te vi, al momento te conocí.
ROBERTO	¡Gran memoria!
SALEC	Siempre la tuve en extremo.
ROBERTO	Pues ¿cómo te has olvidado

63 Travestismo.

	de quién eres?
SALEC	No hablemos
	en eso ahora; otro día
	de mis cosas trataremos:
	que, si va a decir verdad,
	yo ninguna cosa creo.
ROBERTO	Fino ateísta te muestras.
SALEC	Yo no sé lo que me muestro;
	sólo sé que he de mostrarme,
	con obras al descubierto,
	que soy tu amigo, a la traza
	como lo fui en algún tiempo,
	y para saber de Clara,
	un eunuco del gobierno
	del serallo del Gran Turco
	podrá hacerme satisfecho,
	que es mi amigo (184-202)

El argumento principal de la obra se desarrolla en torno a Catalina de Oviedo cuando es descubierta por Mamí, eunuco sirviente del Sultán. Descubre que Rustán, otro sirviente, ha estado ocultando a esta hermosa cautiva cristiana durante casi seis años. Mamí le cuenta al Sultán sobre su belleza, y el Sultán quiere conocerla de inmediato. El momento en que el Gran Turco (Amurates- Murad) y Catalina se encuentran sus destinos cambian para siempre. En este punto de la obra, el ritmo de la obra aumenta y comienza una negociación cultural entre los dos personajes principales. Los protagonistas de esta obra guardan semejanzas con el Sultán Murad III y su amada Safiye, supuestamente de Venecia, según se menciona en fuentes históricas otomanas. Safiye, al igual que Catalina, ingresó al harén como mujer cristiana y ascendió en rango a Sultana. Según menciona Halim Serarslan en su ensayo es posible notar una semejanza increíble entre Cataliana de Cervantes y la Sultana Safiye:

> Sofia Baffo was a beatiful and young girl from Venice. She was caught by the Turkish Sailors during a skirmish in the Mediterranean Sea while she was going to visit her father who was a governer of Korfu. She was taken to İstanbul then she was sold to the Harem of the Palace. Her name was changed to Safiye. After she was taught and trained according to the Ottoman's discipline, she was presented to Shazadah Murat [who became Sultan later in history] by his mother Nurbanu Sultan. Safiye learned to persuade Shazadah Murat and made Shazadah Murat whatever she told in time. She was recorded in history as a Sultan of the Ottoman Harem who was very attractive and [influential].[64] (137)

Se sabe que Safiye Sultán, notablemente reconocida como la Haseki Sultán (consorte principal) de Murad III y la Valide Sultán (la madre del Sultán) del Imperio Otomano, destacó como la madre de Mehmed III y la abuela de los Sultanes Ahmed I y Mustafa I. Su relevancia se enmarca en la distinguida época conocida como el Sultanato de las Mujeres, durante la cual desempeñó un papel central en la corte otomana durante los reinados de siete sultanes: Solimán el Magnífico, Selim II, Murad III, Mehmed III, Ahmed I, Mustafa I y Osman II.

Después del fallecimiento del Sultán Selim II en 1574, el príncipe Murad ascendió al trono como el nuevo Sultán, adoptando el nombre de Murad III. Safiye, su consorte principal, lo acompañó al Palacio de Topkapi, y en menos de un año de su reinado, obtuvo el título de Haseki Sultan (consorte principal), elevándola por encima de las princesas y generando tensiones con Nurbanu, su suegra. Ante el conflicto entre Safiye y Nurbanu, Murad decidió enviar a Safiye a *Eski Saray* (palacio antiguo)

64 "Sofia Baffo era una hermosa y joven veneciana. Fue capturada por los marineros turcos durante un enfrentamiento en el mar Mediterráneo mientras iba a visitar a su padre, que era gobernador de Corfú. La llevaron a Estambul y luego la vendieron al harén del palacio. Su nombre fue cambiado a Safiye. Después le enseñaron y entrenaron según la disciplina otomana, la madre de Murat Nurbanu Sultan la presentó a Shazadah Murat [quien se convirtió en Sultán más adelante en la historia]. Safiye aprendió a persuadir a Shazadah Murat y le hizo todo lo que le dijo a tiempo. Fue registrada en la historia como una Sultana más atractiva e [influyente] del harén otomano".

en 1585, pero a partir de ese punto, emergió como la figura más poderosa en el harén.

Más allá de sus roles tradicionales en el harén, Safiye Sultan comenzó a inmiscuirse en asuntos estatales, consolidándose como una influyente figura durante el reinado de Murad. Su posición alcanzó su apogeo cuando asumió el título de Valide Sultan (la madre del Sultán) tras la muerte de Murad III en 1595. Como Valide Sultán, su bolsillo personal superaba tres veces el salario del Sultán, estableciéndola como la persona de más alto rango en el imperio en términos económicos. Durante el reinado de su hijo, Sultán Mehmed III, Safiye no solo era consultada en asuntos importantes, sino que también se convertía en el epicentro para la toma de decisiones. Su influencia se extendía a tal grado que la población y los funcionarios acudían a ella en busca de ayuda, incluso arrojándose delante de su carruaje en ocasiones. Su papel no se limitaba a los asuntos internos, ya que mantenía correspondencia con monarcas extranjeros y establecía relaciones diplomáticas. No obstante, en los últimos años del reinado de su hijo, la intervención de Safiye en asuntos estatales desencadenó tres rebeliones destructivas, generando una profunda animadversión por parte de los soldados y el pueblo. Tras la muerte del Sultán Mehmed III en 1603, Safiye Sultán fue desterrada a *Eski Saray* (el palacio antiguo) en 1604, viviendo retirada y sin influencia política hasta su fallecimiento en 1619. En la historia, muchas de las consortes del Sultán eran de origen extranjero y no musulmanas; las dos Sultanas más poderosas en el Imperio Otomano fueron Hurrem Sultan (también conocida como Roxelana, 'la rutena') de Rutania, la esposa legal del Sultán Solimán el Magnífico, y Safiye Sultán, supuestamente de Venecia (Serarslan 140).

En esta obra, Cervantes, al igual que en sus otras comedias sobre turcos y cautiverio, proporciona al lector una visión de una tierra exótica que, por un lado, es enemiga del Imperio español, pero, por otro lado, es conocida por su poder financiero y militar y su tolerancia hacia todos no musulmanes. Aunque en esta obra Cervantes elogia los valores cristianos, también hace que el lector sea consciente de la tolerancia del Imperio Otomano hacia miembros de diferentes religiones. Como español, Cervantes sabía que el Imperio Otomano fue el primer lugar que había invitado oficialmente a los judíos expulsados de España en 1492. Barbara Fuchs señala la diferencia entre España y el Imperio Otomano en la siguiente cita:

> The pleasure of passing ... here builds into a more permanent allegiance to a welcoming empire. At a time when Spain had decreed the permanent expulsion of all Moriscos and was increasingly closing its doors to all converts, however sincere, the vision of an aggressively inclusive Ottoman world reads as an oblique reproach and a potent reminder of the political and military cost of religious authenticity and enforced transparency (85-86).[65]

En *La gran Sultana*, a diferencia de otras obras sobre cautiverio, el tema más importante es mostrar que todo problema puede resolverse con tolerancia y comprensión de valores compartidos. Se podría argumentar que Cervantes sitúa a Catalina de Oviedo como protagonista en esta obra porque quiere mostrar al público español cómo se perciben los turcos desde la perspectiva cristiana española. El poderoso Sultán se transforma en un amante débil dispuesto a dar todo a cambio del amor de Catalina, una mujer cristiana española. Moisés Castillo sugiere que, en esta obra, Cervantes defiende y critica al mismo tiempo la ortodoxia de la fe católica porque es consciente de las obsesiones extremas de la sociedad española sobre temas como la pureza de sangre, el honor y la ortodoxia religiosa (38).

En la obra, Cervantes retrata a España, personificada en Catalina, como la mujer cristiana perfecta. Además de ser muy valiente, Catalina también posee una belleza extrema. Madrigal, el sirviente eunuco del Sultán, la describe de manera barroca:

---

[65] El placer de pasar... aquí se convierte en una lealtad más permanente a un imperio acogedor. En un momento en que España había decretado la expulsión permanente de todos los moriscos y estaba cerrando cada vez más sus puertas a todos los conversos, por sinceros que fueran, la visión de un mundo otomano agresivamente inclusivo se lee como un reproche oblicuo y un recordatorio potente del costo político y militar de la autenticidad religiosa y la transparencia forzada."

Es tan hermosa
como en el jardín cerrado
la entreabierta y fresca rosa
a quien el sol no ha tocado;
o como el alba serena,
de aljófar y perlas llena,
al salir del claro Oriente;
o como sol al Poniente,
con los reflejos que ordena.
Robó la naturaleza
lo mejor de cada cosa
para formar esta pieza,
y así, la sacó hermosa
sobre la humana belleza.
Quitó al cielo dos estrellas,
que puso en las luces bellas
de sus bellísimos ojos,
con que de amor los despojos
se aumentan, pues vive en ellas.
El todo y sus partes son
correspondientes de modo,
que me muestra la razón
que en las partes y en el todo
asiste la perfección.
Y con esto se conforma
el color, que hace la forma
hermosa en un grado inmenso. (352-78)

Tal jamás la ha visto el sol,
ni otra fundió en su crisol
el cielo que la compuso;
y, sobre todo, le puso
el desenfado español.
Digo, señor, que es divina

la beldad desta cautiva,
en el mundo peregrina. (387-93)

Al escuchar esta majestuosa descripción de la belleza de Catalina, el Sultán se sorprende comprensiblemente al enterarse de la presencia de una mujer cristiana en el harén y de que no estaba al tanto de ella. También se sorprende al saber que aún no se ha convertido al islam, como es costumbre para las mujeres que ingresan al harén. Sin embargo, Mamí le aconseja que no podría ser la única.

El Sultán, que ve a Catalina por primera vez después de casi seis años sin conocer su presencia, se enamora a primera vista. Él queda tan afectado por la belleza de Catalina que, cuando ella le ruega que no mate a Rustán por esconderla durante seis años, no solo lo perdona, sino que también, si Catalina lo desea, ella "liberará a los cautivos en las mazmorras.

No sólo viva Rustán;
pero, si vos lo queréis,
los cautivos soltaréis,
que en las mazmorras están;
porque a vuestra voluntad
tan sujeta está la mía,
como está a la luz del día
sujeta la escuridad. (704-11)

A partir de ese momento, Catalina comienza a transformarse de una cautiva desconocida entre muchas otras mujeres en el harén del Sultán en una amada poderosa. El Sultán, que tiene "reinos casi infinitos" (118), está "controlado" (118) por Catalina. Por esta razón, el Sultán le otorga el mismo poder que él tiene.

De los reinos que poseo,
que casi infinitos son,
toda su juridición
rendida a la tuya veo;
ya mis grandes señoríos,

que grande señor me han hecho,
por justicia y por derecho,
son ya tuyos más que míos;
y, en pensar no te demandes
esto soy, aquello fui;
que, pues me mandas a mí,
no es mucho que al mundo mandes.
Que seas turca o seas cristiana,
a mí no me importa cosa;
esta belleza es mi esposa,
y es de hoy más la Gran Sultana. (716-31)

Catalina no solo controla al Sultán, sino a todos, con su belleza y encanto. Cuando el Sultán le pide que sea su esposa y "desde ahora en adelante la Gran Sultana" (730), Catalina le recuerda la diferencia religiosa entre ambos al decir:

Cristiana soy, y de suerte,
que de la fe que profeso
no me ha de mudar exceso
de promesas ni aun de muerte. (732-35)

También destaca la imposibilidad y singularidad de su situación al preguntarle: "¿Dónde, mi señor, ha visto alguien dos en una cama, uno que lleve a Mahoma en su corazón y el otro a Cristo?" (740-43). Mientras Catalina insiste en que "el amor no puede unir a dos personas divididas por sus creencias" (750), el Sultán le asegura que ahora ella es su "centro" y que las cosas entre ellos serán iguales y nunca llegarán a un punto de desigualdad.

En estos discursos entro,
pues Amor me da licencia;
yo soy tu circunferencia,
y tú, señora, mi centro;

de mí a ti han de ser iguales
las cosas que se trataren,
sin que en otro punto paren
que las haga desiguales.
La majestad y el Amor
nunca bien se convinieron,
y en la igualdad le pusieron,
los que hablaron del mejor.
Deste modo se adereza
lo que tú ves después:
que, humillándome a tus pies,
te levanto a mi cabeza.
Iguales estamos ya. (751-67)

Catalina le pide al Sultán que le dé tres días para pensar en la propuesta de matrimonio. Aunque el Sultán acepta todo lo que Catalina pide, afirma que esos tres días serán como una pena de muerte para él. Antes de que Catalina abandone su habitación, el Sultán, una vez más, quiere mostrarle cuán locamente está enamorado de ella y cuánto está dispuesto a hacer todo lo que ella desee, incluso lo "imposible" y los "milagros" (780- 87). Mientras Catalina trata de decidir si aceptar o no la propuesta de matrimonio del Sultán, éste ordena que todos en el seraglio sirvan a Catalina dada su condición de "algo divino". A partir de este momento, Cervantes continúa con contradicciones a lo largo de la obra; comienzan los preparativos de la boda en el harén por orden del Sultán, pero, por otro lado, Catalina se considera a sí misma como una "oveja perdida... perseguida por el lobo" y, en un momento, desea convertirse en mártir y morir en lugar de cometer el pecado "de unirse a un infiel":

Mártir seré si consiento
antes morir que pecar. (305)

Rustán, el sirviente y confidente de Catalina, le recuerda la tolerancia del Sultán al permitir que ella siga practicando su fe. Convencida por las palabras de Rustán, Catalina decide aceptar el matrimonio, pero también continuar con su "propósito santo" (327) al no aceptar en su corazón una unificación de dos religiones diferentes. Cervantes continúa presentando ambigüedades en el momento de la decisión de Catalina; por un lado, muestra su determinación y eleva a una española que tiene un fuerte carácter y valores religiosos, mientras que, por otro lado, ofrece un retrato de España (personificado en Catalina) que está unida bajo una sola religión y no tolera la convivencia y unificación de otras religiones, como se nota en el ejemplo del exilio de los judíos de la península ibérica a partir de 1492.

La determinación y lealtad de Catalina a su identidad cristiana española continúa en el segundo acto, cuando el Sultán la llama "Catalina la Otomana" (341). Ella le recuerda que "es cristiana y rechaza el sobrenombre [otomano porque el suyo] es de Oviedo, noble, renombrado y cristiano" (343-46). El Sultán comprende que Catalina está insultando la herencia otomana y le recuerda que "el nombre otomano no es humilde" (347), pero ella continúa insultándolo, llamándolo "arrogante y altivo" (349). Asombrado por la fiereza de Catalina, el Sultán menciona que sus "libertades... son más allá de las de una mujer" (359), pero también le recuerda que, aunque ella se precie por lo que vale, "... con tal arrogancia [Catalina] tanto [le] complace como [le] duele" (367-68). Por esta razón, el Sultán le sugiere que sea más soberana y haga que el mundo la respete porque sería la Gran Sultana.

> Muéstrate más soberana,
> haz que te tenga respeto
> el mundo, porque, en efeto,
> has de ser la Gran Sultana. (369-72)

Sin embargo, Catalina continúa desafiando los límites del Sultán y le dice que piense dos veces antes de elevar a una esclava a Sultana porque pronto se arrepentirá. El Sultán le informa que ha considerado todos los detalles. Aunque mezclar la sangre cristiana con la sangre otomana es extremo, también está convencido de que sus hijos hispano-otomanos serán iguales a nadie en el mundo (375-90). Catalina presenta al Sultán otro detalle: su libertad para comunicarse con otros cristianos. El Sultán, sin dejarse intimidar por su insistencia, le muestra una vez más su gran amor y respeto, y le confirma que le "ha dado jurisdicción completa sobre su voluntad" (750), porque los deseos de Catalina también son sus deseos, y se ve obligado a cumplir cada uno de ellos:

De mi voluntad te he dado
entera juridición;
tus deseos míos son:
mira si estoy obligado
a cumplillos. (433-37)

A lo largo de la obra, el lector presencia cómo el amor del Sultán por Catalina lo transforma de una figura de autoridad inalcanzable y poderosa a un esclavo de su amada. Aquí, Catalina y el Sultán intercambian roles; ella se vuelve más poderosa y él se vuelve más subordinado a ella. Esto parece ser lo que Cervantes quiere demostrar: el empoderamiento de la figura española sobre la otomana.

El Sultán simboliza la tolerancia de su Imperio, pero también conoce sus poderes ilimitados; ante la determinación de Catalina, explica que podría haberla obligado a hacer cualquier cosa porque ella es su esclava, pero cree que una decisión debe tomarse por voluntad libre, no por poder. Mientras que el Sultán no se ve afectado por sus diferencias, Catalina enfatiza más su fe cristiana y "verdadera" identidad una vez que el Sultán se enamora de ella, y el Sultán se convierte en el guardián de la fe de Catalina. Cuando uno de los sirvientes menciona "Mahoma" en presencia de Catalina, el Sultán le advierte que no le nombre a Mahoma, porque la Sultana es cristiana (548). En otra instancia, cuando Catalina está rezando a la Virgen María, el Sultán entra en la habitación y Catalina, sorprendida por su presencia, no sabe cómo reaccionar. Sin embargo, el Sultán demuestra otro acto de tolerancia, al decirle que continúe rezando porque sin la ayuda divina, las cosas humanas no duran. También le confirma que la Virgen

María o (Meryem) es venerada entre los otomanos (y musulmanes) también:

> Reza, reza, Catalina,
> que sin la ayuda divina
> duran poco humanos bienes;
> y llama, que no me espanta,
> antes me parece bien,
> a tu Lela Marïén,
> que entre nosotros es santa. (913-19)

Catalina camina por el harén con su rosario y se viste durante y después de la boda con ropa de moda española. Sus esfuerzos por preservar su "verdadera" identidad también se enfatizan durante un encuentro con su padre, quien llega al harén haciéndose pasar por un sastre para poder encontrar a su hija. Cuando el padre de Catalina se entera de su matrimonio con el Sultán otomano, reacciona furiosamente y le dice que esto es un "pecado mortal". Catalina le explica sus tenaces esfuerzos por disuadir al Sultán en las siguientes palabras:

> Si yo de consentimiento
> pacífico he convenido
> con el deste descreído,
> ministro de mi tormento,
> todo el Cielo me destruya,
> y, atenta a mi perdición,
> se me vuelva en maldición,
> padre, la bendición tuya.
> Mil veces determiné
> antes morir que agradalle;
> mil veces, para enojalle,
> sus halagos desprecié;
> pero todo mi desprecio,
> mis desdenes y arrogancia

fueron medio y circunstancia
para tenerme en más precio.
Con mi celo le encendía,
con mi desdén le llamaba,
con mi altivez le acercaba
a mí cuando más huía.
Finalmente, por quedarme
con el nombre de cristiana,
antes que por ser sultana,
medrosa vine a entregarme. (109-133)

En esta declaración, es posible entender que Catalina aún no está de acuerdo en compartir una vida con el Sultán, pero la ambigüedad de la obra radica en los sentimientos de Catalina. Mientras que el amor del Sultán por Catalina queda bastante evidente a lo largo de la obra, lo mismo no puede decirse de Catalina. Es algo equívoco entender los sentimientos que tiene por el Sultán y si realmente lo ama o se convierte en la "Gran Sultana" más por el poder del título. Como respaldado por la explicación de Catalina a su padre, se podría argumentar que el amor que Catalina tiene por su religión y raíces españolas es más fuerte que el amor que siente por el Sultán. Sin embargo, hay momentos en los que Catalina da indicios de los sentimientos que tiene por el Sultán. Por ejemplo, Catalina se pone celosa cuando el Sultán quiere pasar una noche con otra mujer del harén, en realidad Lamberto vestido de mujer, según las sugerencias del Cadí, el juez del Imperio Otomano. El Sultán se complace por los celos de Catalina y declara:

Más precio verte celosa,
que mandar a todo el mundo,
si es que son los celos hijos
del Amor, según es fama,
y, cuando no son prolijos,
aumentan de amor la llama,
la gloria y los regocijos. (911-17)

Catalina le da la buena noticia de su embarazo al Sultán y le declara que ella es la única mujer que puede y va a darle herederos, un "español otomano" (392). Además, para que este diálogo insinúe los sentimientos que Catalina tiene por el Sultán, el énfasis en un "español otomano" puede percibirse como un argumento de Cervantes en contra de las obsesiones de España con la limpieza de sangre. Como señala McCoy (2013) "Catalina's incarnation of religious hybridity, symbolized most deeply by her unborn child, presents a counterargument to Inquisition Spanish dogma... In the Sultan's eyes (and in Cervantes' words), this child will be superior because of his dual heritage—Catalina and the Sultan have made an "otomano español", or perhaps it could be understood to be an "español otomano" (p. 250).[66]

Como se sabe, en una obra de ficción, cada elemento es intencional; el autor moldea su creación, crea sus personajes y usa el poder de las palabras para transmitir los pensamientos que quiere. Por lo tanto, Cervantes crea dos protagonistas importantes: una cautiva española 'cristiana' y un sultán otomano musulmán en el palacio de Topkapi del Imperio Otomano. Su propósito es explorar un tema muy delicado, el de las identidades entre España y el Imperio Otomano. Para Cervantes, lo crucial y teatral son las consecuencias de la resistencia de Catalina y la tolerancia del Sultán. Por ende, enfoca la atención del lector/espectador en la contraposición entre la resistencia/el desamor de Catalina y la tolerancia/el amor del sultán. De este contraste surge un nuevo personaje, denominado 'otomano español', que irónicamente no se identifica como otomano/musulmán ni español cristiano, sino como una entidad propia. En su expresión de pensamientos, Cervantes recurre a la ficción, pero procura que esta sea tan verídica como la realidad (Yaycioglu 271).

Esta obra excepcional de Cervantes fue llevada a la escena teatral por la Compañía Nacional Española de Teatro Clásico en 1992 en Sevilla,

66 "la encarnación de la hibridez religiosa de Catalina, simbolizada más profundamente por su hijo por nacer, presenta un contraargumento al dogma de la Inquisición española... A los ojos del Sultán (y en palabras de Cervantes), este hijo será superior debido a su doble herencia: Catalina y el Sultán han hecho un 'otomano español', o quizás se podría entender como un 'español otomano'."

marcando el debut teatral de los conflictos de identidad y amor entre Catalina y el Sultán que ha perdurado en la memoria cultural. Este evento histórico, dirigido magistralmente por Adolfo Marsillach, adquiere una importancia trascendental al tratarse de la primera puesta en escena de una obra cervantina. El director Adolfo Marsillach mencionó la importancia de la selección de esta obra para el estreno con estas palabras:

> A nosotros esta obra nos fascina [...] Nos fascina por lo extraordinario del mundo que representa, por el irónico romance amoroso de la pasión desbordada y enloquecida, por el desplante de una Constantinopla altiva y pasmosa, por el perfume de una civilización sensual y miniaturista y, sobre todo, porque este texto – este hermosísimo y refrescante texto- es un canto arrebatado a la tolerancia.[67]

Silvia Marsó, talentosa actriz española, emergió como la encargada de dar vida al personaje de Catalina en esta trascendental producción. Marsó expresa sus recuerdos de esta experiencia, en dos entrevistas: "recuerdo que tuve el honor de ser la primera actriz que interpretó *La gran Sultana* de Cervantes con la Compañía Nacional de Teatro Clásico dirigida por Adolfo Marsillach en 1992. ¡¡¡Una obra inédita de la máxima figura de la literatura española!!![68]" Marsó mencionó que esta experiencia profesional de interpretar a una mujer fuerte de la obra Cervantina fue "maravillosa e inolvidable" y "una experiencia única"[69]. Purificació Mascarell menciona que la actriz Silvia Marsó en el papel de Catalina de Oviedo La gran Sultana añadió un valor especial a la obra con [su] belleza...[como] la figura de la *vedette* [y] con su cambio continuo de atuendo (615). También "con la aparición de Catalina (Silvia Marsó), el ambiente bélico se paraliz[ó] porque la única guerra de la comedia [era] la amorosa, es decir,

67 Texto del programa de mano y recogido en *Cuadernos de teatro clásico*, núm. 7, 1992, pp.201-202.

68 Entrevista de Silvia Marsó con Antonio Hernández en la página web *Women'Souls* *Silvia Marsó o la primera Gran Sultana de Cervantes - Woman's Soul (womans-soul.com)* acceso 17/02/2024

69 Entrevista de Silvia Marsó en la página web *Entrevista a Silvia Marsó por El gran mercado del mundo (revistateatros.es)*

la conquista de la joven emprendida por el sultán¨ (619). También Felipe B. Pedraza Jiménez en su análisis del teatro de *La gran Sultana* se enfoca en "la belleza insinuante de Silvia Marsó" y menciona que cómo los espectadores felicitaron esta obra teatral con un aplauso espontáneo, entusiasta y divertido especialmente cuando vieron a "Silvia Marsó (la *vedette*, la gran Sultana) [bajar] del telar sentada, como en un columpio, en media luna" (342). La belleza incomparable de Catalina, una mujer española, en la obra de Cervantes se representa en la escena teatral con una actriz española Silvia Marsó tan bella y fuerte como Catalina cervantina.

Silvia Marsó en una entrevista reflexiona sobre la importancia del teatro y el rol trascendental que desempeñan los actores:

> El teatro puede ayudar a las personas a cuestionarse su propia vida. A replantearse muchas cosas. Bernard Shaw dijo que los espejos sirven para verse el rostro, el arte sirve para verse el alma… Los actores somos un vehículo para que los textos y las reflexiones de los autores lleguen al espectador. Tengo la sensación de que en el teatro se establece un vínculo sagrado entre el autor y el espectador. Es algo casi *religioso*, salvando las distancias, claro [se ríe]. Es como si el autor fuera una especie de *dios* y el espectador el feligrés. Los actores seríamos las *sacerdotes* que los convocamos. Con esto no quiero sublimar lo que hacemos. Pero nuestro trabajo va más allá de recibir aplausos y un sueldo. Existe un compromiso *sagrado.*[70]

Como podemos notar, la literatura sirve de espejo de la sociedad y el teatro es un vínculo que refleja este espejo al espectador. En *La gran Sultana* los lectores leyeron y apreciaron en la escena una historia de amor entre dos culturas y religiones, pero en realidad esta obra mantiene muchos otros mensajes y demuestra diferentes aspectos de dos sociedades: española y otomana. En última instancia, *La gran Sultana* se revela como un espejo que refleja no solo una historia de amor entre dos culturas y

---

[70] Entrevista de Silvia Marsó con Antonio Hernández por la página web *Women'Souls* Silvia Marsó o la primera Gran Sultana de Cervantes - Woman's Soul (womans-soul.com) acceso 17/02/2024

religiones, sino también una exploración profunda de las complejidades de las sociedades española y otomana. La recepción internacional de la obra de Cervantes y la actuación de Silvia Marsó, según reseñas de diversos periódicos, demuestran el logro que obtuvo esta producción teatral con la elección de la actriz principal Silvia Marsó. Chema Paz Gago escribe en el periódico *La Coruña* que "La belleza serena y sencilla de Silvia Marsó contrasta con la hiperbólica descripción que Cervantes pone en boca del Sultán, imponiendo su propio físico más fresco y juvenil." Agencia EFE en *El Diario de las Américas* escribe así: "Del extenso reparto destaca Silvia Marso, su protagonista; atractiva, vulnerable, y convincente. Un espectáculo hecho con sabiduría teatral, experiencia escénica y mucho sentido del humor, algo que Marsillach domina como nadie." Antonia Quirke de *Stage* señala que "Manuel Narrao's great Turk was essentially an operatic performance, pitted against Silvia Marso's gargled- whith- gravel voiced, feisty Catalina.[71]"[72]

En conclusión, en la renombrada comedia *La gran Sultana doña Catalina de Oviedo*, una obra de fantasía e imaginación nunca antes llevada a escena hasta el 1992, se revelan valores que priorizan la convivencia interracial y multinacional sobre los convencionales temas de conquista y dominación. La obra destaca por su postura de no hacer distinciones basadas en religión, género o estatus social, y por la anulación de posiciones comúnmente contrapuestas. El escenario cervantino se desenvuelve en un ambiente lúdico de confusiones, presentando una trama que tiene lugar entre cautivos cristianos en la corte del Imperio Otomano, con la presencia de judíos, renegados, eunucos y amantes ocultos en el serrallo del gran sultán. Aunque todo pueda parecer un juego, subyace la invitación al diálogo, a la conciliación, y a vivir con intensidad. Como menciona Aurelio González "se trata de un discurso subversivo por anti maniqueo, envuelto en la fantasía teatral a la turca. Mensaje que tal vez necesitamos más que

[71] El gran turco de Manuel Narrao fue esencialmente una representación operística, enfrentada a la luchadora Catalina de voz gárgara y áspera de Silvia Marso.

[72] Todas estas críticas fueron citadas de la página personal de Silvia Marsó en *La gran Sultana - Silvia Marso*

nunca en estos días donde el diálogo parece ser la más rara de las mercaderías" (107-08).

En la intrincada trama de esta obra cervantina, se despliegan mensajes complejos y a menudo contrastantes que abordan temáticas fundamentales como el amor, la tolerancia, la persistencia, la identidad cultural y la supuesta superioridad española. El Sultán, como personificación de la tolerancia, se erige como un ejemplo de la capacidad de superar barreras, mostrando una disposición inaudita de sacrificar todo por el amor de Catalina. Este gesto, según Cervantes, implica la disposición del Sultán a trascender diferencias religiosas, socioeconómicas y sociales en pos de un vínculo amoroso. En un interesante contrapunto, Cervantes introduce la figura de Catalina, quien, a pesar de la sugerencia de que una sangre mezclada es superior, persiste en aferrarse profundamente a sus creencias españolas y cristianas. Este acto de resistencia transmite un mensaje claro: España misma no está dispuesta a renunciar a sus convicciones para adoptar los modos de vida otomanos. La férrea adherencia de Catalina a su fe le confiere un poder supremo, llegando incluso a volverse más poderosa que el propio Sultán en ciertos aspectos. A medida que la trama avanza, se evidencia una interesante evolución en la relación entre Catalina y el Sultán, donde ambos protagonistas mezclan sus sentimientos, su sangre y su destino. Este proceso de transformación conjunto, propuesto por Cervantes, no solo añade complejidad a la narrativa, sino que también sugiere una crítica a la España de la época de la Inquisición y sus rigideces, mientras resalta un cierto nacionalismo al colocar a España en un pedestal frente a su supuesto enemigo otomano.

En el contexto de la exploración de la identidad femenina, la representación de Catalina se convierte en un componente vital de la trama. Su capacidad para resistir y aferrarse a sus creencias en medio de un entorno que aboga por la mezcla y adaptación cultural resalta la fortaleza y autonomía de la identidad femenina. La obra, a través del personaje de Catalina, arroja luz sobre la complejidad de la mujer en el contexto de la obra cervantina, desafiando las expectativas tradicionales y destacando la capacidad de la mujer para influir en el curso de la narrativa. Es necesario señalar también la dimensión teatral de esta experiencia, especialmente cuando llevada a escena por la actriz Silvia Marsó. La elección de Marsó para interpretar a Catalina añade una capa adicional de significado, ya que su actuación no solo encarna las palabras de Cervantes, sino que también contribuye a la exploración de la identidad femenina en el contexto de la obra. La representación teatral, dirigida por Adolfo Marsillach, ofrece una interpretación única y viva de los conflictos y complejidades de Catalina, brindando una nueva dimensión a la obra cervantina y resaltando la relevancia continua de estos temas en el ámbito teatral contemporáneo.

Para terminar, se puede mencionar que más allá de las intenciones originales de Cervantes, la obra emerge como un ejemplo paradigmático que ilustra cómo el destino puede superar fronteras y propiciar un nuevo comienzo a partir de situaciones aparentemente insuperables. La complejidad de los mensajes entrelazados en la trama revela capas de significado que invitan a la reflexión sobre las complejidades de la identidad, el amor y la coexistencia en un contexto culturalmente diverso y dinámico.

Bibliografía

Anderson, Ellen M. "Playing at Moslem and Christian: The Construction of Gender and the Representation of Faith in Cervantes' Captivity Plays." *Cervantes* 13.2 (1993): 37-59.

Camus Bergareche, Bruno. "Personajes orientales en el teatro clásico español: aspectos lingüísticos." *Los imperios orientales en el teatro del Siglo de Oro. Actas de las XVI Jornadas de teatro clásico de Almagro* (1994): 93-103.

Castillo, Moisés R. "¿Ortodoxia cervantina?: Un análisis de La gran sultana, El trato de Argel y Los baños de Argel. *Bulletin of the Comediantes* 56.2 (2004): 219-240.

De Cervantes Saavedra, Miguel. *"The Bagnios of Algiers" and "the Great Sultana": Two plays of Captivity* (A. J. Ilika & B. Fuchs, Eds.). University of Pennsylvania Press, 2010 (Original work published ca. 1600s)

---. *La gran Sultana.* Biblioteca Virtual Miguel de Cervantes, 2001. https://www.cervantesvirtual.com/nd/ark:/59851/bmcsn052

Fuchs, Barbara. *Passing for Spain: Cervantes and the Fictions of Identity.* Vol. 11. University of Illinois Press, 2003.

González, Aurelio. "El juego escénico de *La gran Sultana.*" *El escritor y la escena: Actas del IV Congreso de la Asociación Internacional de Teatro Español y Novohispano de los Siglos de Oro* (8-11 de marzo de 1995, Ciudad Juárez). 1996.

Hegyi, Ottmar. *Cervantes and the Turks: Historical Reality versus Literary Fiction in La gran Sultana and El amante liberal.* Vol.12. Juan de La Cuesta-Hispanic Monographs, 1992.

Hegyi Ottmar. "Cervantes y la Turquía otomana: en torno a *La gran Sultana.*" *Bon compaño, jura Di* (1998): 21-34.

Jiménez, Felipe B. Pedraza. "Adolfo Marsillach ante el repertorio clásico." *Lectura y signo: revista de literatura* 1 (2006): 333-347.

Keating, Michael. "Feminine Roles in the Ottoman Empire: The Significance of Women during the Sultanate of Women Period."

http://www.rowan.edu/mars/depts/womensstudies/documents/Keating.Doc. 2009.

Lewis-Smith, Paul. "Cervantes como poeta del heroísmo: de la Numancia 2L *La gran sultana.*" *Anales cervantinos.* Vol 21.1983.

Lezra, Jacques. "Translated Turks on the Early Modern Stage." *Transnational Exchange in Early Modern Theater.* Routledge, 2016.175-194.

Lorenzo, Luciano García. *La Gran Sultana* de Miguel de Cervantes: Adaptación del texto y puesta en escena." *Anales cervantinos.* Vol. 32. 1994.

Márquez Villanueva, Francisco. "Moros, moriscos y turcos de Cervantes: ensayos críticos." *Moros, moriscos y turcos de Cervantes* (2010): 11-465.

Mascarell, Purificació. (2010). "Espectacularidad y multiculturalismo: el estreno mundial de *La gran sultana* por la Compañía Nacional de Teatro Clásico en 1992." *eHumanista: Journal of Iberian Studies* 29 (2015): 606-622.

McCoy, Christina Inés. "Engendering the Orient: Cervantes' *La gran sultana.*" *Cervantes* 2 (2013): 245.

Phelan, Peggy. *Unmarked: The Politics of Performance.* Routledge, 2003.

Santos, Agapita Jurado. "Silencio/Palabra: estrategias de algunas mujeres cervantinas para realizar el deseo." *Cervantes* 19.2 (1999): 140-153.

Serarslan, Halim. "Safiye Sultan." *Selçuk Üniversitesi Türkiyat Araştırmaları Dergisi* 11 (2002): 137-149.

Silviamarso.com. (2016). *La gran sultana Silvia Marsó.* Retrieved 19 January 2024, from *http://www.silviamarso.com/teatro/la-gran-sultana/*.

Urgoiti, Maria Soledad Carrasco. *Vidas fronterizas en las letras españolas.* Vol. 15. Bellaterra, 2005.

Valdés, Celsa Carmen García. "Life and Literature: Tolerance in Cervantes' Works." *Cervantes and Don Quixote: proceedings of the Delhi Conference on Miguel de Cervantes.* 2008: 211-229.

Weimer, Christopher B. *Going to Extremes: Barthes, Lacan, and Cervantes' La gran sultana'.* Na, 2000.

Yaycioglu, Mukadder. "Cervantes/monstruo del Mediterráneo, *La gran sultana* y el «otomano español»." *Rumbos del hispanismo en el umbral del Cincuentenario de la AIH* (2012): 267-275.

Verónica Gerber Bicecci, una lombriz literaria: el arte del compostaje en la literatura contemporánea.

Ofelia Montelongo Valencia
University of Maryland, College Park

Cuando Roberto Bolaño[73] (1953-2003) termina su novela *Los detectives salvajes* (1998) con imágenes y un final abierto a la interpretación del lector, mi impresión de lo que debe ser la literatura se transformó. En la obra de Bolaño, no sólo las palabras textuales crean significado, sino también la narrativa visual a través de símbolos y dibujos. Ningún otro texto me había evocado una reacción similar hasta que recurrí a la obra de Verónica Gerber Bicecci (1981). La escritora mexicana, hija de exiliados argentinos, se denomina, así misma, una "artista visual que escribe". Gerber Bicecci,[74] a través de su carrera, nos ofrece textos refrescantes basados en el compostaje literario, mezclando palabras con imágenes. Gerber Bicecci describe el compostaje literario como una forma de reescritura. En este trabajo se indaga en cómo, la artista visual que escribe reconstruye géneros literarios a través del compostaje.

En una entrevista realizada por Lorena Amaro Castro publicada en *Recolectoras* (2023), un libro que recopila conversaciones con escritoras contemporáneas latinoamericanas, Gerber Bicecci comparte una reflexión sobre el compostaje:

> He pensado mucho en las lombrices y en los procesos de compostaje (porque hace ya varios años que composto mi basura orgánica en la azotea) en relación con los procesos de reescritura.

---

[73] Escritor chileno radicado en México y en España. Fue ganador del premio National Book Critics Circle Award después de su muerte. *The New York Times* lo ha descrito como la voz literaria latinoamericana de su generación.

[74] Las instalaciones y obra de Gerber Bicecci pueden encontrarse en su página https://www.veronicagerberbicecci.net/ desde el año 2001 hasta la fecha. Actualmente su página compila treinta y siete de sus obras que incluyen instalaciones, murales y libros.

> Me interesa la capacidad que tienen las lombrices para arreglar su suelo que tiene un alto nivel de toxicidad. Ellas son capaces de regenerar los suelos. Intento pensar en una escritura que pueda poner en perspectiva las toxicidades de los documentos del pasado (119-120).

Con esta clara perspectiva, la autora se expresa en una serie de entrevistas y análisis con respecto a su obra *La Compañía* (2019). Sin embargo, creo que esta literatura de compostaje ha sido una estrategia utilizada mucho antes por Gerber Bicecci, solo que anteriormente no se había nombrado como tal.

La Compañía es una instalación de arte que Gerber Bicecci presentó en el Museo de Arte Abstracto Manuel Felguérez[75] en la ciudad de Zacatecas en el marco de la XIII Bienal Femsa en 2018. La instalación fue curada por Daniel Garza Usabiaga y Willy Kautz. La obra en fotografías a blanco y negro incluye una reconstrucción de la historia de la mina de San Felipe Nuevo Mercurio.[76] Plantear la historia de la mina de forma visual no fue suficiente para Gerber Bicecci, "mientras la producía [la instalación] y montaba, comencé a considerar la necesidad de una parte "b" en la que los documentos de archivos de la investigación que había realizado hablaran por sí mismos y con sus propias palabras y no solo desde la ficción" (Castillo Morales).[77] Esa parte "b"[78] se convirtió en un libro en

[75] La obra también contiene préstamos de algunos elementos gráficos de *La máquina estética* de Manuel Felguérez. "En 1975, con una Beca Guggenheim y como profesor invitado en la Universidad de Harvard, Manuel Felguérez en colaboración con Mayer Sasson, se dio a la tarea de trabajar en un laboratorio de cómputo el proyecto *La Máquina Estética*. La propuesta buscaba una relación entre arte y ciencia a través de una serie de premisas trabajadas numéricamente. Los resultados se publicaron en un libro con una serie de pinturas y esculturas derivadas de este ejercicio, para demostrar el éxito de la empresa". (Noelle).

[76] San Felipe Nuevo Mercurio, Zacatecas es un pueblo semidesierto, que tuvo una época de auge minero (1940-1970).

[77] Esta entrevista conducida por Alexander Castillo Morales, publicada en la revista *Temporales* en 2021, puede ser encontrada aquí: https://wp.nyu.edu/gsas-revistatemporales/veronica-gerber-escritura-compostaje/

[78] Tanto la parte "a" y la parte "b" de la obra se pueden encontrar en: veronicagerberbicecci.net/la-compania-the-company

donde la narración está basada en el cuento "El huésped" de la escritora mexicana Amparo Dávila.[79]

"El huésped" de Dávila fue publicado por primera vez en 1959 y cuenta la historia de una familia visitada por un ente extraño en un pueblo. Este inquietante relato narra al huésped como monstruoso y aterrador. Cuando el señor se va de viaje, la narradora o señora de la casa, junto con Guadalupe, la ayudante, asesinan al monstruo, ya que anteriormente había atacado a uno de sus hijos.[80]

En la reescritura de Gerber Bicecci, se reemplaza la palabra "huésped" por Compañía. "Era importante que *La Compañía* pudiera referirse indirectamente a FEMSA,[81] pero también a cualquier otra empresa. Y la idea de "compañía" alude a otras cosas más: la pareja o una enfermedad invisible que crece dentro del cuerpo, por ejemplo" (Amaro 126). Como dicho anteriormente, y de acuerdo con sus entrevistas, es muy clara la intención del compostaje en *La Compañía*[82] de Gerber Bicecci, "O bien, como lo pienso ahora: quería volver visibles todas las capas, elementos y materiales que conforman ese intento de escritura del compostaje que es *La Compañía*" (Castillo Morales); mi argumento es que sus trabajos previos, especialmente el libro *Conjunto vacío* (2015), siguen este proceso de lombriz y de composta.

---

79 Amparo Dávila (1928-2020), nacida en Zacatecas, México, fue una escritora con reconocida trayectoria literaria. Sus textos típicamente incluyen personajes femeninos y son una crítica social; son catalogados como textos de horror y macabros.

80 El texto completo puede ser leído aquí: ciudadseva.com/texto/el-huesped

81 FEMSA (Fomento Económico Mexicano S.A.B. de C.V.) es una empresa multinacional, y la principal embotelladora de Coca-Cola en el mundo.

82 En el epílogo de *La Compañía*, la escritora Cristina Rivera Garza, lo describe como: "En la primera parte de *La Compañía*, Verónica Gerber Bicecci se aboca a re-escribir un texto ahora clásico de la historia literaria mexicana. Amparo Dávila, la escritora zacatecana asociada a la generación de Medio Siglo, publicó "El huésped", su cuento más reconocido, en 1959, como parte de su libro Tiempo petrificado. Para entonces, la explotación del mercurio tenía años ya en San Felipe Nuevo Mercurio, pero poco había cambiado, y mucho se había recrudecido, en la geografía seca y desolada de las zonas mineras de Zacatecas. Verónica Gerber Bicecci re-escribe palabra por palabra este cuento, interviniendo el texto con solo un par de cambios sutiles pero significativos: en lugar de estar contado en primera persona, ahora el cuento se enuncia en una segunda persona de la que emana un ánimo imperativo, y en lugar de estar escrito en presente, todos los verbos están conjugados en un futuro del que nadie escapa" (205).

Por lo tanto, si partimos con la idea de que Gerber Bicecci genera compostaje con su literatura, podemos observar las migajas o los residuos que nos ha dejado en toda su trayectoria artística. *Mudanza* (2010), su primer libro, puede pensarse como una investigación que después será utilizada de gran manera en *Conjunto vacío.* En *Mudanza*, a través de cinco ensayos, se narran las historias de escritores que se convierten en artistas visuales: Vito Acconci, Sophie Calle, Ulises Carrión, Öyvind Fahlström y Marcel Broodthaers. Gerber Bicecci reflexiona sobre sus vidas y obras. En *Conjunto vacío,* la autora narra en fragmentos e imágenes el rompimiento de la protagonista Yo(Y) y Tordo (T). La historia es contada en primera persona por Verónica o Yo (Y), un personaje que, a parte de compartir el nombre con la autora, también es hija de exiliados argentinos. Este texto, además de explorar temas sobre el exilio argentino, indaga en la soledad, el desamor, el duelo, y el silencio. A través de diagramas de Venn y hojas de observación, la narradora nos cuenta con imágenes lo que ya no puede decir con palabras. El libro le ha dado la vuelta al mundo y ganó el premio internacional de literatura Aura Estrada. Estas dos obras son claramente distintas tanto en ejecución y temas. No obstante, no hay duda que *Mudanza es* parte del compostaje de *Conjunto vacío.* Es decir que Gerber Bicecci no sólo reescribe la obra de otros autores, sino que también obras de su autoría.

En una entrevista para NEXOS, realizada por Alejandro García Abreu, la autora menciona:

> *Mudanza* es una pieza muy importante para mí porque me permitió entender qué lugar tiene la escritura en mi trabajo. Tal vez uno de los contrastes más claros con *Conjunto vacío* es que en *Mudanza* la apuesta era hacer una pieza que fuera sólo texto, es decir: las imágenes son texto, la narración es texto, las ideas son texto, todo es texto. Y en *Conjunto vacío,* al contrario, quería que el dibujo tuviera la misma "responsabilidad" que tienen las palabras en cualquier historia. Los diagramas aparecen cuando las palabras fallan, cuando es necesario ver, pensar o contar una situación des-

de otra perspectiva o cuando, simplemente, el personaje ya no tiene ganas de hablar.[83]

Mudanza sirve para la reflexión de su escritura y *Conjunto vacío* para la ejecución del lenguaje compostado. *Mudanza* es una investigación que ayuda a Gerber Bicecci a crear *Conjunto vacío.* Deffis argumenta que la idea y el vínculo con *Conjunto vacío* viene desde su postura artística en su tesis de licenciatura, *Espacio negativo,* en 2005 (20). *Conjunto vacío* es como si la artista hubiese curado una galería en forma de libro—ha construido una exhibición de arte en una novela.

Para empezar con el análisis de cómo *Mudanza* es parte del compostaje de *Conjunto vacío,* podemos observar la creación de lenguajes. En en su ensayo "Onomatopeya" en *Mudanza,* Gerber Bicecci reflexiona sobre lo siguiente:

> ¿Por qué nadie ha escrito poesía en un idioma inventado, sin referentes a ningún otro? ¿Por qué no hay novelas escritas en lenguas que nadie conozca? Fahlstrom no dejó de escribir, llenó sus páginas con un idioma cuya lógica es la resonancia, incluso en su ordenación visual. ¿Cuáles son las letras exactas para reproducir un sonido? (95)

En *Conjunto vacío* pone en marcha su deseo de crear otro lenguaje. La novela comienza con la ruptura de la relación de la protagonista Yo(Y) o Verónica y Tordo (T). Yo (Y) tiene que mudarse de nuevo a la casa de su madre, que su Hermano(H) y ella lo llaman búnker. Después de algún tiempo sin trabajo, la protagonista es contratada para revisar y organizar los documentos de Marisa Chubut (Mx),[84] una actriz y escritora que ha fallecido recientemente; también exiliada de Argentina como los padres

---

83 Esta entrevista puede ser encontrada aquí: https://cultura.nexos.com.mx/una-maquina-de-desaparicion-entrevista-con-veronica-gerber-bicecci/

84 Esta parte de la novela también podría relacionarse con el argumento de *Aura* (1962) de Carlos Fuentes. El protagonista Felipe Montero es contratado para ordenar y limpiar los documentos y memorias del general Llorente. También termina enamorándose de una inquilina de la casa en donde trabaja.

de Verónica. El hijo de Marisa (Mx), Alonso (A), que vive en Estados Unidos está a cargo de la casa. Cuando Alonso conoce a Verónica poco a poco establecen una amistad que eventualmente se convierte en romance. Una vez de regreso en Estados Unidos, cuando intercambian correspondencia, Verónica invierte las sílabas de sus palabras de la siguiente manera:

> 13 de agosto
>
> Solona:
> ¿Ne éuq dasan?
> Et ñotraex resrroho… (133)

Al invertir las sílabas del mensaje, puedo descifrar lo siguiente: "Alonso: ¿En qué andas? Te extraño horrores…" A este mensaje, Alonso responde en acrósticos. Verónica no está segura de la definición así que investiga en la RAE: "Dicho de una composición poética constituida por versos cuyas palabras (o letras) iniciales forman otra frase" (134). Como lector, y como Verónica tenemos que regresar a ver el mensaje para poder decodificarlo:

> 18 de agosto
>
> Querida Verónica:
> Yo decidí cambiar el tema de mi tesis.
> También escribí una ponencia sobre acrósticos.
> Te puedes llevar el telescopio, si quieres. Es
> extraño pero no sé cómo llegó a mi casa. A. (133)

Utilizando la estrategia de acrósticos, podemos decodificar el mensaje como: "Querida Yo También Te extraño" (133). Aunque no es la primera autora que inventa lenguajes nuevos (véase *Rayuela* (1963) de Julio Cortázar (1914-1984))[85], la inversión de las sílabas es otra forma de expresarse. Uno puede asumir que escriben de esta forma ya que Alonso tiene novia

[85] *Rayuela* (1963) es una novela fragmentada que juega con el rol del lector ya que le da varias opciones de cómo leer la historia. Es considerada una de las obras principales del boom latinoamericano.

y por precaución se comunican en un lenguaje secreto. Es así cómo podemos descifrar que no solamente son los personajes quienes tienen que decodificar, sino también el lector.

Conjunto vacío es un texto que requiere al menos dos lecturas para ir deshilando los secretos que guarda. El lector tiene que ser un partícipe en la lectura y decodificación del texto. Sin la curiosidad del lector el texto puede quedarse en una lectura simple. Esto lo podemos relacionar con el lector cómplice de Cortázar. En su novela, *Rayuela*, Cortázar le da la opción al lector de leer e interpretar su texto de diferentes maneras gracias a la narrativa fragmentada. Podría decirse que la fragmentación de *Conjunto vacío* y la disrupción del tiempo dan la opción al lector de leer en diferente orden también. Sin embargo, en comparación con *Rayuela* que al principio nos da diferentes órdenes de capítulos y opciones de lectura, el lector de *Conjunto vacío* solo puede saber eso hasta el final.

En su entrevista con Amaro, la autora menciona, "En este libro en particular no me interesaba la ilegibilidad, sino proponer otras formas de lectura, así que intenté poner claves de lectura para que se pudiera entender y descifrar sin que fuera totalmente obvio" (131). Es decir que este nuevo lenguaje y codificaciones son una forma en que la autora quiere interactuar con el lector, similar a como lo ha hecho Cortázar.

La creación del lenguaje no solo se queda en las palabras escritas al revés– aunque la comunicación a distancia de Alonso (A) y Yo (Y) continúa con un lenguaje que necesita ser descifrado. Incluso al final, cuando Alonso (A) promete a Verónica visitar Argentina con ella y la deja plantada, Verónica sigue escribiendo con sílabas invertidas.

El último mensaje es:

> 13 de enero
>
> Im dorique Solona:
> ¡Plaf! (203)

Este mensaje puede decodificarse como: "Mi querido Alonso, ¡Plaf!" (203). ¡Plaf! Es una onomatopeya que representa un golpe—una reproducción de sonido, algo que ella describe en *Mudanza*, "La onomatopeya es una traducción, la estampa de un sonido. En un diálogo, el ejercicio de traducción que hace cada parte en busca del entendimiento, pasa de la palabra al tono y del tono al gesto" (82). Verónica replica esta onomatopeya en este mensaje como señal de que la relación ha muerto. Es a través de residuos o presagios en la narrativa de composta que podemos descubrir esto. Días atrás, su gato Nuar había encontrado un pájaro muerto en su ventana. El pájaro era una representación de Tordo (T), su antiguo novio que la dejó por otra chica. "¿Qué es un Tordo (T)? Uno de esos pájaros de ciudad que parecen ratas, pero con alas" (190). En la siguiente página, Verónica narra que su gato ha traído a un pájaro muerto. Probablemente cuando cayó el pájaro hizo ¡Plaf! como lo hace la onomatopeya que le dice al final en su mensaje a Alonso (A). Esto podría representar, que tal como el pájaro o como Tordo (T), la relación de Alonso ha muerto para ella.

Otra estrategia para darnos entender que esta relación ha terminado se puede ver reflejada en la fecha 13 de enero. Anteriormente, Verónica había ordenado y archivado cartas de Marisa (Mx), la madre de Alonso (A), como parte de su trabajo. Verónica encuentra unas cartas rotas que como rompecabezas comienza a armar. Su obsesión con la vida de Marisa (Mx) puede aludir a buscar respuestas del pasado de Marisa (Mx) ya que ella no pudo obtener respuestas del pasado ni del paradero de su propia madre. En estas cartas se percata que Marisa (Mx) tenía una relación con alguien que firmaba sus cartas como "S".

13/01/77
Sé que volveré a verte STOP.
El amor siempre nos demuestra la circularidad del mundo STOP.
S STOP. (139)

La repetición de fechas no es casualidad. La autora no deja nada a la suerte. Tal como la protagonista arma un rompecabezas en la historia de Marisa (Mx) y S., nosotros los lectores también tenemos que armar un rompecabezas con las historias que van hilandose entre sí.

Los paralelismos y espejismos de la historia tienen múltiples ejemplos. Uno de ellos es la frase "El amor siempre nos demuestra la circularidad del mundo" y su repetición a través de la novela. La repetición de esta idea tiene sentido al final del libro. La última imagen o dibujo con el que nos deja Verónica es un boomerang construido por flechas apuntando unas a otras.

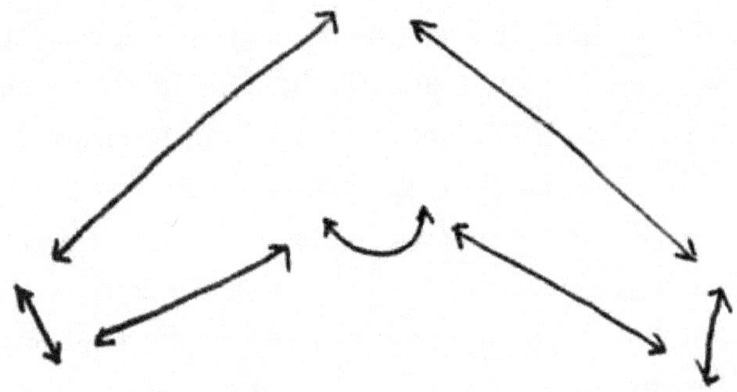

Figura 1 (*Conjunto vacío:* XX)

Después de narrar en las primeras páginas su expediente amoroso y su ruptura con Tordo (T), el nombre del primer capítulo es titulado "RANGMEBOO". En primera instancia, esa palabra no significa nada para el lector. Pero una vez que el lector termina el libro y regresa de nuevo a leerlo, conociendo ya las estrategias utilizadas por Verónica de inversión de sílabas, el lector puede percatarse que RANGMEBOO significa BOOMERANG.

En la entrevista de Amaro, la autora habla de un boomerang de sal. "La sal habla de un tiempo en suspenso o incluso infinito como el de la estatua de la mujer de Lot, y el bumerán va y vuelve. En el ir y venir también supongo que el bumerán se irá desarmando y dejando su rastro de sal" (122). Como un boomerang o bumerán, el libro va y viene, la historia se repite en circularidad. En la entrevista con García Arbeu, la autora menciona, "Todos los intentos que hace el lenguaje verbal, los dibujos, los personajes, el espacio, la narradora o cualquier elemento en las páginas de *Conjunto vacío* por salir del Universo (el rectángulo) terminan haciéndolos "rebotar" en los límites o "regresar" (como los boomerangs), pero nunca salir".

No solo la historia de amor se repite, también la historia del exilio argentino. La historia de la madre de Verónica y de Marisa (Mx) son similares; ambas emigran a México en su juventud. A diferencia de Verónica quien nació en México, Alonso (A) se exilió de Argentina a los tres años. También, Marisa (Mx) falleció, la madre de Verónica desapareció sin rastro. No sé sabe bien qué pasó con ella. Durante la novela aparece como una especie de fantasma. Debido a que la historia no es lineal, sus fragmentaciones viajan en el tiempo y podemos observar la presencia de la madre en la vida de Verónica, aunque tenga años desaparecida.

En el búnker, Verónica se da cuenta que cosas se mueven de su lugar, dando entender que hay otro ente rondando—podría entenderse que es la madre. Regresando de su viaje de Argentina, Verónica y su Hermano (H) encuentran a su madre barriendo una taza de café que solía decir, "STILL PERFECT AFTER 40?" ahora esos pedazos que barre la madre, solo dicen "STILL". Este juego de palabras podría decodificarse de varias maneras. En primer lugar, "STILL" podría traducirse como "todavía" o también como algo que se queda "quieto" o "inmóvil". Esta idea puede estar relacionada con la casa de la abuela en Argentina que queda suspendida en el tiempo.

> La casita de la Abuela (Ab) está suspendida en el tiempo. También se estancó en el momento en que mis abuelos dejaron de ver a Mamá (M). La casita del barrio Iponá y el búnker: un par de espejos encontrados. El reflejo se hace infinito. Y el infinito es un conjunto eternamente vacío (192)

En este pasaje, Verónica nos reitera la importancia del tiempo y los espejos. El concepto de los espejos es un tema recurrente no solo en *Conjunto vacío*, sino también en *Mudanza*. El tiempo es un concepto moldeable en *Conjunto vacío*. Casi al finalizar el libro, un fragmento que abarca toda una página dice: "Y si no empieza y no termina, ¿entonces qué?" (201).

Con esto nos deja claro que es una historia que gira en sí misma y que no tiene final. El tiempo es relativo. Las capas del tiempo en esta novela pueden asemejarse a las capas de composta que necesitan las lombrices para eliminar las toxinas.

Cabe recalcar que la escena con la taza de la madre se divide en dos. La primera es las primeras páginas cuando los hermanos están discutiendo sobre la última vez que vieron a su madre y concluyen que la última vez fue cuando en sus inicios fantasmales y de desaparición, se le cae la taza que dice "STILL PERFECT AFTER 40". La segunda parte es cuando los hermanos regresan de Argentina y la madre está barriendo la taza que dejó caer antes de su desaparición. Aunque nos dé entender la narradora que puede ser que la madre esté viva, sabemos que el tiempo se desdobla en esta historia, así que este fragmento de STILL, puede que esté detenido en el tiempo de la narradora y que sea solo un recuerdo. No es casualidad que STILL es la única palabra que haya sobrevivido. Es como si el texto y el libro mismo este STILL o atrapado en el tiempo, porque no hay comienzo real ni un final concreto.

La autora, ha premeditado crearnos todas estas sensaciones espaciales y nos reitera esto con su obsesión con los telescopios y la astronomía. Es fanática de Stephen Hawking y su libro sobre la teoría de la relatividad—esto agrega una capa a su juego con el tiempo. Muchas de sus imágenes están planteadas en universos, dibujadas en un rectángulo. A través de círculos muestra quién está en el universo personal de los personajes. Por ejemplo, en esta imagen se muestra el universo de YO (Y) y el círculo es de su Mamá (M).

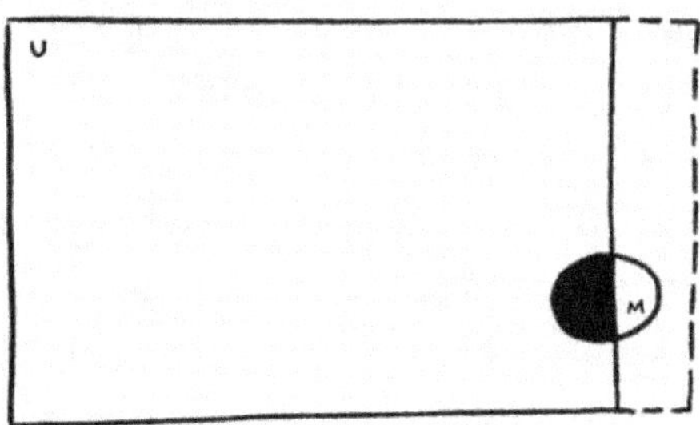

Figura 2. (*Conjunto vacío:* xx)

Esta imagen, la penúltima del libro, está relacionada directamente con la escena de STILL. La Mamá (M) de Verónica se encuentra todavía en su universo a pesar de su desaparición. Se encuentra en sus recuerdos y en su vida. La interpretación del destino de la madre, la autora nos los deja a nosotros como lectores—múltiples capas de interpretación, como capas de tiempo y de composta. Aunque si regresamos de nuevo a leer el texto, podemos encontrar que esta última imagen del universo es parecida a la segunda del libro:

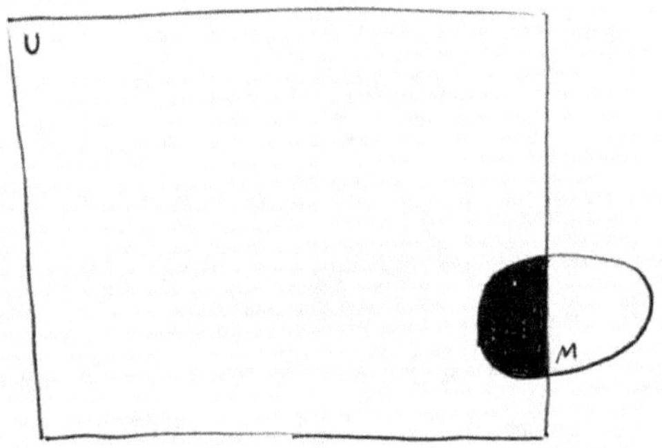

Figura 3 (*Conjunto vacío*: XX)

Estas dos imágenes son casi idénticas con excepción de las líneas punteadas que ahora están fuera del universo de Verónica, pero que abarcan la mitad de su madre que no está con ella—otra forma de nombrar su desaparición. De nuevo, la historia gira sobre sí misma y cuando se dobla puede asemejarse a un espejo: la imagen y la palabra del boomerang y las dos imágenes del universo con la madre.

El final está a interpretación del lector o podría decirse que está sin terminarse de construir. Una referencia que también se hace con las escaleras de la casa de la abuela en Argentina. La abuela menciona que la casa de Argentina, esa que tiene la misma vibra visual del búnker, tiene un segundo piso con unas escaleras que nunca terminaron de construirse. La protagonista menciona, "Nunca vivimos en esta casa que nunca se terminó de construir y a la que nunca le hicieron un segundo piso. Nunca, nunca, nunca. Tres veces nunca. La escalera del fin del mundo, pensé, esta sí" (189). Aunque la explicación de estas escaleras que no van a ningún lado ocurre casi al final del libro, la imagen de estas, son la primera imagen con la que nos topamos después del título RANGMEBOO.

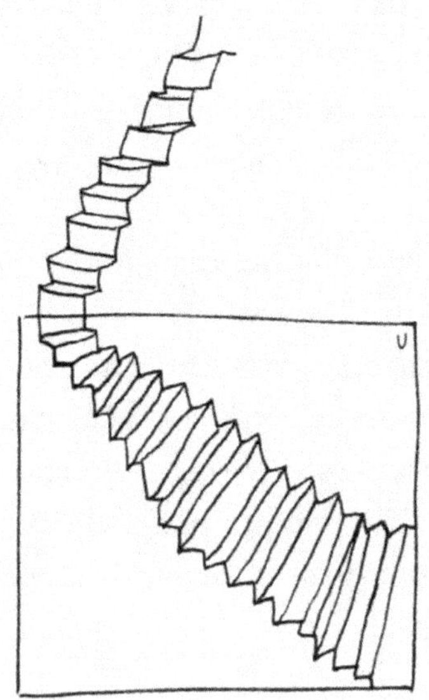

Figura 4 (Conjunto vacío: XX)

De nuevo, el principio y el final son un reflejo de sí mismos. En *Mudanza*, Gerber Bicecci menciona:

> Mirarse al espejo es una práctica parecida a la búsqueda del nombre. Nuestras facciones delimitan las singularidades con que portamos un apelativo común a millones de personas. El espejo es el único lugar donde rostros y cuerpos se proyectan como parte del mundo en un paralelo; lo que hay del otro lado es una especie de proyección astral, un nosotros invertido. El espejo, desde el primer metal bruñido, produce confrontación y, por tanto, es una herramienta de conocimiento (103-104)

La estrategia de espejos en su literatura es para ella entonces una herramienta de conocimientos en donde se proyectan mundos paralelos.

Probablemente en estos mundos paralelos de *Conjunto vacío*, la madre de la protagonista está viva, o quizás ese mundo paralelo exista en su memoria.

Se podría argumentar que estos paralelismos de universos o fragmentación de universos hayan ocurrido al momento del exilio.

Deffis titula su obra como "La necrópolis interior" ya que ve a la novela de Gerber como un estado de duelo suspendido en el que viven, los hijos de los exiliados de la dictadura de Argentina:

> La novela de Gerber Bicecci consigue plasmar artísticamente una herramienta que sirve para la destrucción de las falsas explicaciones y las negaciones, que imperan todavía hoy en la Argentina sobre el tema de los desaparecidos durante la última dictadura. Dicha destrucción se hace creando espacios de representación que acogen el vacío como presencia, el desaparecido como fantasma, el pasado como presente activo, y el silencio como maniobra significante (30).

Estos espacios son representados de varias formas. Una de esas formas es a través del silencio que la madre antes de desaparecer les recalca. También por medio de los diagramas de Venn que Gerber Bicecci utiliza para dibujar lo que no puede decir con palabras y de cómo su enseñanza se prohibió en la dictadura militar de Argentina

"Los diagramas de Venn son herramientas de la lógica de los conjuntos, no tiene ningún sentido porque su propósito es, en buena medida, la dispersión: separar, desunir, diseminar, desaparecer" (87). Después, Verónica la protagonista reflexiona: "Tal vez es eso lo que les preocupaba, que los niños aprendieran desde pequeños a hacer comunidad, a reflexionar en colectivo para descubrir las contradicciones del lenguaje, del sistema" (87-88). Irónicamente, esto es lo que hace actualmente Gerber Bicecci con sus textos y lectura de compostaje—crea una literatura a través de lo colectivo y los textos de la comunidad.

La dictadura militar argentina (1976-1983) ocasionó que olas de exiliados llegarán a México, entre ellos los padres de Verónica y de Alonso. En Conjunto vacío, Verónica la protagonista, llama a la dictadura una "bomba" y el exilio un "estallido" (32). Esta herida abierta está plasmada en varias partes de *Conjunto vacío*. Estos espejos nos muestran reflejos entre la casa de la madre en México (búnker) y la casa de la abuela en Argentina. Nos muestran memorias fragmentadas y sin una conclusión precisa. Una situación que puede reflejarse en la sociedad argentina actual. Al día de hoy, después de más de 40 años de terminarse la dictadura, no se sabe con precisión cuántos desaparecidos hubo exactamente. "'Hace décadas que estamos pidiendo que se abran los archivos. No sabemos dónde están, los militares los tienen bien guardados', dice a BBC Mundo Taty Almeida, de 93 años, una de las referentes de las Madres de Plaza de Mayo" (Smink). Verónica, la protagonista de *Conjunto vacío*, piensa que sería mejor ir a reclamar a su madre en la Plaza de Mayo, pero ella no desapareció de esa manera (103). Las desapariciones son parte de este vacío que alude al título de la novela.[86] Esos vacíos que también pueden verse reflejados en los espacios en blanco que nos deja la autora entre página y página—entre fragmentación y fragmentación.

El escritor mexicano Martín Solares (1970-) en su libro *Cómo dibujar una novela* (2014), reflexiona sobre los espejos:

> La primera vía mediante las cuales un escritor puede tomar el tiempo y volverlo una materia maleable] consiste en que la prosa que estamos escribiendo se comporte como un espejo y refleje fielmente, a medida que ocurre, cada uno de los hechos importantes del universo imaginario. Con ello se busca crear la ilusión de que estamos contando acciones que suceden en tiempo real. Esto implica que el relato avance a una velocidad que corresponda con la intensidad de los hechos narrados, no demorarse mucho en las

[86] Para indagar más profundamente en el efecto del exilio argentino en las segundas generaciones, pueden recurrir a http://hijasehijosdelexilio.com.ar. La descripción de la página puede leerse como: "Somos Hijas e Hijos del Exilio. Nacimos o crecimos en otro país a causa del Terrorismo de Estado impuesto en la Argentina en la década del ´70. Nuestros padres y madres fueron perseguidos políticos y se tuvieron que exiliar porque sus vidas y las nuestras corrían peligro. Desde pequeños sufrimos las consecuencias de un plan sistemático de exterminio que logró imponer un modelo económico-político, dejando como legado exclusión social, desigualdad e impunidad".

> descripciones, sólo prestar atención a los gestos, recuerdos y premoniciones que tengan consecuencias precisas sobre el resto de la trama. (sin página).

Esta estrategia de espejos es la que agiliza el moldeamiento del tiempo. La que nos da la libertad de doblar la narración y fragmentarla. Esta reflexión, puede no solo quedarse dentro del mismo texto, si no salirse completamente y observar las obras de la autora. Se podría interpretar que *Mudanza* y *Conjunto vacío* comparten un espejo literario—más bien hay reflejos entre los textos, que nos acercan cada vez más a la literatura del compostaje.

Continuando con este análisis de espejismos y compostajes entre *Mudanza* y *Conjunto vacío*, podemos regresar a la reproducción de sonidos y de ¡Plaf!, la onomatopeya de golpe que utiliza para representar la muerte—de un pájaro, de relación con Tordo y Alonso. El quinto ensayo de *Mudanza* es titulado "Onomatopeya". La primera reflexión sobre el lenguaje que hace Gerber Bicecci dice:

> El lenguaje es una complicidad que asumimos demasiado pronto. Sucede a través del diálogo. O, tal vez, el diálogo es nuestra primera complicidad con el lenguaje. Muy al principio, esa conversación no se entabla con las palabras de los diccionarios; cuando es oral lo que se escucha es ambiguo y, cuando es escrita, no todo el mundo puede descifrar su indeterminación. El diálogo es la estela que el gesto o la palabra dibujan entre dos personas (87).

Esta reflexión me ayuda a comprender la razón por la cual Gerber Bicecci nos plantea otro tipo de diálogo que va más allá de las palabras. No solo a través del intercambio de sílabas, onomatopeya, sino también a través de imágenes. Dependiendo de la edición con la que se cuente,[87] el

[87] La edición del Ecuador del 2023 incluye un epílogo de la autora escrito en 2021 que cuenta la historia de cómo comenzó a escribir *Conjunto vacío* y a imaginar nuevas posibilidades de lectura.

libro contiene más de sesenta imágenes, incluyendo diagramas, figuras geométricas y otros dibujos.

En su ensayo de *Mudanza*, muestra ejemplos de otros autores que han utilizado la onomatopeya, entre ellos James Joyce,[88] Lewis Caroll[89] y Vicente Huidobro. En *Altazor* (1931) del escritor chileno Vicente Huidobro (1893-1948), en el séptimo canto después de un largo viaje en paracaídas, el protagonista emite un alarido, "Ai ai a/Temporaría/Ai ai aia/Ululayu" (94-95). Las onomatopeyas en los alaridos de Huidobro no tienen un significado concreto que pueda descifrarse, solo interpretarse. Gerber Bicecci reflexiona, "¿Cuáles son las letras exactas para reproducir un sonido?" (95). La autora imagina:

> Teatro y poesía estarían escritos, en adelante, con alguno de sus falsos dialectos. Una jerga sonora para condensar el sentido en algunas letras, que no significan, suenan; que dicen como se pronuncian esas cosas que no se dicen que no tienen palabras. El ruido las hace concretas, ancla su volatilidad (95).

Gerber Bicecci aboga por la creación de nuevos lenguajes y de un arte simbólico y volátil. Estas reflexiones en *Mudanza*, pueden verse claramente aplicadas en *Conjunto vacío.*

Las onomatopeyas también fueron populares en la época de las vanguardias. En primera instancia, la literatura de Gerber Bicecci me recordó a las vanguardias latinoamericanas del inicio del siglo XX y a los escritores inspirados en el surrealismo.[90] Estos artistas veían el arte con lente distinto; estos deconstruían otras vertientes en donde se romantizaba la perfección y la falta de experimentación literaria—fomentaban lo irracional. También las vanguardias latinoamericanas intentaban rechazar

[88] James Joyce (1882-1941) fue un escritor irlandés, mejor conocido como el autor de Ulysses (1922) que aludía a la obra de Homero, la *Odisea.*

[89] Lewis Caroll (1832-1898) fue un escritor inglés, mejor conocido como el autor de Alicia en el país de las maravillas (1865).

[90] El surrealismo fue un movimiento artístico que propone lo irracional como forma para cambiar la vida y la sociedad. Fue iniciado en Francia en 1924 por André Breton. Propone también creación de universos figurativos propios.

la belleza y la estética del periodo anterior. Pero a Gerber Bicecci el término "vanguardias" lo considera trasnochado (Amaro 132). Aunque en principio la literatura de Gerber me llevó a encontrar relaciones en lugares comunes con las vanguardias, ella observa estos movimientos como:

> Ambos [vanguardia o experimentalidad] un poco trasnochados, más el de "vanguardia" que el de "experimentalidad", pero creo que depende mucho del contexto en el que se usen. Con el que sí discrepo constantemente es con el de "apropiación". Pienso que mi trabajo no es un ejercicio de apropiación (Amaro 132)

Este término de apropiación y desapropiación está planteado por Cristina Rivera Garza (1964-) en *Los muertos indóciles* (2013). Gerber Bicecci la menciona en distintas entrevistas como fuente de inspiración. Rivera Garza escribe el epílogo de *La Compañía.* En este epílogo, Rivera Garza hace un resumen de cómo llegó a existir la mina de San Felipe Nuevo Mercurio. También expone sobre la desapropiación:

> Como todo buen desapropiacionsta, Gerber Bicecci insiste en que una obra es una cita a la que llegamos, si queremos, tanto los lectores como los materiales y la autora a un mismo tiempo.... la autora se vuelve absolutamente responsable: la elección y ubicación de los materiales. De ahí en fuera, la experiencia es nuestra. De ahí en fuera, la responsabilidad y la implicación nos pertenecen. En un sentido estricto, nunca como en este tipo de trabajo desapropiativo podemos decir que el autor es el lector. Y viceversa (202-203)

Rivera Garza hace una relación directa entre la desapropiación y el rol del lector—nuestra responsabilidad interpretativa que es crucial para la lectura de *Conjunto vacío.*

En *Los muertos indóciles* se menciona:

> Se trataba y se trata de renunciar críticamente a lo que la Literatura (con L mayúscula) hace y ha hecho: apropiarse de las experiencias y voces de otros en beneficio de ella misma y sus propias jerarquías de influencia. Se trataba y se trata de poner en claro los mecanismos que permiten una transferencia desigual del trabajo con el lenguaje de la experiencia colectiva hacia la apropiación individual del autor. Todo con el fin de regresar al origen plural de toda escritura y construir, así, horizontes de futuro donde las escrituras se encuentren con la asamblea y puedan participar y contribuir al bien común (97).

Dicho de otra forma, la desapropiación y la literatura del compostaje de Gerber Bicecci se nutren de otros textos literarios—textos trabajados en comunidad por un artista. El trabajo comunitario del que habla Rivera Garza, es algo que tiene muy en mente Gerber Beccici, no solo al trabajar en el compostaje de las obras de otros artistas, sino también en la comunidad.

En 2019, publicó un libro titulado, *palabras migrantes* en colaboración con estudiantes de un taller de escritura creativa en 2017. La creación artística también fue presentada como un espacio narrativo montado en una galería curada por Cecilia Delgado Masse en muca Roma, Ciudad de México. En su página web, Gerber Bicecci menciona:

> Esta instalación da cuenta del taller de las palabras migrantes que impartí en diversas escuelas en Jackson Hole, Wyoming. Es un recorrido en audio por algunos de los emojis (redibujados en un mural) y textos que les niñes y adolescentes (estadounidenses y migrantes hispanos) desarrollaron para reflexionar sobre tres palabras clave: migrante, frontera y traducción.

Es decir que la forma en que alude al compostaje va más allá de su propia creación y producción. Las capas del compostaje son colaborativas. "Mi intención era que tanto les niñez angloparlantes como les hispanoparlantes experimentaran otro modo de entender sus palabras cotidianas" (Amaro 130). En su taller los hace pensar en nuevas palabras que podrían existir en el futuro con respecto a distintos temas. "Pensar un lenguaje migrante que incluyera otros mundos de la migración, mundos, digamos, más especulativos" (Amaro 130)

Este proceso se repite en otras obras tales como su libro *otro día... (poemas sintéticos) (2017).* Este libro, también fue una instalación montada en distintas galerías y museos, entre uno de ellos el Museo de Arte de Zapopan, Guadalajara en 2018. Esta instalación o libro consiste en una serie de fotografías con poemas inspirados en el libro de Juan Tablada (1871-1945) *Un día... (poemas sintéticos)* (1919). Este libro es descrito como una alabanza a la naturaleza compuesta de haikus y estampas circulares. En su página web, Gerber Bicecci menciona, "Decidí reescribir sus poemas para imaginar un día distinto, casi un siglo después, en el que más que una oda, lo urgente es reflexionar sobre la catástrofe ecológica y social de nuestro presente". La artista también sustituye los dibujos de Tablada por fotografías del Disco de Oro en 1977 que fueron enviadas al espacio.

El compostaje o proceso de instalación a libro no solo se encuentra en *La Compañía*, *palabras migrantes,* y *otro día... (poemas sintéticos),* sino también en *Conjunto vacío.* Hasta el momento el compostaje literario lo he enfatizado de *Mudanza* a *Conjunto vacío*; sin embargo, hay al menos otra capa de compostaje que la autora nos cuenta en el epílogo de la nueva edición de Conjunto vacío. "La pista más lejana aparece fechada el 5 de diciembre de 2005" (195). Esta pista es un conjunto de dibujos en cuadernos antiguos. Estas notas eventualmente se convirtieron en un proyecto llamado *HOMESICK* (2007). *HOMESICK* es una especie de bitácora que lleva Gerber Bicecci al tener que mudarse inesperadamente.

Algunos diagramas o dibujos de *Conjunto vacío* también fueron inspirados de su instalación *Los hablantes*, un proyecto que presentó en el Museo Universitario de Arte Contemporáneo en 2014 y en el Museo Amparo en 2016, curado por Amanda de la Garza y Cecilia Delgado Masse. *Los hablantes* contienen dos partes. La primera es una serie de murales con diagramas descritas como, "Las funciones básicas del diálogo se activan a través de la diagramación de la teoría de los conjuntos (intersección, vacío, unión, etc.). En cada dibujo se desarrolla una trama mínima. Los hablantes es también una colección de pequeñas novelas visuales".

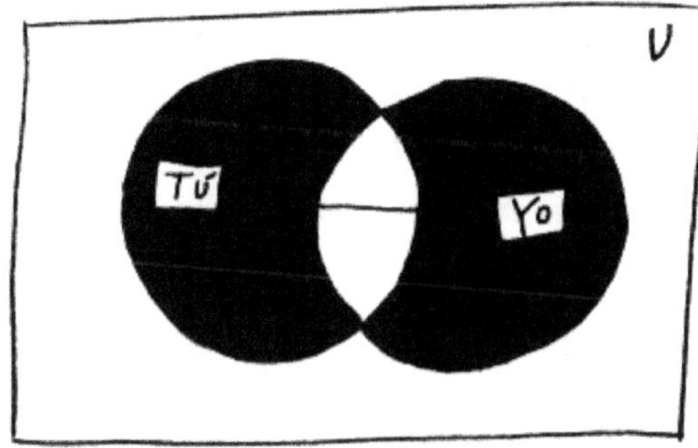

Figura 4 (veronicagerberbiceci.net)

La segunda parte de *Los hablantes* se describe como:

> Los hablantes no. 2 utiliza metafóricamente la lógica de la teoría de conjuntos para hablar del diálogo y el conflicto dentro de una comunidad. La pieza es también una reescritura de Historia de dos cuadrados, un libro para niños que EI Lissitsky publicó en 1922, así como una exploración formal del cómic abstracto. Los murales plantean una relación entre espacio, lenguaje y dibujo al tiempo que meditan el significado del 'nosotros' en un presente violento.[91]

Las figuras y las ideas de ambas partes tienen muchos rasgos que después serán inspiración para *Conjunto vacío.*

[91] Ambas descripciones e instalaciones pueden encontrarse en la página web de la artista. veronicagerberbiceci.net

Con todos estos trabajos, Gerber Bicecci sigue siendo fiel a sus convicciones. "Trabajar con capas (documentos, relatos, imágenes) escarbando en los materiales y en los documentos en busca de conexiones anacrónicas, no lineales y abiertas es una forma, para mí, de indagar en los límites del lenguaje" (Castillo Morales). Estos límites de lenguaje que se deconstruyen también pueden encontrarse en el texto "Mujeres polilla" publicado junto con otros once textos en *Tsunami* (2019). Este es el primer volumen de un conjunto de ensayos y textos feministas. Los temas que destacan son la violencia, la discriminación, la desigualdad, entre otros.

El texto "Mujeres polilla" es un ejercicio de compostaje en donde Gerber Bicecci, toma un poema misógino, el *Catálogo de las mujeres* de Semónides de Amorgos (s. VI a. C.) y lo destruye, dejando agujeros. La artista menciona:

> Las mujeres polilla, por ejemplo: aquellas que sufren del síndrome del nido y devoran la materia que habitan. Es decir, aquellas cuyo conocimiento se ciñe a destruir. Decidí carcomer este texto –probablemente el poema misógino más antiguo que conocemos en la historia occidental– tomando los signos de puntuación como centro de cada circunferencia recortada. La reescritura de las mujeres polilla empieza, entonces, en su propia casa.

Observo a "Mujeres polilla" como un texto que carcome otro texto. Más que una reescritura es una lombriz del compostaje que consume lo tóxico de los desechos. En este caso, lo tóxico de la misoginia del poema original.

Para recalcar, Gerber Bicecci, no es la única que trabaja con imagen y texto en sus obras. Otros autores, como Roberto Bolaño, autor chileno que mencioné desde un principio lo hace en Los detectives salvajes, así como el autor mexicano Mario Bellatin. Una obra que también le ha servido a la artista como inspiración es *El principito* (1943) de Antoine de Saint-Exupéry (1940-1944).

El Principito es una referencia de esta mezcla de imagen y texto. Inclusive lo menciona Gerber Bicecci en varias de sus entrevistas y es un referente en la primera obra en su página web en 2001. La obra es una postal titulada, *Cómo hacer una obra* (2001). En la parte de enfrente de la postal, hay tres agujeros con una parte sombreada de negro, dejando un poco de blanco, por un lado. El fondo está vacío. Debajo de esos tres agujeros, hay una pregunta, "¿Te acuerdas del principito?". La parte de atrás simplemente tiene líneas para escribir el nombre de la persona a la que mandarás la postal, el título de la obra y el nombre de Gerber Bicecci. Aunque la sencillez de la postal en principio no da mucho a la reflexión, es interesante pensar en cómo la literatura del compostaje se encuentra desde la primera obra de la artista. Primero, la referencia de *El principito* puede relacionarse directamente con la trayectoria artística de Gerber Bicecci. El relato de Saint-Exupéry es autobiográfico, al igual que en Conjunto vacío. Se exploran distintos universos y las imágenes son indispensables para entender la trama y la agonía del narrador. Los tres agujeros pueden interpretarse como una temprana representación de los conjuntos de Venn. El símbolo del agujero es mencionado en dos de sus obras. En *Mudanza,* la artista menciona:

> Todas las piezas reunidas en los ensayos tienen por objetivo darle vuelta a la literatura para reencontrarse con ella como si fuera la primera vez; solamente al trasladarla, al verla desde otro lugar, es como puede sorprendernos su simpleza y mostrarnos sus agujeros (110).

Entonces, tener agujeros es una especie de vacío. En *Conjunto vacío,* Verónica la protagonista menciona, "Cuando un suceso es inexplicable se hace un hueco en alguna parte. Así que estamos llenos de agujeros, como un queso gruyer. Agujeros dentro de agujeros" (45). Vacíos dentro de vacíos. Silencios dentro de silencios.

Uno puede concluir que Gerber Bicecci a sus escasos 20 años, la edad que tenía cuando creó *Cómo hacer una obra,* no se percataba de lo crucial que sería en sus primeras creaciones. Ella misma lo menciona en su entrevista con Amaro, "Me he descubierto una reescritura en el camino" (121). Los ecos y las costuras de su creación como artista van siendo más palpables y visibles a medida que avanza el tiempo. La versatilidad de las obras de Gerber Bicecci continúan creando capas de información, de sentido, y de comunidad. En la entrevista de Amaro menciona:

> En mis procesos siempre hay algún material base al que se suman capas y tal vez la diferencia con los procesos de otres escritores es que intento hacer visibles esas capas y esos materiales. Creo que la mayoría de la literatura que se escribe hoy en día tiende a ocultar sus materiales (121).

Su re-escritura y reconstrucción de la literatura es parte de su proceso y lo sigue aplicando en otros libros colectivos, como su libro más reciente con Sara Uribe, *Rosario Castellanos: Materia que arde* (2023). También en sus instalaciones o murales como el uso del braille alrededor de la ciudad de México. En palabras de Cristina Rivera Garza en el epílogo de La Compañía, "El que re-escribe desata la tradición que el desastre insuperable se ha vuelto invisible o muda. El que re-escribe desencadena" (208).

A manera de conclusión, aunque Verónica Gerber Bicecci construye sus obras de otros textos y utiliza procesos conocidos por otros artistas, considero a Gerber Bicecci una artista pionera en su generación. La forma en que piensa, e inserta secretos en el arte, utilizando distintas herramientas como imágenes y texto, para después convertirlos en literatura, genera nuevas formas de ser lectores y por ende, deconstruye los géneros literarios que delimitan el lenguaje. En *Mudanza* se habla de artistas visuales que renunciaron a la escritura—ella se denomina una artista visual que escribe. Decide no renunciar a ninguna de sus pasiones. No sólo no renuncia, si no incluye otras cosas y ecos en sus obras, una de ellas del artista Ulises Carrión (1941-1989). Su obra es contemplada en *Mudanza* en forma de ensayo. En *Conjunto vacío* hay una versión de uno de sus cuadros en forma de imagen. Hay innumerables boronas o migajas compostables que serían imposibles de analizar, porque al final del día, mi visión es solo la de un lector. Cada lector decodifica de manera distinta y activa la literatura con su percepción de la realidad.

Bibliografía

Amaro Castro, Lorena. *Recolectoras. Conversaciones con diez escritoras latinoamericanas contemporáneas.* Chile: Montacerdos Ediciones, 2023. Impreso.

Bicecci Gerber, Verónica. *Conjunto vacío.* Argentina, Editorial Sigilo, 2018. Impreso.

---. *Mudanza.* México: Editorial Almadía, 2022. Impreso.

---. *La compañía.* México: Editorial Almadía, 2023. Impreso.

---. "Mujeres polilla" en *Tsunami.* México: Sexto Piso, 2019. Impreso.

---. *Otro día… (poemas sintéticos)* México: Editorial Almadía, 2023. Impreso.

---. *Palabras migrantes.* México: Editorial Impronta Casa Editora, 2019. Digital. Verónica Gerber Bicecci. veronicagerberbicecci.net. 2024. Web.

Bolaño, Roberto. *Los detectives salvajes.* España: Anagrama, 1998. Impreso.

Castillo Morales, Alexander. "Verónica Gerber: escritura compostaje." Revista: Temporales. Web. 12.2021.

Cortázar, Julio. *Rayuela.* Argentina: Sudamericana, 1963. Impreso.

Dávila, Amparo. "El huésped." Ciudad Seva. Web. 1959.

De Saint-Exupéry, Antoine. *El principito.* United States: Reynal & Hitchcock, 1943. Impreso.

Deffis, Emily. "'La necrópolis interior' en Conjunto Vacío de Verónica Gerber Bicecci." *Anclajes. Revista del Instituto de Investigaciones Literarias y Discursivas* Vol. 24, Iss. 2. Web. 2020. Archivo PDF.

García Abreu, Alejandro. "Una máquina de desaparición. Entrevista con Verónica Gerber Bicecci." Nexos. Web. 2015.

García Hernández, Allvaro. "El pueblo fantasma de Nuevo Mercurio y la minería insostenible." La Jornada Zacatecas. Web. 2014.

Huidobro, Vicente. *Altazor.* Madrid: Compañía Iberoamericana de Publicaciones, 1931. Impreso.

Noelle, Louise. "Manuel Felguérez. Una máquina estética." Museo nacional de San Carlos. Web. 2023.

Rivera Garza, Cristina. Los muertos indóciles. México: Debolsillo, 2019. Impreso.

Smink, Veronica. "Por qué 40 años después del fin del régimen militar en Argentina no se sabe cuántos "desaparecidos" hubo exactamente (y por qué Milei rechaza la cifra de 30.000)" BBC News Mundo, Argentina. Web. 2024.

Solares, Martin. *Cómo dibujar una novela.* México: Ediciones Era, 2014. Digital.

Otras publicaciones de Argus-*a*:

Publicaciones de Argus-*a* en su sello ErosBooks:

Mariana Roldán Suárez
Des-amparo

Aldo Dante Alvarado
Cartas desde el Oblicuo Lunar

Martín Giner
Tres escenarios improbables. Dramaturgia de humor

Gladys Ilarregui
El amarillo inaudito. Poemas a Ucrania

Gustavo Geirola
Dedicatorias
Sonetos y antisonetos

Gerardo González
Soave Libertate

Otras publicaciones de Argus-*a*:

Cipriano Argüello Pitt, José Castillo, Graciela Córdoba
Gustavo Geirola, Sandra Mangano
Charla entre teatristas (2) 2024
Teatro, Performance, Praxis teatral

Cipriano Argüello Pitt, José Castillo, Graciela Córdoba
Gustavo Geirola, Sandra Mangano, Karla Rebolledo
Charla entre teatristas
Teatro, Performance, Praxis teatral

Paula Ansaldo María Fukelman Bettina Girotti
Teatro Independiente: grupos, espacios, prácticas

Claudia Andrea Castro
Artes, universidades y cárceles en Argentina

Gustavo Geirola
FREUD: del nombre, del origen, del 'gran hombre'
Ensayo conjetural

Eduardo De Paula, Henrique Bezerra de Souza,
Mara Leal y Wellington Menegaz
Errancias: prácticas artístico-pedagógicas, memorias, quehaceres y políticas

Alejandra Morales
Representación de lo femenino en el teatro chileno
Rearticulaciones

Alicia Montes
Literatura erótica, pornografía y paradoja

Gustavo Geirola
Lacanian Discourses and the Dramaturgies

Gustavo Geirola
Introducción a la praxis teatral.
Creatividad y psicoanálisis

María Cristina Ares
Evita mirada
Modos de ver a Eva Perón: las figuraciones literarias y visuales de su cuerpo entre 1992 y 2019

Gustavo Geirola
Los discursos lacanianos y las dramaturgias

Eduardo R. Scarano (compilador)
Racionalidad política de las ciencias y de la tecnología.
Ensayos en homenaje a Ricardo J. Gómez

Virgen Gutiérrez
Con voz de mujer. Entrevistas

Alicia Montes y María Cristina Ares, compiladoras
Régimen escópico y experiencia. Figuraciones de la mirada y el cuerpo
en la literatura y las artes

Adriana Libonatti y Alicia Serna
De la calle al mundo
Recorridos, imágenes y sentidos en Fuerza Bruta

Laura López Fernández y Luis Mora-Ballesteros (Coords.)
Transgresiones en las letras iberoamericanas:
visiones del lenguaje poético

María Natacha Koss
Mitos y territorios teatrales

Mary Anne Junqueira
A toda vela
El viaje científico de los Estados Unidos:
U.S. Exploring Expedition (1838-1842)

Lyu Xiaoxiao
La fraseología de la alimentación y gastronomía en español.
Léxico y contenido metafórico

Gustavo Geirola
Grotowski soy yo.
Una lectura para la praxis teatral en tiempos de catástrofe

Alicia Montes y María Cristina Ares, comps.
Cuerpo y violencia. De la inermidad a la heterotopía

Gustavo Geirola, comp.
Elocuencia del cuerpo. Ensayos en homenaje a Isabel Sarli

Lola Proaño Gómez
Poética, Política y Ruptura.
La Revolución Argentina (1966-73): experimento frustrado
De imposición liberal y "normalización" de la economía

Marcelo Donato
El telón de Picasso

Víctor Díaz Esteves y Rodolfo Hlousek Astudillo
Semblanzas y discursos de agrupaciones culturales
con bases territoriales en La Araucanía

Sandra Gasparini
Las horas nocturnas.
Diez lecturas sobre terror, fantástico y ciencia

Mario A. Rojas, editor
Joaquín Murrieta de Brígido Caro.
Un drama inédito del legendario bandido

Alicia Poderti
Casiopea. Vivir en las redes. Ingeniería lingüística y ciber-espacio

Gustavo Geirola
Sueño Improvisación. Teatro. Ensayos sobre la praxis teatral

Jorge Rosas Godoy y Edith Cerda Osses
Condición posthistórica o Manifestación poliexpresiva. Una perturbación sensible

Alicia Montes y María Cristina Ares
Política y estética de los cuerpos. Distribución de lo sensible en la literatura y las artes visuales

Karina Mauro (Compiladora)
Artes y producción de conocimiento. Experiencias de integración de las artes en la universidad

Jorge Poveda
La parergonalidad en el teatro. Deconstrucción del arte de la escena como coeficiente de sus múltiples encuadramientos

Gustavo Geirola
El espacio regional del mundo de Hugo Foguet

Domingo Adame y Nicolás Núñez
Transteatro: Entre, a través y más allá del Teatro

Yaima Redonet Sánchez
Un día en el solar, expresión de la cubanidad de Alberto Alonso

Gustavo Geirola
Dramaturgia de frontera/ Dramaturgias del crimen. A propósito de los teatristas del norte de México

Virgen Gutiérrez
Mujeres de entre mares. Entrevistas

Ileana Baeza Lope
Sara García: ícono cinematográfico nacional mexicano, abuela y lesbiana

Gustavo Geirola
Teatralidad y experiencia política en América Latina (1957-1977)

Domingo Adame
Más allá de la gesticulación
Ensayos sobre teatro y cultura en México

Alicia Montes y María Cristina Ares (compiladoras)
Cuerpos presentes.
Figuracones de la muerte, la enfermedad, la anomalía y el sacrificio.

Lola Proaño Gómez y Lorena Verzero / Compiladoras y editoras
Perspectivas políticas de la escena latinoamericana. Diálogos en tiempo presente

Gustavo Geirola
Praxis teatral. Saberes y enseñanza. Reflexiones a partir del teatro argentino reciente

Alicia Montes
De los cuerpos travestis a los cuerpos zombis.
La carne como figura de la historia

Lola Proaño - Gustavo Geirola
¡Todo a Pulmón! Entrevistas a diez teatristas argentinos

Germán Pitta Bonilla
La nación y sus narrativas corporales. Fluctuaciones del cuerpo femenino en la novela sentimental uruguaya del siglo XIX (1880-1907)

Robert Simon
To A Nação, with Love: The Politics of Language through Angolan Poetry

Jorge Rosas Godoy
Poliexpresión o la des-integración de las formas en/ desde
La nueva novela *de Juan Luis Martínez*

María Elena Elmiger
DUELO: Íntimo. Privado. Público

María Fernández-Lamarque
Espacios posmodernos en la literatura latinoamericana contemporánea: Distopías y heterotopíaa

Gabriela Abad
Escena y escenarios en la transferencia

Carlos María Alsina
De Stanislavski a Brecht: las acciones físicas. Teoría y práctica de procedimientos actorales de construcción teatral

Áqis Núcleo de Pesquisas Sobre Processos de Criação Artística
Florianópolis
Falas sobre o coletivo. Entrevistas sobre teatro de grupo

Áqis Núcleo de Pesquisas Sobre Processos de Criação Artística
Florianópolis
Teatro e experiências do real (Quatro Estudos)

Gustavo Geirola
El oriente deseado. Aproximación lacaniana a Rubén Darío.

Gustavo Geirola
Arte y oficio del director teatral en América Latina
Tomo I: México y Perú

Gustavo Geirola
Arte y oficio del director teatral en América Latina
Tomo II: Argentina, Chile, Paraguay y Uruguay

Gustavo Geirola
Arte y oficio del director teatral en América Latina
Tomo III: Colombia y Venezuela

Gustavo Geirola
Arte y oficio del director teatral en América Latina
Tomo IV: Bolivia, Brasil y Ecuador

Gustavo Geirola
Arte y oficio del director teatral en América Latina
Tomo V: Centroamérica y Estados Unidos

Gustavo Geirola
Arte y oficio del director teatral en América Latina
Tomo VI: Cuba, Puerto Rico y República Dominicana

Gustavo Geirola
Ensayo teatral, actuación y puesta en escena.
Notas introductorias sobre psicoanálisis y praxis teatral

Argus-*a*
Artes y Humanidades / Arts and Humanities
Los Ángeles – Buenos Aires
2025

www.ingramcontent.com/pod-product-compliance
Lightning Source LLC
LaVergne TN
LVHW020050110826
845155LV00021B/59

* 9 7 8 1 9 4 4 5 0 8 3 9 5 *